Computerkauf und Ihr Recht

Sven Jungmann

Computerkauf und Ihr Recht

Tips zu Werbung, Kauf und Reklamation

Bund-Verlag

Die Deutsche Bibliothek – CIP-Einheitsaufnahme

Jungmann, Sven:
Computerkauf und Ihr Recht: Tips zu Werbung, Kauf und Reklamation /
Sven Jungmann. – Frankfurt am Main: Bund-Verl., 1998
ISBN 3-7663-2813-1

© 1998 by Bund-Verlag GmbH, Frankfurt am Main
Umschlag: Angelika Richter, Heidesheim
Satz: Filmsatztechnik Prisack, Mönchengladbach
Druck: fgb Freiburger Graphische Betriebe, Freiburg i. Brsg.
Printed in Germany 1998
ISBN 3-7663-2813-1

Alle Rechte vorbehalten,
insbesondere die des öffentlichen Vortrags,
der Rundfunksendung
und der Fernsehausstrahlung,
der fotomechanischen Wiedergabe,
auch einzelner Teile.

Vorwort

Der Einsatz von Computern und damit die Zahl der Käufer von Hard- und Software ist in den letzten Jahren sprunghaft angestiegen. Daraus resultieren in gleichem Maße immer mehr Probleme zwischen Käufern und Verkäufern, die nicht selten vor Gericht enden. Dies muß jedoch nicht immer so sein.
Dieser Ratgeber will Käufern, aber auch Verkäufern – sei es als Laie oder Profi – Rechte und Pflichten in verständlicher Sprache näherbringen und gleichzeitig Konfliktlösungen aufzeigen.
Zahlreiche Musterschreiben helfen bei der korrekten Abwicklung, falls Computer, Software oder Zubehörteile tatsächlich einmal streiken und der Händler sich weigert, die Ware zu reparieren oder zurückzunehmen.
Eine Übersicht der wichtigsten Begriffe aus den Bereichen Computer und Recht soll im übrigen zur Verständlichkeit beitragen und helfen, Mißverständnisse auszuräumen.
Kritik und Anregungen für die nächsten Auflagen sind willkommen. Sie erreichen den Autor schriftlich: Witts Allee 2, 22587 Hamburg-Blankenese, per Fax: 040/8 66 36 24 oder im Internet.

Mai 1998   Sven Jungmann

Inhaltsverzeichnis

Vorwort 5
Abkürzungsverzeichnis 13

I. **Vor dem Computerkauf** 15
    1. Wie bereite ich mich vor? 15
    2. Werbung 19
        a) Preisdifferenzen zum Angebot 20
        b) Angebotene Ware ist vergriffen 20
        c) Übertriebene Prospektangaben 21
        d) Angebote im Schaufenster 23
        e) Mengenbeschränkung beim Kauf 24
        f) Irreführende Werbung 25
        g) Lockangebote per Telefon 26
    3. Taschenkontrolle und Durchsuchung der Kleidung . . 27
    4. Schäden bei der Vertragsanbahnung 28

II. **Der Kaufvertragsabschluß** 30
    1. Ladenkauf 30
        a) Was sind »Angebot« und »Annahme«? 30
        b) Annahme des Vertragsangebotes 32
        c) Vertragsschluß mit einem Angestellten als Verkäufer 37
        d) Rechte und Pflichten aus dem Kaufvertrag 39
        e) Irrtümer beim Kauf 42
            aa) Anfechtungsgrund: Erklärungsirrtum 43
            bb) Anfechtungsgrund: Übermittlungsfehler . . . 44
            cc) Anfechtungsgrund: Inhaltsirrtum 46
            dd) Anfechtungsgrund: Eigenschaftsirrtum . . . 48
            ee) Anfechtungsgrund: Irrtum durch arglistige
                 Täuschung 51
    2. Versendungskauf (Mail-Order-Kauf) 54
        a) Rechte und Pflichten des Käufers 54
        b) Lieferung der Ware ins Haus 58

	3. Kauf per Katalog (Versandhauskauf)	58
	4. Komplett-Angebote	60
III.	**Wenn beim Computerkauf etwas schiefgeht**	62
	1. Die Ware ist mangelhaft	62
	a) Gesetzliche Gewährleistungsrechte	62
	aa) Grundlegendes vorab: Stückkauf oder Gattungskauf?	62
	bb) Voraussetzungen der Gewährleistungsansprüche	63
	cc) Die Gewährleistungsrechte im Überblick	68
	dd) Rückgängigmachung des Kaufes (Wandelung)	70
	ee) Herabsetzung des Kaufpreises (Minderung)	72
	ff) Schadensersatz wegen Nichterfüllung	74
	gg) Nachlieferung	80
	b) Allgemeine Geschäftsbedingungen	82
	aa) Voraussetzungen	82
	bb) Stets unwirksame AGB-Klauseln	85
	cc) Im Einzelfall unwirksame AGB-Klauseln	96
	dd) Nachbesserung	99
	c) Hersteller-Garantie	104
	d) Produzentenhaftung	105
	e) Mängelliste von A bis Z	107
	2. Der Käufer erhält eine falsche Ware	113
	3. Die Ware ist unvollständig	115
	4. Unverlangt zugeschickte Ware	117
	5. Umtausch	120
	6. Verspätete Lieferung	121
	a) Lieferung zu einem bestimmten Zeitpunkt	121
	aa) Voraussetzungen	121
	bb) Rechtsfolgen	123
	b) Lieferung ohne festen Termin	130

Inhaltsverzeichnis

      7. Die Ware kann nicht ausgehändigt werden. 136
         a) Grundlegendes. 136
         b) Anfänglich objektive Unmöglichkeit 137
         c) Anfänglich subjektive Unmöglichkeit. 139
         d) Nachträglich objektive Unmöglichkeit 141
            aa) Kein Verschulden des Verkäufers. 141
            bb) Verschulden des Verkäufers. 145
         e) Nachträglich subjektive Unmöglichkeit. 151
      8. Aufrüsten des Computers 151
         a) Schäden durch Selbsteinbau. 152
         b) Entfernen des Garantiesiegels. 153
         c) Beseitigung eines Dongles. 154
      9. Nachträgliche Preisänderungen. 155

IV. Wie reklamiere ich richtig?. 156
      1. Was Sie stets beachten sollten. 156
      2. Wann benötigen Sie einen Rechtsanwalt? 160

V. Sonderfälle des Kaufs 164
      1. Gebrauchtkauf. 164
      2. Kaufen im Internet 166
      3. Kauf von »Bulk-Ware«. 170
      4. Kauf von »Grauimporten«. 171
      5. Kauf auf Messen 172
      6. Kaufverträge mit Kindern. 173
      7. Kauf auf Raten (Abzahlungsgeschäft) 177
         a) Kreditkauf 178
         b) Finanzierter Abzahlungskauf 186
         c) Checkliste zum Abzahlungsgeschäft 190

VI. Besonderheiten bei Software 192
      1. Softwarekauf. 192
         a) Standardsoftware. 192
         b) OEM-Versionen 194

	c) Beta-Versionen 196
	d) Freeware/Shareware/Public-Domain 196
	2. Softwareverleih 197
	3. Kopierschutz 198
	4. Selbstgebrannte CD-ROMs bzw. DVD-Laufwerke . . 198
VII.	**Service- und Reparaturverträge/Kundendienst** 200
	1. Abschluß und Kosten 200
	2. Beliebte Tricks der Computerhändler 201
VIII.	**Versicherungen für Computer** 205
	1. Diebstahl. 205
	2. Datenverlust 208
	3. Überspannung 208
	4. Reparaturkosten 209
	5. Fremdschäden 210
IX.	**Steuerliche Aspekte des Computerkaufs** 211
	1. Werbungskosten 211
	2. Abschreibung 213
X.	**Gerichtliche Durchsetzung** 214
	1. Musterschreiben: Klage auf Erfüllung 214
	2. Verjährung 216
	3. Beweislast 219
	4. Zuständiges Gericht 220
	5. Kosten 221
	a) Gerichtskosten 221
	b) Zeugen und Sachverständige 223
	c) Anwaltskosten 223
	d) Welches Kostenrisiko gehen Sie ein? 225
	6. Urteil – und dann? 225
	7. Verfahrensdauer 226
	8. Rechtsschutzversicherungen 227

Anhang 232
1. Einige wichtige Computer-Begriffe 232
2. Juristische Begriffe – kurz und bündig 243
3. Verzeichnis aller Musterschreiben 250

Stichwortverzeichnis 252

Abkürzungsverzeichnis

Abs.	Absatz
AG	Amtsgericht
AGB	Allgemeine Geschäftsbedingungen
AGBG	Gesetz zur Regelung der Allgemeinen Geschäftsbedingungen
Alt.	Alternative
ARB	Allgemeine Rechtsschutzbedingungen
BFH	Bundesfinanzhof
BGB	Bürgerliches Gesetzbuch
BGH	Bundesgerichtshof
bzw.	beziehungsweise
CR	Computer und Recht (Zeitschrift)
DB	Der Betrieb (Zeitschrift)
EStG	Einkommensteuergesetz
FG	Finanzgericht
LG	Landgericht
MDR	Monatsschrift für Deutsches Recht (Zeitschrift)
NJW	Neue Juristische Wochenschrift (Zeitschrift)
NJW-CoR	Neue Juristische Wochenschrift – ComputerReport (Zeitschrift)
NJW-RR	Neue Juristische Wochenschrift – RechtsprechungsReport (Zeitschrift)
ns	Nanosekunden

Abkürzungsverzeichnis

OLG	Oberlandesgericht
ProdHaftG	Produkthaftungsgesetz
WM	Wertpapier-Mitteilungen (Zeitschrift)
ZPO	Zivilprozeßordnung

Die Zeitschriften erhalten Sie in gut sortierten Bibliotheken bzw. bei den öffentlichen Bibliotheken der Amtsgerichte zur (kostenlosen) Ansicht und zum Kopieren. Urteile können Sie auch unter Angabe des Aktenzeichens beim jeweiligen Gericht gegen Erstattung der Kopierkosten anfordern.

I. Vor dem Computerkauf

1. Wie bereite ich mich vor?

Der Kauf eines Computers nebst Software ist aufgrund der unüberschaubaren Fülle an Produkten und Herstellern für viele Käufer (fast) zu einem Glücksspiel geworden. Auch die überschwengliche und oftmals jenseits der Realität angesiedelte Werbung verspricht den Käufern Produkte, die die Grenze des Möglichen sprengen sollen. Für den Käufer ist es daher äußerst schwierig, das »richtige« Produkt und zudem noch einen kompetenten und zuverlässigen Händler in der Nähe zu finden.

Um so erstaunlicher ist es, daß sich noch immer viele Käufer, ohne sich vorab ausreichend informiert zu haben, in das Abenteuer »Computerkauf« stürzen – und das, obwohl der Computerkauf aufgrund des nicht unerheblichen Kaufpreises gerade nicht zu den Geschäften des täglichen Lebens gehört.

Als Käufer können Sie jedoch bereits vor dem Kauf einiges tun, um sich vor Enttäuschungen und späterem Ärger weitestgehend zu schützen. Über einige wesentliche Punkte sollten Sie sich bereits vor dem Kauf Klarheit verschaffen.

Hierzu ist es zunächst wichtig, daß Sie Ihren persönlichen Bedarf an Computerteilen und den finanziellen Spielraum ermitteln. Möchten Sie den Computer beispielsweise nur zum Schreiben von Texten verwenden oder möchten Sie zwischendurch auch ein Spielchen mit aufwendiger Grafik wagen? Wie lange müssen Sie täglich vor dem Bildschirm sitzen? Erfordert Ihre geschäftliche Korrespondenz wischfeste Ausdrucke? Benötigen Sie einen 24-Stunden-vor-Ort-Reparaturservice, und das auch am Wochenende? Dies sind nur einige der Fragen, die Sie vor dem Kauf unbedingt für sich klären sollten.

Weitergehende Informationen und Tests über einzelne Produkte erhalten Sie in den einschlägigen Fachzeitschriften. Vor einem Computerkauf ist es dringend anzuraten, verschiedene Zeitschriften zu Rate zu ziehen, da die Testergebnisse zu einem Produkt nicht unbedingt immer einheitlich ausfallen.

> [!] **Wichtig:**
> Schauen Sie sich nicht nur das Gesamtergebnis eines Computertests an. Möglicherweise hat die jeweilige Zeitschrift das Gesamtergebnis aufgrund eines für Sie eher unwichtigen Kriteriums ermittelt (z. B. Service ist für Sie unwichtig, da Sie alle Geräte selber reparieren).

Als kompetente Fachzeitschriften sind – ohne Anspruch auf Vollständigkeit – beispielsweise »ComputerBild«, »PC go!«, »Chip« und »PC Praxis« zu nennen, im Bereich Spieletests u. a. die Zeitschriften »PowerPlay« und »PC Player«. Gerade der Zeitschriften-Neuling »ComputerBild« hat sich aufgrund seiner einfachen Sprache zu einem auch für Einsteiger geeigneten Informationsmedium entwickelt. Die endgültige Kaufentscheidung kann Ihnen jedoch leider keine dieser Zeitschriften abnehmen.

Bei der Auswahl des Händlers sollten Sie nicht nur auf den Preis, sondern insbesondere auch auf die Erreichbarkeit, Kompetenz und die Kulanz im Schadensfall nach Ablauf der gesetzlichen Gewährleistungsfrist achten, damit Sie am Ende nicht am Verkäuferslogan »Alle Kunden sind gleich – mir jedenfalls« verzweifeln.

Sie sollten auch in Erwägung ziehen, Hard- und Software aus einer Hand, also nur von einem Händler, zu erwerben. Dies hat unter Umständen den Vorteil, daß der Händler für die Funktionsfähigkeit der gesamten Anlage einstehen muß (siehe hierzu ausführlich Seite 61). Wichtig ist in diesem Zusammenhang, dem Händler die eigenen Wünsche und Vorstellungen nebst Preislimit bereits vor dem Kauf mitzuteilen. Hierzu sollten Sie sich vor dem Beratungsgespräch notiert haben, welche Anforderungen das zu kaufende System auf jeden Fall erfüllen muß.

Von Vorteil ist es, einen bereits erfahrenen Computeranwender aus dem Bekanntenkreis beim Kauf mitzunehmen. Sollten Sie niemanden kennen, sind Sie der Beratung des Fachhändlers jedoch nicht gänzlich ausgeliefert, denn dieser hat gewisse Aufklärungs- und Beratungspflichten dem Kunden gegenüber zu erfüllen. Es ist jedoch notwendig, dem Fachhändler mitzuteilen, über welche Fachkenntnisse man selber verfügt. Denn: Je weniger der Kunde vom Computer versteht und dies auch deutlich macht, desto umfangreicher muß die Beratung des Händlers ausfallen. Ist der Käufer einer EDV-Anlage für den Verkäufer erkennbar ein Laie auf dem Gebiet der Computertechnik, so hat der Verkäufer hinsichtlich der Eignung der Anlage für den vom Käufer gewünschten Einsatzzweck eine umfassende Beratungspflicht (OLG Celle vom 21. 2. 1996 – 13 U 255/95, CR 1996, 538).

Auch darf ein Verkäufer einem Kunden nicht einfach den teuersten Computer verkaufen. Vielmehr muß er auch auf preiswerte Modelle hinweisen. Dies gilt um so mehr, wenn der Kunde ein Laie ist. Der Verkäufer muß den Käufer beispielsweise auf abgespeckte Softwareversionen hinweisen, die den Bedürfnissen und Anforderungen eines Computereinsteigers genügen (OLG Köln vom 22. 10. 1993 – 19 U 62/93, NJW 1994, 1355). Wenn Sie dem Händler also beispielsweise während des Verkaufsgesprächs mitteilen, daß Sie von Computern praktisch keine Ahnung haben und sich für ein Gerät interessieren, das es Ihnen ermöglicht, auf Ihre alte Schreibmaschine zu verzichten, um kurze Gedichte zu schreiben, dürfte Ihnen der Händler dann nicht lediglich den teuersten Multimedia-PC in Komplettausstattung anbieten.

Zudem darf ein Kunde bei einem Fachhändler grundsätzlich Spezialisierung, Fachkunde und fachkundige Beratung erwarten. Die Bezeichnung »kompetenter Fachhändler« ruft in der Regel keine Steigerung dieser Erwartungen hervor (BGH vom 19. 9. 1996 – I ZR 76/95, NJW-CoR 1997, 713).

Eine perfekte Beratung beim Computerkauf müßte all diese Aspekte berücksichtigen. Die Praxis zeigt jedoch, daß teils aus Zeitmangel, teils aus fehlender Sachkunde die Beratungen der »Fachhändler« oft sehr dürftig ausfallen und dem Kunden einfach eines der teuersten Geräte – dies kann dann ja auch meist all das Gewünschte – verkauft wird. Es ist schwer, sich hiergegen zu schützen.

Eine Möglichkeit wäre, die eigenen Anforderungen an das zu kaufende Computersystem schriftlich zu fixieren, dem Händler vorzulegen und beim Kauf unterzeichnen zu lassen. Sie könnten also beispielsweise notieren: »Der Monitor soll es ermöglichen, über mehrere Stunden ermüdungsfrei am PC zu arbeiten und strahlungsarm nach TCO 95 sein. Die gedruckten Texte müssen wisch- und wasserfest sein. Die Tastatur soll mit Handballenauflage geliefert werden.« Gerade in den großen Filialketten werden Sie mit dieser Vorgehensweise allerdings kaum Glück haben. Eine Chance besteht eher beim kleinen Händler um die Ecke.

Ein ganz wichtiger Punkt ist, daß Sie sich die Seriennummern (nach Möglichkeit) aller Computerteile auf der Rechnung/Quittung notieren und vom Händler gegenzeichnen lassen. Bei Zubehörteilen, bei denen es keine Seriennummern gibt (z.B. Prozessoren, RAM-Chips), sollten Sie sich zumindest den genauen Typ nebst Hersteller notieren lassen. Möglich wäre es auch, einen Aufkleber oder ein Siegel des Händlers auf dem Teil anzubringen. Bei RAMs oder Prozessoren kann dies jedoch unter Umständen zu Wärmeproblemen führen.

Zusammenfassend sollten Sie folgende Überlegungen vor dem Kauf unbedingt beherzigen:
- Wieviel Geld wollen Sie ausgeben?
- Für welche Einsatzgebiete wollen Sie den Computer oder die Software benutzen? Privat und/oder geschäftlich?
- Ziehen Sie Fachzeitschriften und Prospektmaterial der Hersteller zu Rate.
- Ziehen Sie einen Fachmann aus Ihrem Bekanntenkreis zu Rate und nehmen Sie ihn als Zeuge zum Kauf mit.
- Soll der Computer auch für künftige Entwicklungen gerüstet sein?
- Bestimmen Sie benötigte Leistungsmerkmale (Prozessor, Speicher, Bildschirm, Drucker).
- Fragen Sie den Händler, ob Nachfolgemodelle der Geräte bald auf den Markt kommen.
- Schauen Sie sich die Allgemeinen Geschäftsbedingungen (AGB) in Ruhe an.

- In welcher Form wollen Sie den Kauf tätigen (Händler vor Ort, Versand, gebraucht)?
- Ist der Händler gut erreichbar?
- Können Sie kleinere Ungereimtheiten bzw. Reparaturen selber erledigen?
- Bietet der Händler einen Reparaturservice an?
- Wie lange darf eine Reparatur maximal dauern?
- Benötigen Sie ein Austauschgerät gegebenenfalls auch am Wochenende?
- Lassen Sie auf der Rechnung vom Händler folgendes notieren und gegenzeichnen:
  - genauer Preis der kompletten Anlage;
  - exakte Herstellerbezeichnung des einzelnen Gerätes;
  - Seriennummern aller eingebauten Bauteile und Peripheriegeräte (Karten, Laufwerke);
  - wichtige Leistungsdaten (z. B. Prozessortakt, Auflösung).
- Vergleichen Sie die möglicherweise auf der Rechnung aufgedruckten Seriennummern mit denen im und am Gerät. Lassen Sie das Gerät im Zweifel vom Händler öffnen. Lehnt er dies ab, Hände weg vom Kauf!
- Geben Sie niemals Originalbelege wie die Rechnung/Quittung aus der Hand. Der Händler benötigt im Schadensfalle nur eine Kopie.
- Bewahren Sie nach dem Kauf Ihre (schriftliche) Bestellung, Gesprächsnotizen, Prospekte und Preislisten zu den gekauften Geräten für einen eventuellen Streitfall unbedingt auf.

2. Werbung

Im Grunde weiß es jeder Verbraucher: Werbung ist immer mit Vorsicht zu genießen, unabhängig davon, ob die Werbeangaben vom Hersteller oder vom Händler stammen. Damit Sie nicht bereits vor dem Kauf herbe Enttäuschungen erleben müssen, soll in diesem Kapitel auf die in der Praxis am häufigsten vorkommenden Fälle kurz eingegangen werden.

a) Preisdifferenzen zum Angebot

Grundsätzlich muß der Händler Ihnen die Ware, sei es aus dem Schaufenster oder aus der Preisliste, nicht zum ausgezeichneten Preis verkaufen. Im Regelfall behält sich der Händler kurzfristige Preisänderungen – unabhängig davon, ob diese gerechtfertigt sind oder nicht – mit sogenannten **Freihaltungsklauseln** vor. Solche Klauseln werden gerne auf Preislisten im Laden oder in Zeitschriftenanzeigen mit abgedruckt und lauten beispielsweise: »Preisänderungen vorbehalten«, »Alle Angebote freibleibend – Irrtümer vorbehalten«, »Solange der Vorrat reicht«, »Alle Preise sind Tagespreise«. Als Käufer haben Sie dann kein Recht, die Ware zum beworbenen Preis tatsächlich zu erhalten.

Beispielsweise ist in der Tageszeitung ein Angebot einer großen Computer-Filialkette über einen Farb-Tintenstrahl-Drucker zum Preis von 299 DM abgedruckt. Im Laden müssen Sie erstaunt feststellen, daß der beworbene Drucker tatsächlich 389 DM kostet. Der Filialleiter weigert sich – zu Recht –, Ihnen das Gerät für 299 DM zu verkaufen.

Oder: Sie haben bei einem Computerhändler eine große Festplatte zum Preis von 300 DM erstanden. Am nächsten Tag entschließen Sie sich aufgrund des günstigen Preises, noch eine Platte zu kaufen. Der Händler erklärt jedoch, er habe den Preis aufgrund gestiegener Einkaufspreise auf 345 DM angehoben. Auch hier können Sie nicht auf den alten Preis bestehen.

b) Angebotene Ware ist vergriffen

Leider gibt es »Lockangebote« – nicht nur im Computerbereich – immer häufiger. Diese Angebote treten üblicherweise in zwei Variationen auf. Entweder sind die Geräte gar nicht oder nicht in ausreichender Stückzahl im Geschäft vorhanden. Dies ist zwar nicht zulässig, verhilft dem Kunden aber leider nicht zu dem beworbenen Gerät. Denn rechtlich gesehen haben Sie als Kunde aufgrund der Werbung keinen Rechtsanspruch auf den Verkauf des Gerätes zum beworbenen Preis. Aus diesem Grunde können Sie gegenüber dem Händler auch keinen Schadensersatz, beispielsweise für die verlorene Zeit oder Fahrtkosten, geltend machen.

Sollten Sie selbst oder Ihre Bekannten bei einem Händler häufiger solche Vorfälle erleben, bleibt Ihnen noch die Möglichkeit, dies der Verbraucherzentrale vor Ort zu melden. Dort werden Beschwerden dieser Art gesammelt und anschließend der Händler unter Androhung hoher Strafen abgemahnt, damit so etwas nicht wieder passiert. Nach der Rechtsprechung (BGH vom 9. 5. 1996 – I ZR 107/94, NJW 1996, 2729) ist nämlich eine Werbung für Computer grundsätzlich irreführend, wenn das beworbene Gerät in der angebotenen technischen Ausstattung zu dem angekündigten Zeitpunkt, in der Regel also mit Erscheinen der Werbung, im Verkaufslokal nicht erhältlich ist.

 Beispiel:
Ein großer Computerhändler wirbt mit doppelseitigen Anzeigen in einer großen Tageszeitung für einen kompletten Multimedia-PC mit Drucker und Monitor neuester Bauart zu einem unschlagbaren Preis. Aufgrund dieser Anzeige fahren Sie extra zu dem Händler (30 km), um für sich und einen Freund zwei Komplett-Geräte zu kaufen. Obwohl Sie bereits zwei Minuten nach der Öffnungszeit um 9.00 Uhr vor der Ladentür stehen, erhalten Sie im Laden nur die ernüchternde Antwort: »Alle Geräte sind bereits verkauft.« In diesem Fall könnten Sie keinerlei Ansprüche, z. B. Benzin- oder Fahrtkosten, gegen den Verkäufer geltend machen.

c) Übertriebene Prospektangaben

Generell dürfen Sie als Käufer nicht auf Prospektangaben oder Anpreisungen in Zeitschriftenanzeigen bzw. Katalogen vertrauen. Hierbei han-

delt es sich lediglich um unverbindliche Beschreibungen der jeweiligen Ware. Solche Angaben sind nur dann verbindlich, wenn
- sie die Grundlage für Ihre Kaufentscheidung waren *und*
- der Händler Ihnen eine bestimmte Eigenschaft des Gerätes ausdrücklich zugesichert hat.

Unter »**Eigenschaften**« eines Gerätes sind alle Merkmale zu verstehen, die infolge ihrer Beschaffenheit und Dauer auf die Brauchbarkeit und den Wert des Gerätes von Einfluß sind. Wenn der Verkäufer Ihnen also beispielsweise im Rahmen seiner Werbung ein »Originalgerät des Herstellers Epson« offeriert, er statt dessen jedoch einen »No-Name-Drucker« liefert, ist eine wichtige Eigenschaft des Gerätes, die auch Grundlage Ihrer Kaufentscheidung war, nicht erfüllt. (Keine Eigenschaft eines Gerätes ist sein »Wert« oder sein »Preis« an sich, denn weder Wert noch Preis sind wertbildende Faktoren, sondern von den Gegebenheiten des Marktes abhängig.) Konsequenzen für den Händler hat dies jedoch nur, wenn er die Eigenschaft Ihnen gegenüber auch »**zugesichert**« hat. Hierzu wiederum ist erforderlich, daß der Händler ausdrücklich für das Vorhandensein der Eigenschaft und alle Folgen ihres Fehlens einstehen will, er also gegebenenfalls auch bereit ist, Schadensersatz zu leisten. Im Zweifelsfalle müssen Sie davon ausgehen, daß der Händler Ihnen keine Eigenschaft des Gerätes zusichern wollte. Denn hierfür genügt gerade nicht jede bei den Vertragsverhandlungen abgegebene Erklärung, insbesondere nicht eine bloße Anpreisung der Ware. Eine Zusicherung wäre aber darin zu sehen, wenn Sie dem Händler Ihren Verwendungszweck für das zu kaufende Gerät erläutert hätten (z. B. Erstellen von farbigen Ausdrucken) und er Ihnen trotzdem ein untaugliches Gerät (z. B. einen Schwarzweißdrucker) verkauft. Hier würde eine stillschweigende Zusicherung dahingehend vorliegen, daß die Ware auch für den – beiden Vertragsparteien bekannten – Verwendungszweck geeignet sein muß. Wenn es zu einem Streit vor Gericht kommt, müßten Sie als Käufer beweisen, daß der Händler Ihnen eine »Eigenschaft« des Gerätes »zugesichert« hat. Insoweit gibt es für Sie nur eine sichere Möglichkeit, um für diesen Fall gewappnet zu sein: Besprechen Sie bereits vor dem Kauf mit dem Händler die für Sie wesentlichen Eigenschaften des Gerätes.

Anschließend sollten Sie sich von ihm schriftlich geben lassen, daß das Gerät die entsprechende Leistung auch tatsächlich erbringt. Hierzu genügt es auch, die Leistungsmerkmale auf der Rechnung zu vermerken und mit einer Unterschrift des Verkäufers zu versehen. Nur dann können Sie später Ansprüche gegen den Verkäufer geltend machen.
Allerdings werden Sie insbesondere bei Computer-Discountern meist vergeblich auf eine rechtsverbindliche Unterschrift eines Verkäufers warten. Gegebenenfalls müßten Sie dann zu einem Fachhändler in Ihrer Nähe wechseln, der zu einer solchen Zusicherung bereit ist.

 Beispiel:

In einer Computerzeitschrift wirbt der Händler »CompuRapid« mit einem superschnellen Drucker der Marke HC und verweist in den Leistungsmerkmalen darauf, daß der Drucker 10 Seiten/Minute bedrucken könne. Gleiches steht auch in der Prospektbeschreibung für diesen Druckertyp der Herstellerfirma HC. Nach dem Kauf stellen Sie aber bei einem Test vor Ort zusammen mit dem Händler fest, daß der Drucker maximal 9 Seiten/Minute druckt.

Da eine »Eigenschaftszusicherung« durch den Händler nicht vorlag, könnten Sie den Drucker nicht zurückgeben. Hierzu wäre eine ausdrückliche Zusicherung des Händlers wie z. B. »Ich sichere Ihnen zu, ...« *oder* »Ich garantiere Ihnen, daß das Gerät 10 Seiten/Minute druckt.« erforderlich gewesen.

d) Angebote im Schaufenster

Obwohl – gerade auch unter Verkäufern – die Rechtslage nicht immer bekannt ist, herrscht in Deutschland der Grundsatz der Vertragsfreiheit. Dem Verkäufer wird danach das Recht eingeräumt, es abzulehnen, im Schaufenster oder im Laden ausgestellte Waren überhaupt zu verkaufen. Im übrigen ist der Verkäufer nicht verpflichtet, zu dem Preis an Sie zu

verkaufen, zu dem die Ware ausgezeichnet ist. Dies wurde bereits 1980 vom Bundesgerichtshof in Karlsruhe (Az.: I ZR 25/78) entschieden. Hiervon gibt es nur eine Ausnahme, nämlich dann, wenn der Verkäufer eine Monopolstellung einnimmt, also etwas verkauft, das nur von ihm bezogen werden kann und nahezu lebenswichtig ist (z. B. das örtliche Stromversorgungsunternehmen).
Beispielsweise sehen Sie im Schaufenster eines Computer-Discounters eine eigentlich sehr teure (empfohlener Verkaufspreis: 399 DM) Soundkarte zum Preis von 99 DM. Als Sie im Laden auf das Angebot Bezug nehmen und die Karte kaufen wollen, lehnt dies der Verkäufer mit der Bemerkung ab: »Diese Karte ist nicht zu verkaufen und schon gar nicht zu diesem Preis.« Sie hätten als Käufer in einem solchen Fall keinen Anspruch darauf, die Ware zum Preis von 99 DM zu erwerben. Sollte so etwas jedoch öfter bei dem Händler vorkommen, sollten Sie sich an einen Verbraucherverein wenden. Dieser kann den Händler dann abmahnen, so daß so etwas in Zukunft nicht mehr passiert.

e) Mengenbeschränkung beim Kauf

Bei einigen Händlern findet sich im Laden selbst oder in Verkaufsanzeigen der Hinweis: »Abgabe nur in Haushaltsmengen bzw. in haushaltsüblichen Mengen«. Im Grunde ist der Zusatz gar nicht nötig, denn nach geltendem Recht ist der Verkäufer nicht verpflichtet, überhaupt etwas an Sie zu verkaufen. Insofern kann er selbstverständlich auch – ob mit oder ohne Hinweis – die Verkaufsmenge begrenzen. Sinn und Zweck eines solchen Hinweises ist es insbesondere, den Verkäufer vor möglichen Wiederverkäufern zu schützen.
Zum Beispiel bietet ein großer Computerhändler als Eröffnungsangebot einen 17-Zoll-Farbmonitor zu einem sagenhaften Preis von 399 DM an. Da auch Ihre Bekannten von diesem Angebot gehört haben, werden Sie beauftragt, insgesamt vier Monitore zu kaufen. Nach Öffnung des Marktes schnappen Sie sich die vier Geräte und begeben sich zur Kasse. Dort verweigert man Ihnen jedoch den Kauf so vieler Geräte und bittet

Sie, nur ein Gerät zu erwerben und die anderen zurückzubringen. Dies findet auch die Zustimmung der anderen Kaufinteressierten in dem Laden. Grundsätzlich können Sie auf Mitnahme der weiteren drei Geräte nicht bestehen, denn es gilt hier nicht das alte Sprichwort: »Wer zuerst kommt, mahlt zuerst«.

f) Irreführende Werbung

Irreführende Werbung liegt immer dann vor, wenn der potentielle Kunde aufgrund einer Zeitungsannonce eines Händlers in irgendeiner Form getäuscht wird, sei es durch die optische Darstellung oder die Angaben in der Anzeige.
Beispielsweise wird in einer Zeitungsanzeige ein PC samt Tischgehäuse, Maus und Softwarepaket zu einem Gesamtpreis beworben. In der Abbildung ist auch ein Monitor und eine Tastatur zu sehen, die jedoch nicht zum Gesamtpreis gehören. Nach der Rechtsprechung (OLG Stuttgart vom 10. 3. 1995 – 2 U 217/94, NJW-RR 1995, 1129) liegt darin keine irreführende »Blickfangwerbung«, wenn in dem Text unter der Abbildung ausdrücklich erwähnt wird, welche Teile nicht in dem Gesamtpreis enthalten sind.
Oder: Ein Computerhändler wirbt in einer Zeitschriftenanzeige für einen Komplett-PC mit dem Slogan »Unser Computer des Jahres«. Nach Ansicht des OLG Hamburg vom 22. 12. 1994 (3 U 219/94) handelt es sich hierbei nicht um irreführende Werbung, da nicht auf eine von dritter Seite verliehene Auszeichnung hingewiesen wird. Gerade deshalb ist diese Werbung im Grunde nichts anderes als Unsinn und überflüssig.
Wenn ein bundesweit tätiges Filialunternehmen aber mit einer regional begrenzten Werbung für bestimmte, besonders herausgestellte Computergeräte wirbt, so darf der Kunde erwarten, daß diese Geräte in den im Verbreitungsbereich der Werbung liegenden Filialen auch vorhanden sind (OLG Hamburg vom 12. 9. 1996 – 3 U 242/95, NJW-CoR 1997, 232). Sind sie dies nicht, liegt eine irreführende Werbung vor, gegen die Mitbewerber - aber nicht der einzelne Käufer! – juristisch vorgehen können.

g) Lockangebote per Telefon

In letzter Zeit kommt es häufiger vor, daß dubiose Händler in Computerzeitschriften Anzeigen schalten, in denen Sie mit unglaublich günstigen Preisen für Computer und Zubehör werben. Der Haken an dieser Sache ist jedoch, daß Sie nicht schriftlich, sondern nur telefonisch bestellen können oder »die Tagespreise« auch nur telefonisch oder per Faxabruf (sog. Polling) erhalten.

Hier ist größte Vorsicht angebracht, denn oftmals sind diese Händler nur über sehr teure »0190«-Nummern der Telekom zu erreichen. Ihr Anruf wird dann zwar angenommen, Sie werden jedoch per Anrufbeantworter auf eine Warteschleife geschickt, die Sie viel Geld kostet, ohne daß Sie irgend etwas erreichen. Kommen Sie dann tatsächlich einmal bis zum Bestellservice durch, ist der von Ihnen gewünschte Artikel mit großer Wahrscheinlichkeit »gerade ausverkauft oder nicht mehr lieferbar«.

Gleiches gilt für den Abruf der Preisliste per Fax. Dort werden die zu übermittelnden Seiten mit Grafiken bestückt, so daß die Übertragung extra sehr lange dauert und der Händler den Telefonkostenanteil von der Telekom kassieren kann.

[!] Hinweis:

0190-1/2/3/5	= 1,20 DM/Minute
0190-4/6	= 0,80 DM/Minute
0190-7/9	= 2,40 DM/Minute
0190-8	= 3,60 DM/Minute
0180-2	= 0,12 DM/ohne Beschränkung
0180-3	= 0,24 DM/Minute
0180-5	= 0,48 DM/Minute
013-0	= kostenlos
013-7/8	= 0,24 DM/für die ersten 20 Sek., danach 0,36 DM/Minute

Ab 1. Januar 1998 gibt es neue Rufnummern für Service-Dienste, die bundesweit unter einer Nummer unentgeltlich angewählt werden können. Statt wie bisher mit »0130« beginnen die Nummern dann mit »0800«. Für eine Übergangszeit bis Ende 2000 können die Nummern allerdings noch weiter benutzt werden.

3. Taschenkontrolle und Durchsuchung der Kleidung

Auch vor den spezialisierten Computerläden machen Diebe heutzutage nicht halt. Größere Läden beschäftigen aus diesem Grund Ladendetektive, die den Verkaufsbereich beobachten. Gerade Computerkleinteile wie Mäuse und Kabelverbindungen sind oftmals schnelle Beute. Einige Detektive sind jedoch etwas übereifrig und halten den ehrlichen Kunden vor dem Verlassen des Geschäftes fest und verlangen aufgrund eines Diebstahlsverdachts eine Taschenkontrolle oder die Durchsuchung der Kleidung.

Grundsätzlich müssen Sie als Kunde weder körperliche Durchsuchungen noch Taschenkontrollen gegenüber dem Einzelhändler dulden, wenn kein konkreter Diebstahlsverdacht besteht, da es sich hierbei um einen erheblichen Eingriff in das grundrechtlich geschützte Persönlichkeitsrecht handelt. Sofern man Sie in dem jeweiligen Geschäft ohne Durchführung einer Taschen- bzw. Kleidungsdurchsuchung nicht gehen lassen will, bleibt Ihnen nur die Möglichkeit, auf die Polizei zu warten und anschließend gegebenenfalls Anzeige wegen Nötigung durch den Händler zu erstatten. Eine solche Anzeige können Sie gegebenenfalls gleich bei den herbeigerufenen Beamten loswerden. Diese sind verpflichtet, die Anzeige aufzunehmen. Aber selbst, wenn man auf frischer Tat ertappt worden ist, braucht man sich nur von der Polizei durchsuchen zu lassen.

Im Eingangsbereich von großen Märkten stößt man auch des öfteren auf angebrachte Schilder mit dem Wortlaut: »Bitte geben Sie Ihre Taschen ab. Sie müssen ansonsten mit einer Taschenkontrolle an der Kasse rechnen.« Nach der Rechtsprechung (OLG Frankfurt vom 6. 7. 1995 – 1 U

93/94, NJW-RR 1995, 1330) handelt es sich bei diesem Hinweis um eine Allgemeine Geschäftsbedingung, die den Kunden unangemessen benachteiligt und deshalb unwirksam ist. Sie können also Ihre Taschen mitnehmen, ohne automatisch in eine Taschenkontrolle einzuwilligen.

4. Schäden bei der Vertragsanbahnung

Nicht erst der zustande gekommene Kaufvertrag schafft zwischen Käufer und Verkäufer eine Rechtsbeziehung, aus denen die Vertragsparteien dann Ansprüche herleiten können. Auch bereits aus Situationen vor Abschluß des Kaufvertrages können sich Ansprüche der zukünftigen Vertragsparteien ergeben. So tritt ein Kaufinteressent mit dem Verkäufer in Kontakt, indem er dessen Laden betritt, um sich die Ware näher anzusehen oder sich beraten zu lassen. Dieses Stadium nennt man »**Vertragsanbahnung**«.

Es kann durchaus passieren, daß ein potentieller Käufer bereits zu diesem Zeitpunkt einen Personen- und/oder Sachschaden erleidet. Ob bzw. in welcher Höhe der Verkäufer dann für den Schaden aufkommen muß, hängt von bestimmten Voraussetzungen ab.

Nehmen wir an, der Kunde K betritt den Laden der Firma »CompuRapid«, um sich über einen neuen Farbdrucker zu informieren und gegebenenfalls dort einen solchen zu kaufen. Während er sich gerade mit einem interessanten Angebot befaßt, kippt – ohne sein Zutun – ein nur provisorisch aufgestelltes Regal mit Monitoren um. Kunde K wird an der Schulter verletzt (Arztkosten: 500 DM) und sein Polo-Shirt leicht angerissen (Neupreis: 130 DM). K kann von der Firma die Arztkosten und den Sachschaden am Polo-Shirt in Höhe von insgesamt 630 DM ersetzt verlangen. Denn es treffen den Verkäufer Sorgfaltspflichten, die dieser verletzt hat: Ein Verkäufer hat alles zu tun, damit Kunden und deren Sachen nicht zu Schaden kommen. Hier hat »CompuRapid« die Pflicht verletzt, die Monitore so aufzustellen, daß Gesundheit oder Eigentum des potentiellen Kunden nicht verletzt werden. Eine Pflichtverletzung des Verkäufers wäre beispielsweise auch dann gegeben, wenn ein Kunde auf dem frisch gewachsten Boden ausrutscht.

Schäden bei der Vertragsanbahnung

Die Pflichtverletzung durch den Verkäufer muß ferner auch schuldhaft, also vorsätzlich oder fahrlässig, begangen sein. Die Firma »CompuRapid« hat in unserem Beispiel das provisorische Regal unvorsichtig aufgestellt, so daß sie schuldhaft ihre bestehende Sorgfaltspflicht verletzt hat.

Diese Grundsätze gelten nicht erst für den Zeitraum nach Abschluß eines Kaufvertrages, sondern bereits dann, wenn ein geschäftlicher Kontakt zwischen den Kaufvertragsparteien aufgenommen wurde. Dazu ist ausreichend, daß ein potentieller Kunde den Laden betritt, um etwas zu kaufen. Nicht ausreichend hingegen wäre es, wenn man das Geschäft nur betreten hat, um beispielsweise die Toilette aufzusuchen.

Der geschädigte Kunde kann dem Verkäufer den Schaden in Rechnung stellen, der ihm durch das enttäuschte Vertrauen auf das rechtmäßige Verhalten des Verhandlungspartners entstanden ist. Der Kunde ist also so zu stellen, als wenn er nie mit dem Verhandlungspartner, hier der Firma »CompuRapid«, in Kontakt getreten wäre. Vorliegend hat »CompuRapid« dem Kunden K den gesamten Schaden – der ohne Kontakt nicht entstanden wäre – in Höhe von 630 DM zu ersetzen.

Möglich ist natürlich auch, daß ein potentieller Käufer aus Versehen gegen ein Gerät im Geschäft stößt, dieses dadurch herunterfällt und kaputt ist. In einem derartigen Fall muß der Kunde nicht automatisch für den vollen Schaden geradestehen. Zumindest – so das Landgericht Koblenz vom 22.4.1994 (Az.: 16 O 82/92, CR 1995, 222) – trifft den Ladeninhaber eine Mitschuld, da er die äußeren Rahmenbedingungen dafür gesetzt hat.

II. Der Kaufvertragsabschluß

1. Ladenkauf

a) Was sind »Angebot« und »Annahme«?

Ein Kaufvertrag nach § 433 des Bürgerlichen Gesetzbuches (BGB) kommt durch **Angebot** *und* **Annahme** (§§ 145 ff. BGB) zustande. Dabei handelt es sich um sogenannte **Willenserklärungen** der Vertragspartner, die übereinstimmen müssen, damit überhaupt ein Vertrag zustande kommt. Da das Zustandekommen des Vertrages also von dem vorbehaltlosen Einverständnis des anderen abhängt, muß das Angebot inhaltlich so bestimmt oder zumindest durch Auslegung bestimmbar sein, daß die Annahme durch eine bloße Zustimmung des anderen erfolgen kann. Voraussetzung dafür, daß der Vertrag etwa durch ein bloßes »Ja« des Annehmenden zustande kommt, ist daher, daß das Angebot die wesentlichen Punkte des Vertrages, beim Kauf also den Kaufgegenstand und Kaufpreis, enthält.

Im rechtlichen Sinne sind viele »Angebote« des Alltags gerade nicht bindend. Im Normalfall sieht der Käufer im Laden, im Katalog oder wo sonst eine Ware, die er käuflich erwerben möchte. Daraufhin macht er dem Verkäufer ein Angebot, das umworbene Produkt kaufen zu wollen. Der Verkäufer kann sich dann entscheiden, ob er dieses Angebot annimmt oder nicht. Im Falle der Annahme kommt ein Kaufvertrag zustande.

Nehmen wir einmal an, in einem Computershop entdecken Sie ein Notebook zu einem sensationellen Preis. Sie erklären dem Verkäufer, daß Sie das Notebook kaufen möchten. Während der Verkäufer sich Ihr Angebot noch durch den Kopf gehen läßt und erklärt, es handele sich um das einzige noch vorrätige Exemplar, erscheint ein Freund des Verkäufers und möchte gleichfalls das Gerät erwerben. Nach einigen Diskussionen wird das Gerät an den Freund des Verkäufers verkauft. Sie halten dies nicht für korrekt. Leider könnten Sie in diesem Fall aus rechtlicher Sicht nichts gegen das Verhalten des Verkäufers tun. Dieser kann frei entscheiden, ob, wieviel, wem und zu welchem Preis er eine Ware abgibt.

Anders wäre die Situation jedoch, wenn Sie im Beispielsfall die Rechnung für das Gerät bereits in den Händen gehabt hätten – auch ohne den Kaufpreis bereits bezahlt zu haben. Hier hätte schon ein wirksamer Kaufvertrag vorgelegen, so daß Sie auf Übergabe des Gerätes hätten bestehen können.

Ein weiteres Beispiel: Sie begeben sich zu Ihrem kleinen Computerhändler, greifen sich dort eine Packung Disketten und legen, ohne ein Wort zu sagen, den Kaufpreis auf den Tresen. Anschließend gehen Sie wieder nach Hause. Auch in diesem Fall ist – ohne daß auch nur ein Wort gesprochen wurde – ein Kaufvertrag geschlossen worden.

Wie aus diesen Beispielen ersichtlich ist, kann ein Kaufvertrag schriftlich, mündlich oder aber auch wortlos, durch entsprechende Gesten der Vertragspartner, zustande kommen. Aus Beweisgründen sollten Sie beim Computerkauf jedoch immer (Ausnahme: Gebrauchtkauf, siehe hierzu Seite 164 ff.) einen schriftlichen Kaufvertrag abschließen. Denn was Sie schwarz auf weiß haben, können Sie im Falle eines Gerichtsverfahrens vorlegen.

Wichtig zu wissen ist, daß Anpreisungen in Schaufenstern, Zeitungsinseraten und -anzeigen, Preislisten, Katalogen, auf Plakaten und sonstigen Werbemitteln rechtlich gesehen nur ein »unverbindliches Angebot« darstellen. Im Grunde dienen diese Anpreisungen nur dem Zweck, daß der interessierte Käufer seinerseits ein verbindliches Kaufangebot gegenüber dem Verkäufer abgibt.

Damit Sie als potentieller Käufer wissen, wie man ein wirksames schriftliches Kaufangebot formuliert, ist im folgenden ein Musterschreiben abgedruckt, das Sie nur an Ihren eigenen Fall anpassen müssen.

Der Kaufvertragsabschluß

 Musterschreiben: Kaufangebot

Sven Jungmann
Witts Allee 2
22587 Hamburg

Thomas Verkäufer
Modemstraße 10
22559 Hamburg

Hamburg ... (Ort), den ... (Datum)

Sehr geehrter Herr Verkäufer,

ich komme zurück auf unser persönliches / telefonisches Gespräch vom ... (Datum).
Ich habe an dem von Ihnen vorgeführten Monitor ... (Ware) Gefallen gefunden und würde diesen gerne kaufen. Als Kaufpreis biete ich Ihnen 400 DM ... (Kaufpreis) an.
Bitte teilen Sie mir bis zum ... (Datum; etwa 10 Tage) mit, ob Sie mein Angebot annehmen wollen. Sofern ich von Ihnen innerhalb der Frist nichts hören sollte, ist mein Angebot hinfällig.

Mit freundlichen Grüßen

(Unterschrift)

b) Annahme des Vertragsangebotes

Grundsätzlich ist derjenige, der ein Vertragsangebot abgibt, an diese Offerte gebunden. Diese Bindung kann allerdings im Interesse beider Parteien nicht für alle Zeiten gelten. Aus diesem Grunde hat das Gesetz eine Regelung dahingehend getroffen, daß ein Vertragsangebot erlischt, wenn es nicht »rechtzeitig« angenommen wird (§ 146 BGB). Um aber festzustellen, was noch »rechtzeitig« ist, muß man zwischen zwei Fallgestaltungen unterscheiden. So kann es sich um ein Angebot handeln, das gegenüber einem Anwesenden geäußert oder aber einem Abwesenden gegenüber unterbreitet wird.

Angebot gegenüber einem Anwesenden
Nach § 147 Abs. 1 BGB kann das einem **Anwesenden** persönlich oder telefonisch gemachte Angebot nur »sofort« angenommen werden. »Sofort« bedeutet in diesem Zusammenhang »so schnell wie objektiv möglich«.

Sie haben beispielsweise Ihrem Bekannten im Gespräch ein Angebot für seinen Farb-Laserdrucker zum Preis von 12 000 DM gemacht und dieser reagiert zunächst auf dieses nicht. Drei Tage später ruft er Sie jedoch an und teilt mit, er sei mit dem Kauf einverstanden. In der Zwischenzeit haben Sie jedoch das Gerät eines Arbeitskollegen erworben. In diesem Fall hätte der Bekannte das Angebot nicht rechtzeitig angenommen. Sie wären also nicht verpflichtet, das Gerät abzunehmen und den Kaufpreis zu zahlen. Etwas anderes wäre gewesen, wenn Sie dem Bekannten drei Tage Bedenkzeit eingeräumt hätten. Unter diesen Umständen wäre dann ein Kaufvertrag zustande gekommen.

Angebot gegenüber einem Abwesenden
Ein Angebot unter **Abwesenden** (z. B. per Brief oder Fax) kann nach § 147 Abs. 2 BGB nur bis zu dem Zeitpunkt angenommen werden, »in welchem der Antragende den Eingang der Antwort unter regelmäßigen Umständen erwarten darf« – wie Sie sehen, eine typisch schwammige juristische Umschreibung. Maßgebend für die Ermittlung der Frist, wann mit einer Antwort »unter regelmäßigen Umständen« gerechnet werden kann, ist die Zeit
- für die Übermittlung des Angebots an den Empfänger,
- dessen Bearbeitungs- und Überlegungszeit,
- für die Übermittlung der Antwort an den Absender des Angebots.

Im Regelfall richtet sich die Frist nach der Wichtigkeit und dem Umfang des zu prüfenden Vertragsangebots. Beim Computerkauf wird diese Frist bei maximal einer Woche liegen.

Beispielsweise bieten Sie einem Kollegen mit Schreiben vom 1. 2. 1998 einen gebrauchten PC zum Preis von 800 DM an. Ihr Brief gelangt am 3. 2. 1998 in den Briefkasten des Kollegen. Daraufhin schickt der Kollege Ihnen am 12. 2. 1998 eine kurze Notiz mit dem Hinweis »Ich nehme das Angebot an.«, die Sie per Post am 14. 2. 1998 erhalten.

Es ist in diesem Fall davon auszugehen, daß die Frist zur Annahme des Angebots bereits verstrichen ist. Sie brauchten nicht davon auszugehen, daß der Kollege insgesamt zwei Wochen zum Kaufentschluß benötigt. Insoweit ist kein Kaufvertrag zustande gekommen, obwohl das Angebot angenommen wurde. Die verspätete Annahme des Kollegen ist rechtlich gesehen ein neues Angebot (§ 150 BGB). Sie könnten nunmehr entscheiden, ob Sie dieses doch noch annehmen wollen; eine kurze Überlegungsfrist (maximal 3 Tage) wird Ihnen auch dazu zugebilligt.

Das Angebot wird abgeändert
Für die Kaufvertragsparteien ist es wichtig zu wissen, daß ein Kaufvertrag grundsätzlich nur zustande kommt, wenn sich der Angebotsempfänger ohne Vorbehalte mit diesem einverstanden erklärt. Sofern das Angebot also in irgendeiner Form (z. B. anderer Preis, andere Ware) abgeändert wird, gilt dies dann als »neues« Angebot an den ursprünglich Anbietenden. Dieses neue Angebot könnte jetzt vom ursprünglich Anbietenden zu den neuen Bedingungen angenommen werden mit der Konsequenz, daß ein Kaufvertrag geschlossen wird. Wird das neue Angebot nicht angenommen, kommt kein Kaufvertrag zustande.

Beispielsweise bestellen Sie über den Versandhandel eine Grafikkarte »Speed 5000« zum Preis von 299 DM. Der Händler hat diese Grafikkarte jedoch nicht mehr im Sortiment und schickt Ihnen statt dessen die ähnliche, jedoch nicht ganz so leistungsfähige Karte »Speed 4500« zum Preis von 269 DM. Obwohl Sie die Karte nicht behalten möchten, besteht der Versandhändler auf Abnahme.

Grundsätzlich ist in einem solchen Fall kein Kaufvertrag abgeschlossen worden. Denn das Angebot auf Abschluß eines Kaufvertrages lag in Form der Karte »Speed 5000« zum Preis von 299 DM vor. Dieses Angebot wurde jedoch nicht angenommen. Vielmehr hat der Händler dem Käufer wiederum ein neues Angebot über die Karte »Speed 4500« zum

Preis von 269 DM gemacht, welches der Käufer allerdings nicht annehmen wollte. Der Käufer kann die Karte an den Händler zurückschicken und sich gegebenenfalls das Geld (falls Nachnahmezahlung) erstatten lassen; siehe dazu das folgende Musterschreiben. Falls der Händler auf die Aufforderung hin nicht reagiert, sollte umgehend ein Rechtsanwalt eingeschaltet werden (siehe ausführlich Seite 160 ff.).

Selbst wenn die Karte »Speed 4500« beispielsweise ein gleichwertiges oder sogar besseres Nachfolgemodell gewesen wäre, hätte sich an der rechtlichen Beurteilung nichts geändert: Ein Kaufvertrag ist nicht geschlossen worden. Der Käufer hätte sich seine Entscheidung jedoch unter diesen Voraussetzungen wohl eher noch einmal überlegt.

 Musterschreiben: Erstattung der Nachnahmekosten

Sven Jungmann
Witts Allee 2
22587 Hamburg

Einschreiben / Rückschein
An
Thomas Verkäufer
Modemstraße 10
22559 Hamburg

Hamburg ... (Ort), den ... (Datum)

Sehr geehrter Herr Verkäufer,

ich hatte bei Ihnen am ... (Datum) eine Grafikkarte ... (Ware/Typ) zum Preis von ... DM (Kaufpreis) bestellt. Sie haben mir jedoch statt dessen wissentlich eine andere Grafikkarte ... (falsche Ware/Typ) zugeschickt. Diese Ware hatte ich nicht bestellt und will ich auch nicht behalten. Ich habe Sie hiermit aufzufordern, den von mir bereits per Nachnahme entrichteten Kaufpreis bis zum ... (Datum – 10 Tage) auf mein Konto ... (Bankverbindung) zu überweisen.

Die nicht von mir bestellte Ware liegt für Sie zur Abholung bereit. Gegen Erstattung der Portokosten bin ich bereit, die Ware an Sie zurückzusenden.

Für Rückfragen erreichen Sie mich tagsüber telefonisch unter ... (Tel.Nr. falls gewünscht).

Mit freundlichen Grüßen

(Unterschrift)

Schweigen als Annahme?
Fraglich ist unter Käufern des öfteren, was zu tun ist, wenn der ein Angebot Unterbreitende in sein schriftliches Angebot einen Satz aufnimmt wie: »Sollte ich nichts von Ihnen hören, gilt der Kaufvertrag als geschlossen.« Sofern Sie auf ein solches Schreiben nicht reagieren, kann Ihnen – rechtlich gesehen – (fast) nichts passieren. Bloßes Schweigen ist grundsätzlich keine Willenserklärung und gilt daher auch nicht als wirksame Annahme. Etwas anderes gilt natürlich, wenn die Parteien Entsprechendes vereinbart haben oder im kaufmännischen Schriftverkehr beim sogenannten kaufmännischen Bestätigungsschreiben; dies hat allerdings nur unter Kaufleuten Bedeutung.

Aber Vorsicht: Auch bloßes Schweigen kann, insbesondere bei geringfügiger oder erkennbar unverschuldeter Verspätung der Annahme, ausreichend sein, wenn der andere Teil nach den Umständen des Falles verpflichtet war, seine etwaige Ablehnung alsbald zu erklären.

Haben Sie beispielsweise eine Frist zur Annahme Ihres Angebotes bis um 15.00 Uhr gesetzt, und um 15.02 Uhr trifft die Annahme bei Ihnen ein, müßten Sie gegebenenfalls der Annahme widersprechen und sie als verspätet zurückweisen. Ansonsten kann es rechtsmißbräuchlich (§ 242 BGB) sein, auf die (leicht) verspätet zugegangene Annahmeerklärung nichts zu erwidern.

Der Verkäufer kann das Angebot des Käufers durch ein Schreiben folgender Art rechtswirksam annehmen. Dieses Schreiben sollte per **Einschreiben/Rückschein** geschickt werden, da der Verkäufer damit im Zweifelsfalle beweisen kann, daß seine Annahme des Angebots rechtzeitig innerhalb der gesetzten Frist erfolgt ist. Ein Kaufvertrag ist damit zwischen Käufer und Verkäufer zustande gekommen. Selbstverständlich könnte die Annahme des Angebots auch mündlich oder per Fax erfolgen. Aus Beweisgründen ist das Einschreiben/Rückschein jedoch ein sichererer Weg. Bei mündlichen Bestätigungen sollte der Verkäufer zumindest einen Zeugen hinzuziehen.

 Musterschreiben: Annahme des Kaufangebotes

Thomas Verkäufer
Modemstraße 10
22559 Hamburg

Einschreiben/Rückschein

Sven Jungmann
Witts Allee 2
22587 Hamburg

Hamburg ... (Ort), den ... (Datum)

Sehr geehrter Herr Jungmann,

vielen Dank für Ihr Angebot vom ... (Datum). Ich bin gerne bereit, Ihnen den Monitor zum Preis von 400 DM zu verkaufen.
Wegen der Übergabe werde ich mich in den nächsten Tagen telefonisch bei Ihnen melden.

Mit freundlichen Grüßen

(Unterschrift)

c) Vertragsschluß mit einem Angestellten als Verkäufer

Gerade in größeren Geschäften ist es üblich, daß Sie den Kaufvertrag nicht mit dem Eigentümer der Ware persönlich (Ladeninhaber), sondern mit einem zum Verkauf bevollmächtigten Angestellten, dem sogenannten Verkäufer, abschließen. Nach dem Gesetz (§ 164 BGB) vertritt der Verkäufer den Eigentümer der Ware beim Abschluß des Kaufvertrages, so daß alle Erklärungen, die der Verkäufer abgibt, unmittelbar auch für und gegen den Geschäftsinhaber gelten.

Grundsätzlich vertritt der angestellte Verkäufer den Inhaber auch bei allen anderen Erklärungen, die dieser gegenüber dem Kunden abgibt. Dies gilt insbesondere für
- Zusicherungen über die Qualität,
- Zusicherungen über die Kompatibilität,
- Zusicherungen hinsichtlich eines Umtauschrechts.

Auch mit dem Hinweis, »nichts von den Zusagen gewußt zu haben« oder »der Verkäufer habe eigenmächtig gehandelt«, kann sich der Ladeninhaber (oder auch der Geschäftsführer) nicht herausreden. Denn selbst, wenn dies zutrifft und der Verkäufer etwas zu viel versprochen hat, muß der Inhaber sich die Erklärungen des Verkäufers zurechnen lassen, soweit sie üblicherweise von Verkäufern seiner Branche abgegeben werden können (BGH vom 28. 2. 1966 – VII ZR 125/65, NJW 1966, 1911).

Im Falle eines Falles wird der Inhaber jedoch die Zusagen seines Verkäufers voraussichtlich abstreiten. Der Käufer muß dann die Behauptung, der Verkäufer habe diese oder jene Zusage gemacht, beweisen können. Hierzu empfiehlt es sich, daß Sie zum Kauf einen oder gar mehrere Zeugen mitnehmen oder sich mündliche Zusagen zumindest schriftlich bestätigen lassen.

Beispielsweise finden Sie in einem Computerladen in der Schnäppchen-Ecke einen Flachbett-Scanner zum Preis von 99 DM. Nachdem Sie gegenüber dem Verkäufer die Rechnung beglichen haben, erscheint der Ladeninhaber und teilt Ihnen mit, dieses Gerät sei bereits verkauft, und bittet Sie, ein neues Gerät zum Preis von 299 DM zu erwerben. Sie lehnen dies ab und verlangen die Aushändigung des Geräts. Da der geschlossene Kaufvertrag für und gegen den Inhaber wirkt, ist und bleibt der Kaufvertrag wirksam. Der Ladeninhaber muß Ihnen die Ware aushändigen. Sollte das Gerät tatsächlich bereits verkauft sein, hätte der Erstkäufer gegen den Ladeninhaber einen Anspruch auf Schadensersatz.

d) Rechte und Pflichten aus dem Kaufvertrag

Da der Kaufvertrag ein sogenannter gegenseitiger Vertrag ist, haben beiden Seiten – Käufer und Verkäufer – jeweils Rechte und Pflichten (§ 433 BGB). Grundsätzlich sind diese im Bürgerlichen Gesetzbuch (BGB) geregelt. Es ist allerdings möglich, daß die Vertragsparteien darüber hinaus noch zusätzliche Rechte und/oder Pflichten in den Vertrag mitaufgenommen haben. Im folgenden werden lediglich die gesetzlich verankerten Pflichten erörtert.

- **Pflichten des Verkäufers**

Der Verkäufer muß dem Käufer die gekaufte Sache übergeben und ihm das Eigentum an der Ware verschaffen. Unter »Übergabe« ist dabei die Entgegennahme der vom Verkäufer angebotenen Ware zu verstehen; der Verkäufer verschafft dem Käufer also den unmittelbaren Besitz an der Kaufsache. Dies geschieht in der Praxis durch Aushändigung der Ware an den Käufer.

Wichtig ist zu wissen, daß der Käufer durch den Abschluß des Kaufvertrages noch nicht Eigentümer der gekauften Sache wird. Der Kaufvertrag räumt dem Käufer lediglich das Recht ein, vom Verkäufer die Eigentumsübertragung (»Übereignung«) zu verlangen. Hierzu wird (meistens stillschweigend) ein zweiter Vertrag, der sogenannte Übereignungsvertrag, zwischen den Parteien geschlossen. Bei einer beweglichen Sache, wie z. B. einem PC, gibt der Verkäufer eine Erklärung (auch stillschweigend möglich) ab, daß er sich mit dem Käufer über den Übergang des Eigentums einig ist (§ 929 BGB). In der Praxis ist diese Erklärung bereits in der Übergabe der Ware schlüssig mitenthalten. Insoweit fallen also gewöhnlich Übergabe des Besitzes und Eigentumsverschaffung zeitlich zusammen.

Vermutlich werden Sie fragen, welche Konsequenz diese Trennung tatsächlich hat. Entscheidend ist, daß Sie als Käufer nach erfolgter Übergabe der Ware noch nicht Eigentümer geworden sind, das BGB jedoch mit der Übergabe für Sie nachteilige Folgen verbindet. Gemäß § 446 BGB geht nämlich die Gefahr, daß die gekaufte Ware zerstört wird oder daß sich ihre Qualität verschlechtert (z. B. bei verderblichen Lebensmitteln), auf Sie als Käufer über. Im Falle eines Falles hätten Sie also die Kaufsache zu bezahlen, wenn sie beispielsweise nach der Übergabe gestohlen wird. Zur Verschaffung des Eigentums ist der Verkäufer dann nicht mehr verpflichtet.

Besonders entscheidend ist dieser Gefahrübergang beim **Versendungskauf** nach § 447 BGB. Dort geht die Gefahr bereits mit Übergabe der Kaufsache an den Beförderer (Post, UPS, Spediteur) auf den Käufer über. Der Käufer müßte also auch dann den Kaufpreis bezahlen, wenn die Sache nach Auslieferung verlorengeht, zerstört oder beschädigt wird. Im übrigen hat der Käufer wegen Transportschäden keine Gewährleistungsansprüche gegen den Verkäufer (§ 459 Abs. 1 BGB).

- **Pflichten des Käufers**

Die Hauptpflicht des Käufers aus dem abgeschlossenen Kaufvertrag ist die Zahlung des Kaufpreises. Die Mehrwertsteuer ist dabei ein rechtlich unselbständiger Teil des zu zahlenden Kaufpreises. Sofern sich aus den Umständen nicht anderes ergibt, ist sie im Kaufpreis enthalten. Es ist jedoch möglich, daß der Verkäufer im Kaufvertrag ausdrücklich den Kaufpreis ohne Mehrwertsteuer vereinbart hat. Dann kann er diese dem Käufer gesondert in Rechnung stellen.

Ob der Käufer bei früherer Zahlung Skonto abziehen darf, richtet sich nach dem Kaufvertrag. Im Zweifel ist der Käufer zur sofortigen Zahlung ohne Abzug verpflichtet. Eine Klausel »netto Kasse« verbietet sogar ausdrücklich einen Skontoabzug.

Als Käufer haben Sie den Kaufpreis zu zahlen, wenn er »fällig« ist. Die Fälligkeit ergibt sich entweder aus dem Kaufvertrag, indem dort eine entsprechende Vereinbarung (die sogenannte Fälligkeitsklausel) getroffen wird, oder aus dem Gesetz. Einige der üblichen **Fälligkeitsklauseln** lauten:
– »Zahlungsziel ... (Datum)«; bedeutet: Eintritt der Fälligkeit des Kaufpreises nach Ablauf der genannten Frist.

– »Netto Kasse gegen Faktura«; bedeutet: Der Käufer muß sofort und ohne Abzug zahlen, wenn ihm die Rechnung zugeht.
– »Lieferung gegen Nachnahme«; bedeutet: Der Käufer muß beim Eintreffen der Ware nach Vorlage des Nachnahmescheins durch die Post oder einen anderen Beförderer zahlen.

Sofern im Kaufvertrag keine Vereinbarung über die Fälligkeit des Kaufpreises getroffen wurde, kann der Verkäufer nach § 271 BGB die Zahlung des Kaufpreises sofort nach Vertragsschluß verlangen. Der Käufer kann jedoch die Zahlung nach § 320 BGB davon abhängig machen, daß der Verkäufer Zug um Zug gegen Zahlung die Kaufsache übergibt. Solange dies nicht geschehen ist, kann der Käufer die Zahlung des Kaufpreises verweigern.

Ob die Erteilung einer **Rechnung** durch den Verkäufer Voraussetzung für die Fälligkeit des Kaufpreises ist, hängt von den Umständen ab. Bei den sogenannten Hand- und Bargeschäften des täglichen Lebens ist eine Rechnung nicht üblich. Ein »Handkauf« liegt vor, wenn der Kaufvertrag mit dem Austausch der Leistungen (Geld gegen Ware) zustande kommt. Von der Erteilung einer Rechnung zu unterscheiden ist der Anspruch auf eine **Quittung** gemäß § 368 BGB. Grundsätzlich kann der Käufer bei Zahlung des Kaufpreises verlangen, über den gezahlten Betrag vom Verkäufer eine Quittung zu erhalten. Der Anspruch auf eine Quittung kann sogar nach der Leistung, also der Kaufpreiszahlung, geltend gemacht werden – erforderlichenfalls im Wege der gerichtlichen Klage.

Eine weitere Verpflichtung des Käufers ist es, die gekaufte (sachmangelfreie) Sache abzunehmen. »**Abnahme**« ist die körperliche Entgegennahme der Sache. Ihrer Abnahmepflicht entsprechen Sie also, wenn Sie – je nach Vereinbarung – die Ware beim Verkäufer abholen oder an Ihrem Wohnsitz in Empfang nehmen. Der Zeitpunkt der Abnahme richtet sich nach der Übergabepflicht des Verkäufers: Sobald dieser zur Übergabe der Kaufsache berechtigt ist, sind Sie als Käufer zur Abnahme verpflichtet. Verweigern Sie die Abnahme der Ware, weil Sie diese beispielsweise in einem anderen Geschäft günstiger gesehen haben, geraten Sie automatisch in »**Annahmeverzug**«. Dies bedeutet, daß Sie zum vereinbarten Zeitpunkt Ihrer Abnahmeverpflichtung aus dem Kaufvertrag nicht nachgekommen sind und daher dem Verkäufer Ersatz seiner Mehraufwendungen schulden. Zu den Mehraufwendungen gehören beispielsweise vergeblich aufgewendete Lieferkosten (Benzin und Arbeitszeit).

e) Irrtümer beim Kauf

Generell werden Kaufverträge mit bestimmten Vorstellungen geschlossen, die die Ware selbst, ihren Preis oder ihre Verwendung betreffen. Da allerdings niemand unfehlbar ist, kann es durchaus passieren, daß auf Käufer- oder Verkäuferseite eine falsche Vorstellung über den Kaufgegenstand entsteht. Im juristischen Sprachgebrauch handelt es sich dann um einen sogenannten **Irrtum**.

Einige dieser Irrtümer werden vom Gesetzgeber für so wesentlich gehalten, daß dem Irrenden das Recht eingeräumt wird, vom bereits geschlossenen Kaufvertrag wieder loszukommen. Der Kaufvertrag muß dafür »**angefochten**« werden. Dazu muß der jeweils Anfechtende »unverzüglich«, d.h. sobald wie möglich nach Kenntnis von seinem Irrtum, die andere Vertragspartei auf seinen Irrtum hinweisen und die Rückgängigmachung des Kaufvertrages verlangen. Dies geschieht am besten schriftlich per Einschreiben/Rückschein. Das Wort »anfechten« muß das Schreiben nicht enthalten. Es genügt, daß der Empfänger dem Schreiben entnehmen kann, daß Sie den Kaufvertrag von Anfang an beseitigt haben wollen. Wie ein solches Schreiben im einzelnen aussehen kann, sehen Sie in den jeweiligen Musterschreiben zu den verschiedenen Anfechtungsgründen.

Die Konsequenz einer Anfechtung ist, daß der Kaufvertrag ungültig ist und so behandelt wird, als ob dieser nie geschlossen wurde. Als anfechtender Käufer erhalten Sie dann zwar Ihr Geld zurück, müssen dem Verkäufer aber – außer wenn er Sie arglistig getäuscht hat – den Schaden ersetzen, den der durch das Vertrauen auf den Bestand des Vertrages erlitten hat (§ 122 BGB). Der Verkäufer müßte also so gestellt werden, wie er stünde, wenn er nie mit Ihnen in geschäftlichen Kontakt getreten wäre. Aufgrund der Anfechtung des Kaufvertrages sind also beispielsweise die vom Verkäufer aufgewendeten Porto-, Verpackungs-, Telefon- und Reisekosten als Schadensersatz zu ersetzen.

Selbstverständlich ist auch der umgekehrte Fall möglich, daß der Käufer einen Schadensersatzanspruch gegen den Verkäufer hat, wenn dieser ein Angebot unterbreitet oder einem Kaufangebot des Käufers zugestimmt hat und dann sein Angebot bzw. die Annahme des Angebots wegen Irrtums anficht. In diesem Fall wäre der Käufer so zu stellen, als hätte er von dem Geschäft nie etwas gehört.

Die verschiedenen Fallgruppen der möglichen Irrtümer werden im folgenden kurz erläutert.

aa) Anfechtungsgrund: Erklärungsirrtum

Ein Erklärungsirrtum nach § 119 Abs. 1 2.Alt. BGB liegt dann vor, wenn Sie nicht das erklären, was Sie eigentlich erklären wollten: Sie versprechen, verschreiben oder vergreifen sich. Beispielsweise bestellen Sie im Katalog ein Modem und erhalten statt dessen eine Festplatte, weil Sie die falsche Bestellnummer eingetragen haben. Oder: Sie nehmen beim Händler um die Ecke versehentlich die ISDN-Karte Telo 1000 zum Preis von 199 DM aus dem Regal, obwohl Sie eigentlich die Telo 2000 haben wollten, und stellen Ihren Irrtum erst zu Hause fest. Als kurze Zeit später ein anderer Käufer eine Telo 1000 kaufen möchte, muß der Händler passen, da Sie die letzte Karte erworben haben. Die Konsequenz aus beiden Beispielen wäre, daß Sie die jeweiligen Kaufverträge anfechten könnten. Im ersten Beispiel müßten Sie gegebenenfalls als Schadensersatz die Porto- und Verpackungskosten des Verkäufers tragen. Im zweiten Beispiel könnte der Verkäufer auch die 199 DM als Schaden geltend machen, da sie ihm dadurch entgangen sind, daß er mit Rücksicht auf den Kaufvertrag mit Ihnen den zweiten Kunden wegschicken mußte.

Der Kaufvertragsabschluß

 Musterschreiben: Anfechtung wegen Erklärungsirrtums

Sven Jungmann
Witts Allee 2
22587 Hamburg

Einschreiben / Rückschein
Thomas Verkäufer
Modemstraße 10
22559 Hamburg

Hamburg ... (Ort), den ... (Datum)

Sehr geehrter Herr Verkäufer,

ich hatte Ihnen mit Schreiben vom ... (Datum) angeboten, Ihren Monitor ... (Ware / Typ) aus der Schnäppchen-Ecke zum Preis von ... DM (fälschlich angebotener Preis) zu kaufen. Wie ich leider gerade feststellen mußte, ist mir dabei ein Schreibfehler ... (Ursache des Irrtums) unterlaufen. Ich wollte Ihnen den Kauf des Monitors ... (Ware / Typ) vielmehr zum Preis von ... DM (tatsächlich gewollter Preis) anbieten. Ein Angebot über ... DM (fälschlich angebotener Preis) wollte ich zu keinem Zeitpunkt unterbreiten. Aus diesem Grunde fechte ich mein Angebot wegen Irrtums an.
Gleichzeitig erlaube ich mir, Ihnen nochmals ein Kaufangebot zum Preis von ... DM (tatsächlich gewollter Preis) zu unterbreiten.

Mit freundlichen Grüßen

(Unterschrift)

bb) Anfechtungsgrund: Übermittlungsfehler

Ein Unterfall des Erklärungsirrtums ist der Irrtum wegen falscher Übermittlung nach § 120 BGB. In diesem Fall haben Sie sich bei der Übermittlung Ihrer Erklärung (Kaufangebot oder -annahme) einer anderen Person bedient (z. B. Post AG, Bote, Kurierdienst, UPS). Obwohl Sie selbst Ihre Erklärung richtig abgegeben haben, wird diese durch die beauftragte Person falsch übermittelt, beispielsweise indem der Bote anstelle der Zahl »12« die »21« übermittelt. Auch in diesem Falle können Sie den Kaufvertrag anfechten.

 Musterschreiben: Anfechtung wegen Übermittlungsfehler

Sven Jungmann
Witts Allee 2
22587 Hamburg

Einschreiben/Rückschein
Thomas Verkäufer
Modemstraße 10
22559 Hamburg

Hamburg ... (Ort), den ... (Datum)

Sehr geehrter Herr Verkäufer,

ich hatte Ihnen am ... (Datum) durch einen Boten ... (Art der Übermittlung) das Angebot überbracht, von Ihnen einen Scanner ... (irrtümlich bestellte Ware/Typ) zum Preis von ... DM (angebotener Preis) zu kaufen. Wie ich leider gerade feststellen mußte, hat der von mir beauftragte Bote mein Angebot falsch übermittelt.
Tatsächlich wollte ich Ihnen den Kauf von ... (tatsächlich gewollte Ware/Typ) zum Preis von ... DM (angebotener Preis) anbieten. Aus diesem Grund sehe ich mich leider gezwungen, mein Kaufangebot wegen unrichtiger Übermittlung anzufechten.
Sollten Sie dennoch am Verkauf des Scanners ... (tatsächlich gewollte Ware/Typ) zum Preis von ... DM (angebotener Preis) interessiert sein, würde ich mich über ein Angebot Ihrerseits bis zum ... (Datum; ca. 1 Woche) freuen.
Für Rückfragen erreichen Sie mich tagsüber telefonisch unter ... (Tel.Nr. falls gewünscht).

Mit freundlichen Grüßen

(Unterschrift)

cc) Anfechtungsgrund: Inhaltsirrtum

Beim Inhaltsirrtum nach § 119 Abs. 1 1.Alt. BGB irrt der eine Erklärung Abgebende über den wahren Inhalt dessen, was er erklärt hat. Oder anders ausgedrückt: Er weiß, was er sagt, aber er weiß nicht, was er damit sagt.

Ein Irrtum über den Inhalt der Erklärung ist gegeben, wenn
- Sie sich über die Person, der gegenüber Sie die Erklärung abgeben wollten, geirrt haben
  (Beispiel: Sie unterbreiten dem X ein Kaufangebot, obwohl Sie eigentlich dem Y das Angebot unterbreiten wollten);
- Sie sich über die Art des Geschäfts geirrt haben
  (Beispiel: Sie wollen die Sache kaufen, erklären aber, daß Sie die Sache leasen wollen);
- Sie über den Gegenstand des Geschäfts bzw. dessen Umfang irren
  (Beispiel: In der Annahme, »ein Dutzend« sind 3 Stück, bestellen Sie zehn Dutzend Disketten; ein Dutzend sind jedoch 12 Stück).

Nehmen wir an, der Computer-Versandhändler »Kauf und Schick« hat Ihnen seinen Warenkatalog mit Computern und Zubehör zugesandt. Sie suchen sich einen 21-Zoll-Monitor mit der Bestell-Nr. 123 aus, der im Katalog irrtümlich zum Preis von 890 DM angegeben ist. Der richtige Preis lautet: 980 DM. Sie schreiben der Firma daraufhin: »Ich bestelle hiermit den Monitor mit der Bestell-Nr. 123.« Kurze Zeit später erhalten Sie ohne weitere Bemerkung den Monitor zugesandt.

Hier stellt das Übersenden des Kataloges durch den Händler eine Aufforderung an Sie dar, ein Angebot abzugeben. Ihre schriftliche Bestellung ist das Angebot, den Monitor zu einem Preis von 890 DM zu kaufen. In der Übersendung des Monitors durch den Händler liegt dessen Annahmeerklärung, die als Verkauf des Monitors zum Katalogpreis auszulegen ist. Angebot und Annahme decken sich, so daß ein Kaufvertrag über den Monitor zum Preis von 890 DM zustande gekommen ist. In diesem Fall befindet sich der Verkäufer bei Abgabe seiner Annahmeerklärung in einem Inhaltsirrtum: Er legt seiner Erklärung die Bedeutung bei, er verkaufe den Monitor für 980 DM. Er weiß also, was er erklärt, er weiß aber nicht, was er damit erklärt. Der Verkäufer kann daher den Kaufvertrag wegen Inhaltsirrtums anfechten.

Anders wäre die Rechtslage zu beurteilen, wenn der Verkäufer seinem Paket eine Rechnung über 980 DM beigelegt hätte. Damit hätte er nämlich erklärt, daß er Ihr Angebot, den Monitor für 890 DM kaufen zu wollen, ablehnt. Dies wäre aber als neues Angebot aufzufassen (vgl. Seite 30 f.). Ein Kaufvertrag wäre dann nur geschlossen worden, wenn Sie das Paket zum Preis von 980 DM hätten behalten wollen.

 Musterschreiben: Anfechtung wegen Inhaltsirrtums

Sven Jungmann
Witts Allee 2
22587 Hamburg

Einschreiben / Rückschein
Thomas Verkäufer
Modemstraße 10
22559 Hamburg

                                        Hamburg ... (Ort), den ... (Datum)

Sehr geehrter Herr Verkäufer,

ich hatte Ihnen am ... (Datum) angeboten, Ihren Drucker ... (irrtümlich bestellte Ware/Typ) zum Preis von ... DM (angebotener Preis) zu kaufen. Wie ich leider gerade feststellen mußte, ist mir dabei ein Versehen ... (Ursache des Irrtums) unterlaufen.

Tatsächlich wollte ich Ihnen den Kauf von ... (tatsächlich gewollte Ware/Typ) anbieten. Dies Versehen tut mir sehr leid. Bei der Abgabe meines Angebots habe ich über den Inhalt meiner Erklärung geirrt, so daß ich daher mein Angebot hiermit anfechte.

Sollten Sie dennoch am Verkauf des Druckers ... (tatsächlich gewollte Ware / Typ) interessiert sein, würde ich mich über ein Angebot Ihrerseits bis zum ... (Datum; ca. 1 Woche) freuen.
Für Rückfragen erreichen Sie mich tagsüber telefonisch unter ... (Tel.Nr. falls gewünscht).

Mit freundlichen Grüßen

(Unterschrift)

dd) Anfechtungsgrund: Eigenschaftsirrtum

Beim Eigenschaftsirrtum nach § 119 Abs. 2 BGB ist dem Erklärenden bereits bei der Willensbildung ein Irrtum über eine Eigenschaft der Kaufsache, die als wesentlich angesehen wird, unterlaufen. »**Eigenschaften**« sind dabei alle Faktoren, die für den Wert der gekauften Ware von Bedeutung sind. »**Wesentlich**« ist eine Eigenschaft, wenn sie von Verkäufer und Käufer zur Grundlage des Geschäfts gemacht worden ist. Beispielsweise ist die Kompatibilität einer Sache, jedoch nicht deren Wert oder Preis als solcher eine wesentliche Eigenschaft.
Nehmen wir einmal an, ein Verkäufer bietet Ihnen einen gebrauchten Monitor zum Preis von 100 DM an. Er hält den Monitor für ein 14-Zoll-Gerät ohne Strahlungsschutz, es handelt sich in Wirklichkeit jedoch um ein 15-Zoll-Gerät, das mit TCO 92 ausgestattet ist. Hätte der Verkäufer dies gewußt, hätte er von einem Verkauf abgesehen oder jedenfalls 300 DM für das Gerät verlangt. Der Verkäufer könnte in diesem Fall den Kaufvertrag nach § 119 Abs. 2 BGB anfechten.
Anders ist die Rechtslage im folgenden Beispiel: Von einem Bekannten kaufen Sie ein Ihrer Ansicht nach wertvolles Computergehäuse aus echtem tropischen Holz zum Preis von 499 DM. Sie hielten den Kauf zunächst für ein sehr gutes Geschäft, mußten jedoch kurze Zeit später feststellen, daß ein bekannter Lebensmitteldiscounter ein solches Gehäuse vorübergehend zum Preis von 99 DM im Angebot hat. Da der Wert des

Gehäuses selbst keine Eigenschaft ist, berechtigt Ihr Irrtum über den Wert oder den Preis der gekauften Ware nicht zur Anfechtung. Der Kaufvertrag bleibt wirksam.

Beim Eigenschaftsirrtum kommen nur solche Eigenschaften in Betracht, die allgemein im Geschäftsverkehr als wesentlich angesehen werden. Damit sollen solche Eigenschaften ausgeschlossen werden, die nur vom Standpunkt des Erklärenden – Käufer oder Verkäufer – also subjektiv, und nicht objektiv erheblich sind. Danach ist auf den typischen wirtschaftlichen Zweck des Geschäfts abzustellen. Ist also beispielsweise für den Verkäufer erkennbar, daß Sie an Ihren beruflich gekauften Computer hohe Anforderungen hinsichtlich der Rechenleistung stellen, dann ist die Schnelligkeit des Computers eine verkehrswesentliche Eigenschaft i. S. d. § 119 Abs. 2 BGB, die im Falle ihres Fehlens den Käufer zur Anfechtung berechtigt.

Wie eine solche Anfechtung richtig formuliert wird, erfahren Sie im folgenden Musterschreiben.

Der Kaufvertragsabschluß

 Musterschreiben: Anfechtung wegen Eigenschaftsirrtums

Sven Jungmann
Witts Allee 2
22587 Hamburg

Einschreiben / Rückschein
An
Thomas Verkäufer
Modemstraße 10
22559 Hamburg

Hamburg ... (Ort), den ... (Datum)

Sehr geehrter Herr Verkäufer,

ich habe bei Ihnen am ... (Datum) ein Modem ... (gekaufte Ware / Typ) zum Preis von ... DM (Kaufpreis) gekauft. Irrtümlich ging ich davon aus, daß das Gerät zum Betrieb am ISDN-Netz der Telekom geeignet ist. Wie ich feststellen mußte, ist dies jedoch leider nicht der Fall.
Aus diesem Grunde fechte ich meine Erklärung wegen Irrtums über verkehrswesentliche Eigenschaften an.

Mit freundlichen Grüßen

(Unterschrift)

 Hinweis:

In den Fällen, in denen der gekauften Ware eine wesentliche Eigenschaft fehlt und gleichzeitig die Ware mangelhaft ist, können Sie den Kaufvertrag nicht wegen eines Eigenschaftsirrtums (§ 119 Abs. 2 BGB) anfechten. Sie sind vielmehr gezwungen, die Gewährleistungsrechte (§§ 459 ff. BGB, siehe hierzu ausführlich Seite 62 ff.) wegen Mangelhaftigkeit der Ware geltend zu machen.

ee) Anfechtungsgrund: Irrtum durch arglistige Täuschung

Bei der arglistigen Täuschung nach § 123 BGB ist der Käufer keinem Irrtum erlegen, vielmehr wurde seine Kaufentscheidung durch eine Täuschung des Verkäufers beeinflußt. Die aufgrund der Täuschung getroffene Kaufentscheidung kann der Käufer mit der Folge anfechten, daß das Geschäft als von Anfang an unwirksam anzusehen ist (§ 142 Abs. 1 BGB).
Um den Kaufvertrag anfechten zu können, ist eine Täuschung des Käufers durch den Verkäufer Voraussetzung. Diese muß zudem arglistig sein, und es muß ein direkter Zusammenhang zwischen der Täuschung und dem Kaufentschluß bestehen.

Täuschung
Eine »Täuschung« liegt generell dann vor, wenn sich der Käufer wegen des Verhaltens des Verkäufers zum Kauf entschlossen hat, weil
- der Verkäufer falsche Tatsachen über die gekaufte Sache vorgespiegelt hat *oder*
- der Verkäufer wahre Tatsachen über die gekaufte Sache durch Zusätze oder Auslassungen entstellt (also verändert) hat *oder*
- der Verkäufer wahre Tatsachen über die gekaufte Sache verschwiegen hat, obwohl er verpflichtet gewesen wäre, den Käufer über die betreffenden Tatsachen zu informieren.

Eine falsche Tatsache wird vom Verkäufer *vorgespiegelt*, wenn er wahrheitswidrige Behauptungen aufstellt oder die Fragen des Käufers wahrheitswidrig beantwortet. Die wahrheitswidrige Behauptung des Verkäufers muß sich nicht in jedem Fall auf eine Tatsache, sie kann sich auch auf andere, objektiv nachprüfbare Umstände beziehen. Bloße Anpreisungen und subjektive Werturteile, die als solche erkennbar sind, reichen allerdings nicht aus.
Der Verkäufer kann wahre Tatsachen auch durch Zusätze, Auslassungen oder Verzerrungen des Sachverhalts *entstellen*, also so verändern, daß der Käufer falsche Schlüsse ziehen muß und daher getäuscht wird. Beispielsweise verkauft der Computerhändler Ihnen einen PC als »ausführ-

Der Kaufvertragsabschluß

lich getesteter Computer«. Der Händler meint dabei jedoch, daß der Rechner im Verkaufsraum unzähligen Kunden als Vorführgerät gedient hat.

Sofern vom Verkäufer eine Tatsache *verschwiegen* wird, liegt nur dann eine Täuschung vor, wenn der Verkäufer eine Aufklärungspflicht gegenüber dem Käufer gehabt hat. Entscheidend dabei ist, ob der Käufer eine Aufklärung im jeweiligen Fall erwarten durfte (vgl. dazu Seite 17, 75). Grundsätzlich besteht aber keine Pflicht des Verkäufers, den Käufer ungefragt auf Nachteile der Ware hinzuweisen. Auch insoweit ist es also von Vorteil, einen sachkundigen Bekannten zum Kauf mitzunehmen, der auch die r(w)ichtigen Fragen zu stellen weiß.

Arglist

Die »Arglist« erfordert ein vorsätzliches, also absichtliches Handeln des Verkäufers. Er muß die Unrichtigkeit seiner Angaben kennen.

Eine arglistige Täuschung liegt z. B. vor, wenn der Verkäufer Ihnen wissentlich verschwiegen hat, daß Ihr angeblich »brandneuer« Multimedia-PC seit fünf Monaten als Vorführgerät genutzt wird. Oder auch, wenn der Verkäufer Ihnen entgegen seiner Kenntnis bestätigt hat, daß Ihre neue Grafikkarte 3D-Funktionen unterstützt. Zu Hause stellen Sie fest, daß dies jedoch nicht zutrifft. Der Händler ist daraufhin bereit, die Ware zurückzunehmen, macht Ihnen gegenüber jedoch eine Aufwandsentschädigung als Schadensersatz geltend.

In beiden Fällen könnten Sie den Kaufvertrag anfechten. Der wesentliche Unterschied ist bei der arglistigen Täuschung jedoch, daß Sie nicht zum Schadensersatz verpflichtet sind. Dies bedeutet, daß Sie die oben vom Händler geforderte Aufwandsentschädigung nicht zu zahlen brauchen. Denn der arglistig Täuschende soll nicht auch noch in den Genuß von Schadensersatz kommen.

Beachten Sie: Daß Sie als Käufer vom Verkäufer arglistig getäuscht worden sind, haben Sie gegebenenfalls vor Gericht zu beweisen.

Ladenkauf

 **Musterschreiben:
Anfechtung wegen arglistiger Täuschung**

Sven Jungmann
Witts Allee 2
22587 Hamburg

Einschreiben / Rückschein

An

Thomas Verkäufer
Modemstraße 10
22559 Hamburg

Hamburg ... (Ort), den ... (Datum)

Sehr geehrter Herr Verkäufer,

am ... (Datum) habe ich von Ihnen einen gebrauchten PC ... (Ware / Typ) zum Preis von ... DM (Kaufpreis) gekauft. Während unseres Verkaufsgesprächs habe ich Sie ausdrücklich danach gefragt, ob das Gerät mit dem Prozessor der Firma XY und nicht der Firma Z bestückt ist, weil ich das Gerät ansonsten nicht erworben hätte. Sie haben mir daraufhin ausdrücklich bestätigt, daß dies der Fall ist. Anläßlich einer Reparatur des Gerätes mußte ich leider feststellen, daß die von Ihnen gemachten Angaben wissentlich falsch waren ... (Art der Täuschung). Die mir dabei entstandenen Reparaturkosten werde ich Ihnen gesondert in Rechnung stellen.

Aus diesem Grund fechte ich den Kaufvertrag wegen arglistiger Täuschung an und werde wegen der Rückabwicklung des Kaufvertrages meinen Rechtsanwalt beauftragen ... (falls gewünscht).

Mit freundlichen Grüßen

(Unterschrift)

Der Kaufvertragsabschluß

Es gibt allerdings auch Fälle, die eindeutig *nicht* zur Anfechtung des Kaufvertrages berechtigen. Praktisch am häufigsten betrifft dies den sogenannten **Motivirrtum**. Dies bedeutet, daß der Irrtum auf Umständen beruht, die nicht die Ware selbst betreffen, sondern lediglich einen inneren Beweggrund haben.

Sie kaufen z. B. einen gebrauchten PC für 1500 DM. Später erfahren Sie, daß sein Wert bei maximal 500 DM liegt. Eine Anfechtung des Kaufvertrages ist nicht möglich, Sie haben einfach Pech gehabt.

Oder: Sie kaufen einen Komplett-PC, um zu Hause für Ihre Firma Vorgänge zu bearbeiten. Zwei Tage später erfahren Sie, daß Ihre Firma in Konkurs ist. Den gekauften PC benötigen Sie jetzt nicht mehr. Auch hier ist Ihr Motiv für die Verwendung der gekauften Sache unerheblich. Sie bleiben an den Kaufvertrag gebunden.

2. Versendungskauf (Mail-Order-Kauf)

Bei dieser Form des Kaufs bestellen Sie eine Ware nicht beim Händler vor Ort, sondern lassen sich die Ware aufgrund einer Zeitungs- oder Zeitschriftenwerbung zu Ihrem Wohnort versenden und bezahlen in der Regel per Nachnahme. Im Gegensatz zum Ladenkauf gibt es beim Versendungskauf (Mail-Order-Kauf) einige wichtige Besonderheiten, die im folgenden besprochen werden sollen.

a) Rechte und Pflichten des Käufers

- *Verkäufer hat auch dann Anspruch auf Zahlung des Kaufpreises, wenn die Ware beim Transport beschädigt oder zerstört wird oder verlorengeht.*

Dies ist die wichtigste Besonderheit bei dieser Art des Kaufs. Der Käufer trägt also die Transportgefahr, d. h. die Gefahr, daß beim Transport der ordnungsgemäß verpackten Ware der Ware etwas passiert. Sie müssen

Versendungskauf (Mail-Order-Kauf)

als Käufer also den Kaufpreis auch dann bezahlen, wenn die Ware nach Auslieferung an die Transportperson beschädigt oder zerstört wird oder verlorengeht; Sie tragen die sogenannte **Preisgefahr**. Dies gilt grundsätzlich unabhängig von der Art des Transportunternehmens (Post AG, UPS, DPD, Kurierdienst, Frachtführer, Spedition o. ä.). Einige Händler schließen daher automatisch – auf Kosten des Käufers – eine sogenannte **Transportversicherung** ab, die bei Beschädigung oder Verlust der Ware eintritt. Grundsätzlich ist jedoch der formularmäßige Abschluß einer Transportversicherung im Kleingedruckten (siehe Seite 82 ff.) auf Kosten des Kunden ungültig (OLG Stuttgart vom 6. 5. 1994 – 2 U 275/93, CR 1995, 269). Dennoch ist der Abschluß einer Transportversicherung für einige Mark – sofern man unbedingt im Versandhandel kaufen möchte – aus oben genannten Gründen dringend zu empfehlen.

> **!** **Hinweis:**
> Nach Erhalt der Ware sollten Sie die Verpackung öffnen und nach Möglichkeit in Anwesenheit der Transportperson die gelieferte Kaufsache auf Schäden hin kontrollieren. Weist der Kaufgegenstand bereits äußerlich eine Beschädigung auf, lassen Sie sich schriftlich bestätigen, daß die Verpackung und voraussichtlich auch der Kaufgegenstand beschädigt angekommen sind. Sofern der Transporteur sich weigert, daß Sie die Kaufsache in seinem Beisein öffnen dürfen, sollten Sie die Unterschrift unter die Empfangsbestätigung für die Ware verweigern. Im Normalfall wird der Transporteur dann einlenken, denn er möchte die Ware schließlich loswerden.

Reklamieren Sie die Ware gegenüber dem Versender sofort schriftlich per Einschreiben/Rückschein. Wie Sie das am besten machen, erfahren Sie im folgenden Musterschreiben. Im übrigen kann der Käufer einer beim Transport beschädigten Ware Schadensersatzansprüche gegen das Transportunternehmen geltend machen bzw. sich die Ansprüche des Händlers gegen das Unternehmen abtreten lassen.

Der Kaufvertragsabschluß

 Musterschreiben: Transportschaden

Sven Jungmann
Witts Allee 2
22587 Hamburg

Einschreiben / Rückschein
An
CompuVersand GmbH
Poststraße 12
52235 Köln

Hamburg ... (Ort), den ... (Datum)

Rechnungs-Nr.:	Auftrags-Nr.:	Kunden-Nr.:
(sofern vorhanden)	(sofern vorhanden)	(sofern vorhanden)

Sehr geehrte Damen und Herren,

am ... (Datum) habe ich bei Ihnen einen Komplett-PC ... (bestellte Ware / Typ) bestellt. Die Ware wurde am ... (Datum) von der Post AG ... (Transporteur) geliefert. Im Beisein der Transportperson Herr/Frau ... (Name) habe ich die Sendung geöffnet und festgestellt, daß nicht nur die Verpackung, sondern auch das Gerät selbst durch mehrere deutlich sichtbare Dellen ... (sichtbare Schadensbeschreibung) beschädigt wurde. Der Transporteur hat hierüber ein Protokoll angefertigt.
Da eine Transportversicherung durch Sie abgeschlossen wurde, bitte ich um Regulierung des Schadens bzw. um Bekanntgabe der Versicherungsgesellschaft.
Oder:
Da nach meiner Kenntnis eine Transportversicherung nicht abgeschlossen wurde, werde ich meinen Schaden vom Transportunternehmen ersetzt verlangen. Ich bitte daher um Abtretung Ihrer Ansprüche gegen das Transportunternehmen. Hierzu reicht eine formlose schriftliche Abtretungserklärung, die ich bis zum ... (Datum; 2 Wochen) erbitte.
Vielen Dank.

Mit freundlichen Grüßen

(Unterschrift)

- *Verkäufer muß die Kaufsache ordnungsgemäß verpacken und an das Transportunternehmen übergeben.*

Als Nebenpflicht des Kaufvertrages muß der Verkäufer die Kaufsache ordnungsgemäß verpacken und an das Transportunternehmen übergeben. Sofern er diese Pflicht verletzt, kann er schadensersatzpflichtig sein. Die Nebenpflichten werden allerdings häufig in den Allgemeinen Geschäftsbedingungen (siehe Seite 82 ff.) zugunsten des Verkäufers abgeändert. Beispielsweise kommt der von Ihnen bestellte und per UPS gelieferte Monitor aufgrund einer unzureichenden Verpackung mit zerschlagener Bildröhre bei Ihnen an. Der Verkäufer hätte sich dann schadensersatzpflichtig gemacht.

- *Käufer kann gegen den Verkäufer wegen Schäden oder Verlust der Ware beim Transport keine Ansprüche geltend machen.*

Nach dem Gesetz hat der Käufer bei einem Versendungskauf keine Ansprüche gegen den Verkäufer wegen Schäden oder Verlust der Sache beim Transport. Allerdings haftet das Transportunternehmen im Falle von Vorsatz oder Fahrlässigkeit gegenüber dem Händler als Auftraggeber. Diese Ansprüche, die der Verkäufer gegen das Transportunternehmen aus dieser Rechtsbeziehung hat, kann der Käufer auf sich übertragen, d.h. sich abtreten lassen, so daß der Käufer letztlich die eigentlich fremden Ansprüche als eigene geltend machen kann.

Beispielsweise hat der Händler gegen das Transportunternehmen einen Anspruch auf Schadensersatz, da die Transportperson den Monitor hat fallen lassen. Diesen Schadensersatzanspruch können Sie sich formlos vom Händler abtreten lassen und dann selbst gegenüber dem Transportunternehmen geltend machen.

! Hinweis:

Lehnen Sie beim Versendungskauf generell einen **Kauf per Vorauskasse** ab. Lassen Sie sich auch nicht von günstigsten Angeboten locken. Es gibt in diesem Bereich immer wieder zwielichtige Händler. Und: Ist das Geld erst einmal weg, ist es sehr gut möglich, daß Sie niemals irgendwelche Ware zu Gesicht bekommen. Gleiches gilt für Firmen mit unbekannten **Postfachadressen**.

b) Lieferung der Ware ins Haus

Eine besondere Form des Ladenkaufs zieht die rechtlichen Konsequenzen des soeben beschriebenen Versendungskaufs nach sich; diese Möglichkeit soll hier nicht verschwiegen werden.
Beispielsweise kaufen Sie beim Computerhändler einen PC mit Drucker und Monitor. Da Sie umweltbewußt sind, haben Sie nur ein Fahrrad zum Transport zur Verfügung. Sie bitten den Händler daher, die Geräte zu liefern. Der Händler verspricht (kostenfreie) Lieferung. Das Lieferfahrzeug verunglückt jedoch, wobei Ihre Computerteile stark beschädigt werden. Auch hier hätte der Verkäufer seine Pflicht zur Übergabe der Kaufsache mit der Übergabe an den Transporteur erfüllt, da die Ware auf Wunsch des Käufers hin angeliefert werden sollte. Der Kaufpreis müßte daher trotzdem vom Käufer bezahlt werden (siehe Seite 142 f.).

3. Kauf per Katalog (Versandhauskauf)

Der Kauf per Versandhauskatalog ist in Deutschland seit vielen Jahren etabliert. Bei dieser Art des Kaufs können Sie zu Hause per Katalog oder per Katalog-CD-ROM oder im Internet (siehe Seite 166 f.) in Ruhe einkaufen.
Beispielsweise kaufen Sie beim Versandhaus »Qualle« aus dem gedruckten Katalogangebot oder mit Hilfe einer Katalog-CD-ROM einen Komplett-PC. Gerade bei den Versandhäusern gibt es wegen der speziellen Bestellform auch einige Besonderheiten gegenüber dem Ladenkauf zu beachten:

Kauf per Katalog (Versandhauskauf)

- **Lieferung nach Hause**

Generell gilt beim Versandhandel die verbraucherfreundliche Regelung, daß der jeweilige Händler die von Ihnen bestellte Ware nicht in seinem Geschäft oder Lager, sondern bei Ihnen zu Hause schuldet. Beispielsweise bestellt Frau Klein aus München beim »Toto«-Versand Hamburg einen Drucker, der bei ihr aus ungeklärter Ursache stark beschädigt ankommt. Müßte sie den Drucker trotzdem bezahlen? Glücklicherweise kann man diese Frage eindeutig mit »Nein« beantworten, denn die Beschädigung oder Zerstörung einer Ware liegt hier im Risikobereich des Versandhändlers. Sie brauchen demnach also nicht zu bezahlen oder können bei Beschädigung Reduzierung des Kaufpreises verlangen oder die Ware zurückgeben.

 Hinweis:

Bei eher unbekannten Versandhäusern sollten Sie im schriftlichen Kaufvertrag die Formulierung **»Erfüllungsort ist beim Käufer«** aufnehmen, da der Händler dann die Ware auf sein Risiko zu Ihnen transportieren muß.

- **Widerrufs- und Rückgaberecht**

Im Katalogversandhandel hat der Käufer in der Regel eine Woche ab Vertragsschluß Zeit, das Geschäft zu widerrufen. Dieser Widerruf muß zwar schriftlich (möglichst per Einschreiben/Rückschein) erfolgen, eine Begründung, weshalb Sie die Ware nicht wollen, ist aber nicht notwendig. Es ist ausreichend, wenn der Widerruf innerhalb der Wochenfrist abgesendet wird. Mit dem Widerruf ist der Kaufvertrag von Anfang an ungültig.

 Beispiel:

Sie schreiben per Einschreiben/Rückschein: »Hiermit widerrufe ich den am ... (Datum) abgeschlossenen Kaufvertrag.«

Der Kaufvertragsabschluß

Unterbleibt die Widerrufsbelehrung, erlischt das Widerrufsrecht des Käufers erst einen Monat nach beiderseits vollständiger Erbringung der Leistung, d. h. nach Kaufpreiszahlung durch den Käufer und Übergabe der Ware durch den Verkäufer.
Das Widerrufsrecht des Käufers kann im Katalogversandhandel durch ein uneingeschränktes Rückgaberecht binnen einer Woche nach Erhalt der Ware ersetzt werden. Hierüber muß der Katalog oder das Bestellformular allerdings eine Belehrung enthalten. Die meisten Lieferungs- und Zahlungsbedingungen der großen Versandhäuser sind allerdings ohnehin recht kundenfreundlich, da der Kundschaft oftmals sogar ein uneingeschränktes Rückgaberecht von bis zu vierzehn Tagen eingeräumt wird. Wenn Sie von diesem Rückgaberecht Gebrauch machen wollen, müssen Sie spätestens nach einer bzw. zwei Wochen nach Erhalt die Ware bei der Post aufgeben, und zwar auf Kosten des Versandhauses (also unfrei!). Sofern die Ware für ein Postpaket zu schwer ist (über 20 kg), genügt es, wenn Sie innerhalb dieser Zeit vom Versandhaus die Rücknahme der Ware verlangen. Dies ist zwar auch telefonisch möglich, Sie sollten jedoch, um späteren Beweisschwierigkeiten aus dem Weg zu gehen, einen Zeugen dabei haben.

- **Kauf auf Raten**

Gerade im Versandhandel ist auch der telefonische Abschluß eines Abzahlungsgeschäftes, d. h. der sogenannte Kauf auf Raten, möglich. Nähere Informationen dazu finden Sie auf Seite 177 ff.

4. Komplett-Angebote

Beim Kauf einer neuen Computeranlage zieht der Käufer manchmal aus guten Gründen die Möglichkeit in Erwägung, Hard- und Software aus einer Hand, also von nur einem Händler, zu erwerben. Dies hat zumindest den Vorteil, daß Sie sich Preisvergleiche und viel Lauferei ersparen. Sie sollten dann aber im Kaufvertrag ausdrücklich festhalten lassen, daß die einzelnen Komponenten der Hard- und Software problemlos miteinander arbeiten (**Funktionsgarantie**). Ihre gesetzlichen Rechte erstrecken sich dann nämlich auf den gesamten Kaufgegenstand, da der Kauf der Computeranlage nebst Software juristisch gesehen ein »einheitliches Geschäft« darstellt (BGH vom 23.1.1996 – X ZR 105/93, CR 1996, 467). Würde nur eine der Komponenten nicht mit den übrigen harmonieren, bräuchten Sie nicht den funktionierenden Teil behalten, sondern könnten die gesamte Anlage zurückgeben.

Beispielsweise setzt die von Ihnen zusammen mit dem Rechner erworbene Tabellenkalkulation zum vernünftigen Arbeiten einen Pentium mit 233 MHz voraus. Der Verkäufer hat Ihnen jedoch lediglich ein Gerät mit 133 MHz verkauft. Sie könnten dann die gesamte Anlage – bestehend aus Hard- und Software – dem Händler zurückgeben. Sie müßten also nicht den ansonsten einwandfrei funktionierenden Rechner behalten.

Nach Ansicht des BGH können Sie die gesamte Computeranlage auch dann zurückgeben, wenn wesentliche Teile der Anlage vom Händler nicht geliefert wurden (BGH vom 27.4.1994 – VIII ZR 154/93, CR 1994, 460). Auch muß ein Händler, der zwar ein Komplettpaket zusagt, dann aber nicht die Bestandteile liefern kann, auch die bereits gelieferten Geräte zurücknehmen (OLG Nürnberg vom 14.7.1994 – 8 U 2851/93, CR 1995, 343). Das OLG Celle ist sogar der Auffassung, daß ein ungeeignetes Handbuch zur Rückgabe der gesamten Anlage berechtigt (OLG Celle vom 19.10.1993 – 17 U 28/92, CR 1994, 290).

In der Praxis sieht es allerdings so aus, daß nur die wenigsten Händler, und schon gar keine Discounter, Ihnen eine »Funktionsgarantie« im Zusammenspiel der Komponenten geben werden. Dies ist durchaus aufgrund der Fülle an verschiedenen Geräten und Standards verständlich, birgt jedoch für den Käufer immer ein Risiko.

III. Wenn beim Computerkauf etwas schiefgeht

1. Die Ware ist mangelhaft

Einen wesentlichen Raum nehmen in der Praxis Streitigkeiten zwischen Käufer und Verkäufer über die Frage ein, ob überhaupt eine mangelhafte Kaufsache vorliegt. Beispielsweise wird darüber gestritten, ob fehlende Treiber oder ein fehlendes Handbuch bereits die gesetzlichen Gewährleistungsrechte des Käufers auslösen können.

Im folgenden Abschnitt erfahren Sie, welche Voraussetzungen vorliegen müssen, um überhaupt von einer »mangelhaften Kaufsache« sprechen zu können, die die gesetzlichen Gewährleistungsansprüche auslöst. Eine große Rolle spielen in diesem Zusammenhang auch die sogenannten Allgemeinen Geschäftsbedingungen (siehe Seite 82 ff.), die oftmals andere Gewährleistungsrechte festlegen als sie das Gesetz vorsieht. Ferner ist auch wichtig, sich die Unterscheidung zwischen »gesetzlicher Gewährleistung« und »Hersteller-Garantie« bewußtzumachen (siehe Seite 104).

a) Gesetzliche Gewährleistungsrechte

Im folgenden werden die gesetzlichen Gewährleistungsansprüche des Käufers zunächst ohne Berücksichtigung der möglicherweise zwischen Käufer und Verkäufer vereinbarten Allgemeinen Geschäftsbedingungen (siehe Seite 82 ff.) ausführlich erläutert.

aa) Grundlegendes vorab: Stückkauf oder Gattungskauf?

Man unterscheidet im Kaufrecht grundsätzlich zwischen dem sog. **Stückkauf** und dem sog. **Gattungskauf**. Beim Stückkauf schuldet der Verkäufer ein ganz bestimmtes Einzelstück (z. B. diesen Computer mit dem besonderen Gehäuse mit Wurzelholzmaserung), beim Gattungskauf schuldet der Verkäufer lediglich eine Sache von »mittlerer Art und Güte« (z. B. irgendeinen Computer Pentium 300 Mhz mit den festgelegten Leistungsmerkmalen aus der Produktionsserie XY). Der Gattungskauf ist im Computerbereich die Regel, da die meisten Produkte aus der Massenfertigung stammen und dementsprechend nicht die besonderen Merkmale eines bestimmten Einzelstückes aufweisen.

bb) Voraussetzungen der Gewährleistungsansprüche

Damit ein Käufer seine Gewährleistungsrechte überhaupt geltend machen kann, müssen bestimmte Voraussetzungen gegeben sein:

- **Wirksamer Kaufvertrag, keine Falschlieferung, kein Gebrauchtkauf**

Zwischen Käufer und Verkäufer muß zunächst ein wirksamer Kaufvertrag geschlossen worden sein (siehe Seite 30 ff.). Ist dies nicht so, stehen dem Käufer auch keine Gewährleistungsrechte zu. Gleiches gilt für den Fall, daß der Verkäufer eine falsche Ware geliefert hat (siehe Seite 113 f.). In einem solchen Fall ist der wirksam geschlossene Kaufvertrag lediglich noch nicht erfüllt. Besonderheiten gibt es außerdem beim Kauf von gebrauchten Computerteilen (siehe ausführlich Seite 164 f.) zu beachten, auf die hier nicht weiter eingegangen werden soll.

- **Mangelhafte Ware**

Die wichtigste Voraussetzung bei der Geltendmachung von Ansprüchen im Rahmen der gesetzlichen Gewährleistung ist das Vorhandensein eines sogenannten **Sachmangels**. Das Vorliegen eines Sachmangels ist auch gleichzeitig die häufigste Streitquelle beim Computerkauf. Die ausführliche Mängelliste auf Seite 107 ff. soll Sie bei der Abwägung, ob überhaupt ein Mangel vorliegt, unterstützen.

Doch was ist ein »Mangel«? Nach § 459 BGB haftet der Verkäufer dem Käufer dafür, daß die Sache nicht fehlerhaft ist oder tatsächlich die vom

Verkäufer zugesicherten Eigenschaften aufweist. Der Begriff »Sachmangel« ist also der Oberbegriff für »Fehler« und für »Fehlen einer vom Verkäufer zugesicherten Eigenschaft«.

Ein »**Fehler**« liegt nach der Rechtsprechung vor, wenn der tatsächliche Zustand der Kaufsache von dem Zustand abweicht, den die Vertragsparteien bei Abschluß des Kaufvertrages gemeinsam vorausgesetzt haben, und diese Abweichung den Wert der Kaufsache oder ihre Eignung zum vertraglich vorausgesetzten Gebrauch herabsetzt oder beseitigt. Diese Formulierung klingt schlimmer, als was tatsächlich dahintersteckt. Wenn Sie beispielsweise mit dem Verkäufer vereinbart haben, daß auf Ihrem neuen Computer das Programm AutoCAD vernünftig laufen soll, und der Händler stattet Ihren Rechner mit nur 4-MB-Speicher aus, dann liegt auf jeden Fall ein Fehler vor. Denn mit so wenig Speicher können Sie nicht vernünftig mit der Software arbeiten, so daß die »Eignung zum vertraglich vorausgesetzten Gebrauch beseitigt wäre«.

Das gleiche gilt, wenn der Händler Ihnen einen Schwarzweißmonitor zur Nachbearbeitung von Farbfotos verkaufen würde.

Im übrigen muß die Wert- bzw. Tauglichkeitsminderung »**erheblich**« sein. Was »erheblich« ist, kann nur im Einzelfall beantwortet werden und muß gegebenenfalls vom Gericht entschieden werden. Unerheblich ist ein Fehler u. a. dann, wenn er mit nur ganz geringem Aufwand selbst schnell beseitigt werden kann oder er kaum auffällt. Beispielsweise wären zwei Kratzer oder ein kleiner Fleck auf einem Computergehäuse kein erheblicher Fehler. Als erheblich wäre es aber anzusehen, wenn ein Drucker statt der zugesagten 1000 Blatt nur 500 Blatt mit einer Tonerfüllung bedrucken kann.

Außer dafür, daß die verkaufte Sache frei von Fehlern ist, hat der Verkäufer auch dafür einzustehen, daß die Kaufsache zur Zeit der Übergabe die »**zugesicherten Eigenschaften**« hat (§ 459 Abs. 2 BGB). Nach der Rechtsprechung des Reichsgerichts sind »Eigenschaften« alle Verhältnisse, die wegen ihrer Art und Dauer nach der Verkehrsanschauung Einfluß auf die Wertschätzung oder Brauchbarkeit der Sache auszuüben pflegen. Auf die Erheblichkeit der Eigenschaft kommt es dabei im

Gegensatz zum »Fehler« nicht an. Eine »Eigenschaft« einer Sache ist beispielsweise die Tatsache, ob es sich um ein Originalprodukt eines bestimmten Herstellers handelt (OLG Oldenburg vom 16. 11. 1987 – 9 U 59/87, CR 1989, 107) oder daß die Tinte eines Farbdruckers nicht verwischt. Keine Eigenschaft ist der (Markt-)Wert oder Preis der Kaufsache.

Ist festgestellt, daß es sich überhaupt um eine »Eigenschaft« handelt, muß nun der Verkäufer diese dem Käufer gegenüber auch »zugesichert« haben. Hierfür genügt allerdings nicht jede gelegentlich bei Verhandlungen abgegebene Erklärung, insbesondere nicht eine bloße Anpreisung. Erforderlich ist vielmehr eine Willenserklärung, die zum Inhalt hat, daß der Verkäufer für das Vorhandensein der Eigenschaft einstehen will. Die Erklärung muß vom Käufer als vertragsgemäß verlangt und vom Verkäufer in vertragsmäßig bindender Weise abgegeben worden sein.

Eine »zugesicherte Eigenschaft« kann sich aber auch aus dem Zusammenhang ergeben. Beispielsweise verurteilte das OLG Nürnberg am 20. 10. 1992 (3 U 2087/92, CR 1993, 359) einen Händler zur Rücknahme einer Standard-Software, dessen Treiber nicht zum Computer des Kunden paßte. Der Verkäufer kannte die vorhandene Hardware und hätte deshalb das Problem voraussehen müssen. Konsequenz für einen Käufer ist also, daß er dem Händler die eigene Rechnerkonfiguration präzise benennen sollte.

Im Zweifelsfalle müssen Sie aber davon ausgehen, daß ein Verkäufer keine Zusicherung abgeben wollte. Dies ist praktisch nur in Ausnahmefällen so.

Sofern Sie den Verkäufer dazu bringen können, eine Eigenschaft des Gerätes zuzusichern, sollten Sie sich dies unbedingt schriftlich geben lassen. Später kann es ansonsten sein, daß sich der Verkäufer an seine Zusicherung nicht mehr erinnern kann.

Eine Zusicherung kann beispielsweise lauten: »Die CompuMent GmbH sichert Ihnen zu, daß der gekaufte Drucker PH 995 bei ordnungsgemäßer Inbetriebnahme wischfeste Ausdrucke auf Normalpapier liefert.« Keine Zusicherung liegt nach Ansicht der Rechtsprechung in der Erklärung, Hard- und Software seien aufeinander abgestimmt (OLG Düsseldorf vom 7. 12. 1988 – 17 U 27/87, WM 1989, 459). Hinsichtlich dieser Entscheidung kann man sicherlich geteilter Meinung sein. Die allgemeine Werbeaussage, der PC sei auf dem neuesten technischen Stand, ist jedenfalls keine Zusicherung (OLG Düsseldorf vom 25. 3. 1993 – 6 U 119/92, NJW 1993, 3142). Gleiches gilt für Werbeaussagen auf der Verpackung (OLG Köln vom 16. 10. 1992 – 19 U 92/91, CR 1993, 208).

• **Mangelhaftigkeit der Kaufsache bei Übergabe der Kaufsache**
Damit der Käufer Gewährleistungsansprüche gegen den Verkäufer geltend machen kann, muß die Kaufsache zum Zeitpunkt der Übergabe (§ 446 BGB) mangelhaft sein. Dabei genügt es, daß der Fehler zu diesem Zeitpunkt im Keim vorhanden ist, er also jederzeit auftreten könnte. Der Übergabezeitpunkt wird für den Käufer dann relevant, wenn ein Fehler zwar nach dem Kaufvertragsabschluß auftritt, aber noch vor Übergabe der Ware behoben ist.

Beispielsweise schließen Sie am 9. 3. einen Kaufvertrag über ein DVD-Laufwerk ab. Da Sie sich noch bis zum 20. 3. in Urlaub befinden, soll die Übergabe der Ware erst am 21. 3. stattfinden. Am 10. 3. stellt der Verkäufer im Rahmen einer Routineüberprüfung vor der Auslieferung fest, daß die Schublade des Laufwerks diverse Risse aufweist. Daraufhin bestellt der Verkäufer eine neue Schublade, die er am 19. 3. in das Laufwerk einbaut. Als Käufer hätten Sie nunmehr nicht das Recht, Gewährleistungsansprüche gegen den Verkäufer geltend zu machen, da dieser den Fehler bereits vor der – entscheidenden – Übergabe behoben hat.

Beim Versendungskauf nach § 447 BGB (siehe Seite 54 f.) muß die Kaufsache bei der Übergabe an das Beförderungsunternehmen (Post, UPS, DPD, Spediteur) mangelhaft sein. Sofern der Fehler der Ware vor der Ankunft beim Käufer behoben ist, kann dieser keine Gewährleistungsansprüche gegen den Verkäufer geltend machen.

Ausnahmsweise kann der Käufer seine Gewährleistungsrechte schon wegen eines bereits vor der Übergabe – aber nach Kaufvertragsabschluß – vorhandenen Mangels verlangen, wenn dieser sich nicht beheben läßt oder der Verkäufer die Behebung endgültig abgelehnt hat.

- **Unkenntnis des Käufers vom Mangel der Kaufsache bei Vertragsschluß**

Zu beachten ist noch, daß grundsätzlich der Verkäufer nicht für einen Mangel der verkauften Sache einzustehen hat, wenn der Käufer den Mangel bei Abschluß des Kaufvertrages kennt (§ 460 BGB). »Kenntnis« bedeutet in diesem Zusammenhang, daß der Käufer weiß, daß die Ware im Wert oder in der Tauglichkeit gemindert ist. Der Käufer hat dann keine Gewährleistungsansprüche. Etwas anderes gilt jedoch, wenn die Ware mehr als einen Fehler hat und der Käufer nur Kenntnis von einem Fehler hat. Dann bleiben die Ansprüche hinsichtlich des nicht bekannten Fehlers erhalten.

Beispielsweise ist das CD-ROM-Laufwerk mangelhaft, da die Schublade bei jedem zweiten Öffnen klemmt. In Kenntnis dieses Mangels kaufen Sie die Sache zu einem reduzierten Preis. Wenn das Laufwerk jetzt auch noch beim Lesen jeder zweiten CD-ROM eine Fehlermeldung ausgibt und Sie diesen Mangel nicht kannten, bleiben die Gewährleistungsrechte erhalten.

Der Verkäufer hat zu beweisen, daß der Käufer den Mangel kannte.

- **Vorbehalt bei der Annahme der mangelhaften Ware**

Sofern der Käufer eine mangelhafte Ware annimmt, obwohl er den Mangel kennt, hat er nur dann Gewährleistungsansprüche, wenn er sich seine Rechte wegen des Mangels bei der Annahme vorbehält (§ 464 BGB). Als »Annahme« ist dabei die Entgegennahme der Sache als eine dem Vertrag im wesentlichen entsprechende Erfüllung zu sehen.

In der Praxis erklärt der Käufer gegenüber dem Verkäufer seinen Vorbehalt bei der Annahme, indem er einen bestimmten Mangel bezeichnet und gegenüber dem Käufer erklärt, hierfür nicht auf die Gewährleistung verzichten zu wollen. Beispielsweise sagen Sie dem Verkäufer: »Der Monitor hat in der linken unteren Ecke ein verzerrtes Bild. Ich behalte mir die Annahme vor, bis ich geprüft habe, ob sich dieser Zustand mit Hilfe der Bildregler abstellen läßt.«

Die Beweislast dafür, daß der Käufer bei der Annahme der Sache den Mangel kannte, trägt der Verkäufer. Demgegenüber muß der Käufer beweisen, daß er gegenüber dem Verkäufer bei der Annahme einen Vorbehalt geäußert hat. Dies kann entweder durch eine Art Abnahme-Protokoll geschehen, das von beiden Parteien unterzeichnet wird, oder durch das Beisein eines oder mehrerer Zeugen bei der Annahme.

- **Zur Beweislast**

Noch ein Wort zur sogenannten Beweislast: Beim Stückkauf (siehe Seite 62) muß nach Übergabe der Kaufsache der Käufer, der Gewährleistungsansprüche geltend machen will, den Sachmangel, also den Fehler bzw. die Zusicherung des Verkäufers, beweisen. Dies bedeutet also, daß Sie ohne schriftliche Bestätigung des Verkäufers im Falle eines Prozesses keine Chance hätten! Im Gegenzug muß der Verkäufer die Unerheblichkeit eines Fehlers beweisen.

Beim Gattungskauf (siehe Seite 62), also dem Normalfall des Computerkaufs, hat der Verkäufer grundsätzlich zu beweisen, daß die Sache mangelfrei ist, insbesondere, wenn der Käufer die Annahme der Sache bei gleichzeitiger Forderung mangelfreier Lieferung verweigert hat. Nach der Annahme der Sache hat der Käufer den Mangel zu beweisen.

Beim Versendungskauf nach § 447 BGB (siehe Seite 54 f.) ist als maßgeblicher Zeitpunkt die Übergabe an das Beförderungsunternehmen (Post, UPS, DPD, Spediteur) zu betrachten, so daß der Verkäufer nur beweisen muß, daß die Kaufsache zu diesem Zeitpunkt mangelfrei war. Vom Zeitpunkt der Übergabe an trägt dann der Käufer die Beweislast. Aus diesem Grund versichern einige Versender automatisch ihre Ware gegen Verlust und Beschädigung, meist leider auf Kosten des Käufers. Nichtsdestotrotz ist dies immer noch billiger, als eine möglicherweise nicht erhaltene oder defekte Ware bezahlen zu müssen.

cc) Die Gewährleistungsrechte im Überblick

Sofern alle diese Voraussetzungen (Seite 63 ff.) erfüllt sind, stehen dem Käufer beim Stückkauf (siehe Seite 62) folgende Gewährleistungsansprüche zu:

- Rückgängigmachung des Kaufes (= Wandelung, § 462 BGB), siehe Seite 70 f.,
- Herabsetzung des Kaufpreises (= Minderung, § 462 BGB), siehe Seite 72 ff., und
- Schadensersatz wegen Nichterfüllung (§ 463 BGB), siehe Seite 74 ff.

Während die gesetzlichen Rechte des Stückkäufers wegen eines Sachmangels damit erschöpft sind, gewährt das Gesetz dem Käufer einer nur der Gattung nach bestimmten Sache (Gattungskauf, siehe Seite 62) statt der Wandelung, Minderung oder des Schadensersatzes auch das Recht auf

- Nachlieferung (§ 480 BGB), siehe Seite 80.

Welches der Gewährleistungsrechte der Käufer geltend macht, ist ihm überlassen.

Außergerichtlich genügt ein formloses Schreiben des Käufers per Einschreiben/Rückschein – aus Beweisgründen zu empfehlen – an den Verkäufer, in dem der Käufer nach seiner Wahl die Wandelung, die Minderung oder die Nachlieferung geltend macht. Sein Wahlrecht endet allerdings spätestens mit Durchführung einer dieser Ansprüche. Wenn also bei der Wandelung der Verkäufer den Kaufpreis an den Käufer zurückgezahlt hat und der Käufer seinerseits die erhaltene Ware an den Verkäufer zurückgegeben hat, ist die Wandelung »vollzogen«.

Der Verkäufer selbst kann nicht die Geltendmachung eines bestimmten Rechtes vom Käufer erzwingen (BGH vom 5.10.1966 – VIII ZR 98/64, NJW 1967, 33). Diese Möglichkeit steht nur dem Käufer gegenüber dem Verkäufer zu.

Sollte der Verkäufer weder dem Wandelungs- noch dem Minderungsbegehren des Käufers entsprechen wollen, bleibt dem Käufer nur die gerichtliche Geltendmachung in Form der Klage (siehe Seite 214 ff.). Hierbei muß sich der Käufer für eines seiner Rechte entscheiden. Gibt das Gericht der Klage statt, wird der Verkäufer – je nach der Wahl des Käufers – zur Durchführung der Wandelung oder Minderung verurteilt.

Näheres zu den einzelnen Gewährleistungsrechten erfahren Sie in den nun folgenden Abschnitten.

> **!** **Hinweis:**
> Falls eine gekaufte Sache mangelhaft ist, brauchen Sie sich vom Verkäufer nicht mit einem Warengutschein oder einem Umtausch abspeisen zu lassen! Sie können entweder auf Ihre gesetzlichen oder auf die Ihnen per Allgemeine Geschäftsbedingungen eingeräumten Rechte bestehen.

dd) Rückgängigmachung des Kaufes (Wandelung)

Unter »**Wandelung**« versteht man das Recht des Käufers, wegen eines Mangels der Kaufsache Rückgängigmachung des Kaufs zu verlangen (§ 462 BGB). Hierzu ist erforderlich, daß der Käufer mündlich oder – aus Beweisgründen zu empfehlen – schriftlich per Einschreiben/Rückschein dem Verkäufer mitteilt, daß er die Ware wandeln möchte (siehe folgendes Musterschreiben). Erklärt sich der Verkäufer daraufhin mit der Wandelung einverstanden, erhält der Käufer den bereits bezahlten Kaufpreis zurück und übergibt gleichzeitig dem Verkäufer die mangelhafte Ware.

In der Praxis kann es allerdings sein, daß der Verkäufer eine Wandelung ablehnt, sei es wegen der Vereinbarung von Allgemeinen Geschäftsbedingungen (siehe Seite 82 ff.) oder weil er meint, die Sache ist gar nicht mangelhaft. Unter diesen Umständen bleibt dem Käufer nur die Möglichkeit, vor Gericht Klage zu erheben, mit dem Antrag auf Wandelung der mangelhaften Sache. Das Gericht stellt dann – eventuell mit Hilfe eines Sachverständigen – fest, ob die Ware tatsächlich mangelhaft ist oder nicht. Falls die Mangelhaftigkeit auf diesem Weg festgestellt wurde, wird der Verkäufer zur Wandelung der Kaufsache verurteilt.

Der Käufer von Standardsoftware müßte in einem Prozeß konkrete Angaben dahingehend machen, mit welchem Inhalt und Ziel das Programm vertragsgemäß betrieben werden sollte, welche und wie viele Arbeitsschritte vorgenommen worden sind und gegebenenfalls mit welchen Fehlermeldungen die Anlage reagiert hat (OLG Köln vom 28. 10. 1996 – 19 U 88/96, NJW-CoR 1997, 232).

Musterschreiben: Rückgängigmachung des Kaufes

Sven Jungmann
Witts Allee 2
22587 Hamburg

Einschreiben / Rückschein

An
Thomas Verkäufer
Modemstraße 10
22559 Hamburg

                                      Hamburg ... (Ort), den ... (Datum)

Rechnungs-Nr.:	Auftrags-Nr.:	Kunden-Nr.:
(sofern vorhanden)	(sofern vorhanden)	(sofern vorhanden)

Sehr geehrter Herr Verkäufer,

am ... (Datum) habe ich von Ihnen eine Festplatte ... (Ware/Typ) gekauft. Ich habe heute jedoch festgestellt, daß die Ware nicht in der Lage ist, Daten zu speichern... (Art des Mangels).

Ich verlange daher die Rückgängigmachung des Kaufs und fordere Sie auf, mir bis spätestens zum ... (Datum; 10 Tage) Ihr Einverständnis mit der Wandelung zu erklären. Sollte bis zu diesem Zeitpunkt Ihr Einverständnis nicht vorliegen, sehe ich mich gezwungen, eine Wandelungsklage zu erheben.

Den bereits gezahlten Kaufpreis überweisen Sie bitte bis spätestens ... (Datum; 10 Tage) auf mein Konto ... (Bankverbindung). Nach Eingang der Zahlung steht die Ware zu Ihrer Verfügung.

Mit freundlichen Grüßen

(Unterschrift)

ee) Herabsetzung des Kaufpreises (Minderung)

Der Käufer hat das Recht, alternativ zur Wandelung die Herabsetzung des Kaufpreises, sogenannte **Minderung**, vom Verkäufer zu verlangen. Der Verkäufer kann ein Interesse daran haben, daß der Käufer die möglicherweise nur leicht fehlerhafte Ware behält, und gewährt dafür einen Preisnachlaß. In der Praxis wird es so laufen, daß Käufer und/oder Verkäufer einen Vorschlag machen, um wieviel der Kaufpreis vermindert werden soll.

 Musterschreiben: Herabsetzung des Kaufpreises

Sven Jungmann
Witts Allee 2
22587 Hamburg

Einschreiben/Rückschein
An
Thomas Verkäufer
Modemstraße 10
22559 Hamburg

Hamburg ... (Ort), den ... (Datum)

Rechnungs-Nr.:	Auftrags-Nr.:	Kunden-Nr.:
(sofern vorhanden)	(sofern vorhanden)	(sofern vorhanden)

Sehr geehrter Herr Verkäufer,

am ... (Datum) habe ich von Ihnen einen Scanner ... (Ware/Typ) gekauft. Ich habe heute jedoch festgestellt, daß die Ware nicht in der Lage ist, Zeichnungen in der Strichstärke 2 zu scannen ... (Art des Mangels).
Unabhängig davon möchte ich die Ware behalten, verlange aber Herabsetzung des Kaufpreises.

Nach einem mir vorliegenden Sachverständigengutachten hatte die mangelfreie Ware zum Zeitpunkt des Vertragsschlusses einen Wert in Höhe von ... DM (Höhe des Wertes), im mangelhaften Zustand nur einen Wert in Höhe von ... DM (Höhe des geringeren Wertes).
Ich verlange daher Herabsetzung des Kaufpreises auf ... DM (verminderter Kaufpreis) und fordere Sie auf, mir bis spätestens ... (Datum; 10 Tage) Ihr Einverständnis hierzu zu erklären und die Differenz zwischen dem bezahlten Kaufpreis und dem geminderten Preis auf mein Konto ... (Bankverbindung) zu überweisen.

Mit freundlichen Grüßen

(Unterschrift)

Was aber tun Sie, wenn Sie nicht wissen, wie ein angemessener Preisnachlaß aussieht? Zunächst sollten Sie sich überlegen, was für Sie ein fehlerhaftes Gerät noch »wert« ist. Sie sollten dabei auch bedenken, daß ein Weiterverkauf möglicherweise aufgrund des Fehlers schwieriger oder gar unmöglich sein kann. Einen Anhaltspunkt, was die nur leicht fehlerhafte Sache noch wert ist, können Sie u. U. in örtlichen Kleinanzeigen-Blättern unter der Rubrik »Gebrauchte Computerteile« bekommen. Im Falle eines Rechtsstreits wird im Zweifel ein Sachverständiger mit der Ermittlung des Wertes beauftragt.
Wie ein Jurist den verminderten Kaufpreis zu ermitteln versucht, möchte ich Ihnen nicht vorenthalten. Grundsätzlich ist der Kaufpreis in dem Verhältnis herabzusetzen, in welchem zur Zeit des Verkaufs der Wert der Sache in mangelfreiem Zustand zu dem wirklichen Wert gestanden haben würde (§ 472 Abs. 1 BGB). Dies bedeutet in einer Formel ausgedrückt:

$$\text{verminderter Kaufpreis} = \frac{\text{vereinbarter Kaufpreis}}{\text{Wert der mangelfreien Sache} : \text{Wert der mangelhaften Sache}}$$

Beispiel 1:

Kaufpreis:	600 DM
Wert der hypothetisch mangelfreien Sache:	600 DM
Wert der tatsächlich mangelhaften Sache:	400 DM
Der verminderte Kaufpreis beträgt dann	
600 DM : (600 DM : 400 DM) =	400 DM

Anders ist die Minderung zu berechnen, wenn der Kaufpreis nicht dem eigentlichen Sachwert entspricht. Dann gilt:

$$\text{verminderter Kaufpreis} = \frac{\text{vereinbarter Kaufpreis} \cdot \text{Wert der mangelhaften Sache}}{\text{Wert der mangelfreien Sache}}$$

 Beispiel 2:

Kaufpreis:	600 DM
Wert der hypothetisch mangelfreien Sache:	800 DM
Wert der tatsächlich mangelhaften Sache:	400 DM
Der verminderte Kaufpreis beträgt	
(600 DM · 400 DM) : 800 DM =	300 DM

Sollte Ihnen der Minderungsvorschlag des Verkäufers nicht gefallen, ist es besser, den Kaufvertrag zu wandeln. Dies gilt insbesondere dann, wenn Sie sich nicht auf einen angemessenen »Wert« der mangelhaften Sache mit dem Verkäufer verständigen können.

ff) Schadensersatz wegen Nichterfüllung

Generell kann der Käufer einer mangelhaften Sache nach seiner Wahl statt Wandelung (siehe Seite 70 f.) oder Minderung (siehe Seite 72 ff.) **Schadensersatz wegen Nichterfüllung** verlangen, wenn entweder eine zugesicherte Eigenschaft bereits beim Abschluß des Kaufvertrages gefehlt oder wenn der Verkäufer einen Fehler arglistig verschwiegen hat (§ 463 BGB).

- **Fehlen einer zugesicherten Eigenschaft**

Was eine »Eigenschaft« ist, ist bereits auf Seite 64 f. behandelt worden. Ebenfalls wurden dort auch die Anforderungen aufgezeigt, die an eine »Zusicherung« zu stellen sind.

Zur Erinnerung: »Eigenschaften« eines Gerätes sind alle Merkmale, die infolge ihrer Beschaffenheit und Dauer auf die Brauchbarkeit und den Wert von Einfluß sind. Beispielsweise ist die Speicherkapazität einer Festplatte eine »Eigenschaft« des Gerätes. Gleiches gilt für die 3D-Fähigkeit einer Grafikkarte. Keine Eigenschaft ist aber z. B. der Preis, den Sie für den Computer bezahlt haben.

Eine »Zusicherung« ist mehr als nur die Vereinbarung, daß die Ware die Eigenschaft auch tatsächlich besitzt. Eine Zusicherung ist nur dann gegeben, wenn der Verkäufer im beiderseitigen Einverständnis erklärt, die Übernahme der Gewähr für das Vorhandensein einer Eigenschaft zu übernehmen und für alle Folgen einstehen zu wollen, wenn diese Eigenschaft fehlt. Der Verkäufer muß also einen über die normale Gewährleistung hinausgehenden gesteigerten Haftungswillen aus der Sicht des Käufers zum Ausdruck gebracht haben. Nicht ausreichend ist eine bloße Anpreisung einer Ware. Gehen Sie im Zweifelsfalle davon aus, daß der Verkäufer keine Eigenschaft der Kaufsache zusichern wollte.

- **Arglistiges Verschweigen eines Fehlers**

Die zweite Möglichkeit, um Schadensersatz wegen Nichterfüllung zu erhalten, ist das arglistige Verschweigen eines Fehlers durch den Verkäufer zur Zeit des Kaufs. »Fehler« ist auch hier jede für den Käufer ungünstige Abweichung des tatsächlichen Zustandes einer Sache von derjenigen Beschaffenheit, welche die Parteien gemeinsam vorausgesetzt haben. Der Fehler braucht jedoch nach Ansicht der Rechtsprechung nicht einmal »erheblich« (vgl. Seite 64) zu sein (OLG Köln vom 26. 2. 1986 – 2 U 183/85, NJW-RR 1986, 988). Beispielsweise reicht es aus, daß der verkaufte Monitor-Typ generell in der linken unteren Ecke einen kleinen Farbfehler aufweist.

Das »Verschweigen« erfordert eine Aufklärungspflicht des Verkäufers. Da eine solche immer in einem gewissen Widerstreit mit den natürlichen Interessen des Verkäufers steht, müssen im Einzelfall besondere Umstände vorliegen, die nach Treu und Glauben (§ 242 BGB) eine Aufklärung durch den Verkäufer als geboten erscheinen lassen. Der Verkäufer hat also den Käufer über alle wesentlichen Merkmale der zu verkaufenden Ware aufzuklären. Hat beispielsweise der Hersteller den Verkäufer darüber informiert, daß der PC mit ganz bestimmten Zubehörteilen nicht richtig funktioniert, müßte der Händler dies an den Käufer weitergeben. Gleiches gilt, wenn der Käufer einen Drucker für den Netzwerkbetrieb kaufen will und der Verkäufer ihm trotz seiner Kenntnis einen Drucker anbietet, der in einem Netzwerk grundsätzlich nicht funktioniert.

»Arglistig« ist das Verschweigen, wenn der Verkäufer erstens den Fehler kennt, zweitens damit rechnet, daß ihn der Käufer nicht kennt, und drittens davon ausgehen muß, daß der Käufer bei Kenntnis des Fehlers den Vertrag so nicht abgeschlossen hätte, wie er ihn tatsächlich abgeschlossen hat. Es ist allerdings nicht erforderlich, daß der Verkäufer eine Täuschung bezweckte. Wenn der Händler also beispielsweise den PC trotz Warnung des Herstellers dennoch mit einer inkompatiblen Komponente (z. B. Netzwerkkarte) ausliefert und diese auch prompt den Computer regelmäßig zum Abstürzen bringt, ist von einem arglistigen Verschweigen auszugehen.

• Berechnung des Schadensersatzes

Wie sieht nun der »Schadensersatz wegen Nichterfüllung« in der Praxis aus? Grundsätzlich kann der Käufer verlangen, so gestellt zu werden, wie er stünde, wenn der Verkäufer den Kaufvertrag ordnungsgemäß erfüllt hätte. Die Berechnung des Schadensersatzanspruches kann auf zwei verschiedene Arten erfolgen: Der Käufer kann die mangelhafte Sache behalten und den Wertunterschied zwischen der mangelhaften und einer mangelfreien Sache ersetzt verlangen (sogenannter **kleiner Schadensersatz**). Hat beispielsweise der mangelhafte PC einen Wert von 1500 DM, ein mangelfreier hingegen einen Wert von 2000 DM, können Sie 500 DM als Schadensersatz geltend machen.

 Musterschreiben: Ware behalten und Schadensersatz

Sven Jungmann
Witts Allee 2
22587 Hamburg

Einschreiben / Rückschein
Thomas Verkäufer
Modemstraße 10
22559 Hamburg

Hamburg ... (Ort), den ... (Datum)

Rechnungs-Nr.:	Auftrags-Nr.:	Kunden-Nr.:
(sofern vorhanden)	(sofern vorhanden)	(sofern vorhanden)

Sehr geehrter Herr Verkäufer,

am ... (Datum) habe ich von Ihnen ein DVD-Laufwerk ... (Ware / Typ) gekauft.
Im Kaufvertrag haben Sie mir zugesichert, daß ... (Was wurde zugesichert?) die Ware auch CD-Rs lesen kann. Dies ist jedoch leider nicht der Fall. Der Kaufpreis ist in der vereinbarten Höhe daher nicht gerechtfertigt. Ein von mir beauftragter Sachverständiger hat einen Minderwert in Höhe von ... DM (Betrag) ermittelt. Die Ware werde ich behalten. Ich verlange jedoch den genannten Minderwert in Höhe von ... DM (Betrag) nebst der mir entstandenen Sachverständigenkosten in Höhe von ... DM (Betrag), insgesamt also einen Betrag in Höhe von ... DM (Gesamtbetrag) ersetzt.
Bitte überweisen Sie den genannten Betrag bis spätestens ... (Datum; 10 Tage) auf mein Konto ... (Bankverbindung).

Mit freundlichen Grüßen

(Unterschrift)

Der Käufer kann aber auch, und zwar ohne daß er den Wegfall seines Interesses an der Sache nachzuweisen braucht, die mangelhafte Sache gar nicht erst annehmen bzw. die bereits erworbene Sache zurückgeben und den durch Nichterfüllung des ganzen Vertrages entstandenen Schaden verlangen (sogenannter **großer Schadensersatz**), d. h. die Rückgewähr des gesamten Kaufpreises in Geld. Haben Sie also einen PC im Wert von 2000 DM erworben und den Kaufpreis bereits bezahlt, können Sie diesen gegen Rückgabe des PC zurückverlangen.

Musterschreiben:
Rückgabe der Ware und Schadensersatz

Sven Jungmann
Witts Allee 2
22587 Hamburg

Einschreiben / Rückschein
Thomas Verkäufer
Modemstraße 10
22559 Hamburg

Hamburg ... (Ort), den ... (Datum)

Rechnungs-Nr.:   Auftrags-Nr.:   Kunden-Nr.:
(sofern vorhanden)   (sofern vorhanden)   (sofern vorhanden)

Sehr geehrter Herr Verkäufer,

am ... (Datum) habe ich von Ihnen ein DVD-Laufwerk ... (Ware/Typ) gekauft.
Im Kaufvertrag haben Sie mir zugesichert, daß ... (Was wurde zugesichert?) die Ware auch CD-Rs lesen kann. Dies ist jedoch leider nicht der Fall. Gemäß § 463 BGB habe ich daher das Recht, Ihnen die Ware wieder zur Verfügung zu stellen.
Gleichzeitig fordere ich Sie auf, mir den Kaufpreis in Höhe von ... DM (Betrag) nebst 4 % Zinsen seit dem ... (Datum) sowie einen Betrag in Höhe von ... DM (Betrag) wegen entgangenen Gewinns aus einem

nun fehlgeschlagenen Weiterverkauf der Sache an ... (Name und Adresse der Person, an die Sie die Ware weiterverkaufen wollten) zu erstatten.
Bitte überweisen Sie den genannten Gesamtbetrag in Höhe von ... DM (Betrag) bis spätestens ... (Datum; 10 Tage) auf mein Konto ... (Bankverbindung).

Mit freundlichen Grüßen

(Unterschrift)

Es ist dem Käufer überlassen, ob er sich für den »kleinen Schadensersatz« (Ware behalten und Wertunterschied verlangen) oder den »großen Schadensersatz« (Rückgabe der Ware, Rückerstattung des Kaufpreises, Geltendmachung sonstigen Schadens) entscheidet. Die Rückgabe der Kaufsache an den Verkäufer verbunden mit der Geltendmachung von Schadensersatz ist dann zu empfehlen, wenn die Kaufsache für den Käufer wertlos oder für seine Zwecke ungeeignet ist.

! Hinweis:
Ein »ideeller« Schaden, beispielsweise daß der PC nicht schon unter dem Weihnachtsbaum genutzt werden konnte, ist nicht als Schadensersatz erstattungsfähig!

- **Beweislast**

Der Verkäufer trägt die Beweislast dafür, daß das arglistige Verschweigen für den Kaufabschluß bedeutungslos gewesen ist, der Käufer also auch bei Kenntnis der Umstände den Kaufvertrag abgeschlossen hätte. Der Käufer trägt die Beweislast für das Vorliegen eines Mangels, einschließlich der Zusicherung der Eigenschaft und hinsichtlich der Arglist für den gesamten Inhalt der Erklärung des Verkäufers, aus der die Arglist zu entnehmen ist.

gg) Nachlieferung

Der Käufer einer nur der Gattung nach bestimmten Sache (Gattungskauf, siehe Seite 62) kann statt Wandelung, Minderung bzw. Schadensersatz verlangen, daß ihm an Stelle der mangelhaften Ware eine mangelfreie Ware geliefert wird. Dies ist beim Gattungskauf fast immer ohne Probleme möglich, da ja eine Vielzahl von Geräten oder Zubehörteilen gleicher Bauart existieren und vom Händler beschafft werden können. Gleiches gilt selbstverständlich auch für sogenannte Standardsoftware. In den Allgemeinen Geschäftsbedingungen der Computerhändler wird die Nachlieferung auch als »Ersatzlieferung« bezeichnet. Gemeint ist jedoch das gleiche.

In der Praxis wird die Nachlieferung durchgeführt, indem die mangelhafte Ware vom Verkäufer Zug um Zug gegen eine mangelfreie ausgetauscht wird.

Beim Stückkauf (siehe Seite 62) ist eine Nachlieferung aus verständlichen Gründen nicht möglich, da der Verkäufer eine ganz bestimmte, »einmalige« Sache schuldet, die gerade nicht noch einmal existiert. Die gesetzlichen Rechte des Stückkäufers sind also auf Minderung, Wandelung und ggf. Schadensersatz beschränkt.

Die Ware ist mangelhaft

 Musterschreiben: Lieferung mangelfreier Ware

Sven Jungmann
Witts Allee 2
22587 Hamburg

Einschreiben / Rückschein

An
Thomas Verkäufer
Modemstraße 10
22559 Hamburg

Hamburg ... (Ort), den ... (Datum)

Rechnungs-Nr.:	Auftrags-Nr.:	Kunden-Nr.:
(sofern vorhanden)	(sofern vorhanden)	(sofern vorhanden)

Sehr geehrter Herr Verkäufer,

am ... (Datum) habe ich von Ihnen ein CD-ROM-Laufwerk ... (Ware / Typ) gekauft.
Ich habe heute leider festgestellt, daß das Gerät selbst nagelneue CDs nicht lesen kann ... (Art des Mangels).
Daher verlange ich die Lieferung einer mangelfreien Ware bis zum ... (Datum; 10 Tage).
Die mangelhafte Ware steht für Sie zur Abholung bereit.

Mit freundlichen Grüßen

(Unterschrift)

b) Allgemeine Geschäftsbedingungen

An den »**Allgemeinen Geschäftsbedingungen**« (**AGB**) der Verkäufer – im Volksmund »das Kleingedruckte« genannt – kommt heutzutage kaum ein Käufer mehr vorbei. Bei größeren Händlern schon seit vielen Jahren gängig, gehen mittlerweile auch kleinere Läden dazu über, AGB zu verwenden. Die AGB können unterschiedlichen Umfang haben. Es muß sich nicht unbedingt um einen umfangreichen Text handeln, auch ein einzelner Satz (z. B. ein Haftungsausschluß) kann schon AGB sein.
Als Verbraucher hat man im Grunde kaum eine andere Wahl, als den Kaufvertrag unter Einbeziehung der AGB des Verkäufers abzuschließen. Denn würden Sie sich weigern, die AGB anzuerkennen, wird der Händler in der Regel vom Vertragsschluß absehen. Solange es zwischen Käufer und Verkäufer nicht zu Problemen kommt, sind die AGB auch relativ egal. Bei Schwierigkeiten werden sie jedoch enorm wichtig. Daher Vorsicht: Grundsätzlich sollten Sie das »Kleingedruckte« – auch wenn es mühsam ist – lesen, bevor Sie unterschreiben oder mündlich eine Zusage machen. Gegebenenfalls sollten Sie Passagen, die Sie nicht verstehen oder die Ihnen merkwürdig vorkommen, einfach streichen. Läßt sich der Händler nicht darauf ein, versuchen Sie, einen anderen Händler zu finden. Im übrigen sollten Sie keinesfalls irgendwelchen mündlichen Erläuterungen des Verkäufers trauen. Wenn nötig, holen Sie sich vorher rechtskundigen Rat ein.

aa) Voraussetzungen

Als Käufer haben Sie normalerweise keine Vorteile, wenn Sie die AGB anerkennen. Da jedoch durch die AGB in der Regel die Rechte des Käufers wesentlich eingeschränkt werden, gibt es das Gesetz über die Allgemeinen Geschäftsbedingungen (AGBG). Dieses Gesetz bezweckt vorwiegend den Schutz des Verbrauchers.
Grundsätzlich müssen zunächst bestimmte Voraussetzungen erfüllt sein, damit der Verkäufer sich später überhaupt auf seine AGB berufen kann.

Inwieweit dann die einzelne Klausel wirksam ist, ist eine andere Frage (siehe hierzu ausführlich Seite 85 ff.).

- **AGB müssen vereinbart sein**

Der Verkäufer muß den Käufer ausdrücklich darauf hinweisen, daß er seine AGB dem Vertrag zugrunde legen will. Kommt es hierüber zum Streit, muß der Verkäufer beweisen, daß er den Käufer auch tatsächlich darauf hingewiesen (schriftlich oder mündlich) hat.

In der Praxis finden sich solche Hinweise auf die AGB bzw. die Geschäftsbedingungen selbst häufig auf der Rückseite der Auftragsbestätigung, der Rechnung oder des Lieferscheins. In einem solchen Fall haben Sie von den AGB erst *nach* Vertragsschluß erfahren, so daß diese nicht vereinbart wurden und somit keine Geltung haben. Es gelten dann die für den Käufer günstigeren Vorschriften des Bürgerlichen Gesetzbuches (BGB). Teilweise wird auch mündlich auf die im Laden ausliegenden oder aushängenden AGB hingewiesen. Um Zweifelsfälle zu vermeiden, sind einige Computerhändler dazu übergegangen, dem Käufer vor Abschluß des Kaufvertrages die Allgemeinen Geschäftsbedingungen zur Unterschrift vorzulegen, so daß sich der Käufer später nicht auf seine Unkenntnis berufen kann.

Damit der Käufer auch weiß, worauf er sich bei den AGB einläßt, müssen die Geschäftsbedingungen so gedruckt sein, daß sie auch ohne Lupe mühelos lesbar und zumindest dem Sinn nach verständlich sind.

- **Besondere Vereinbarungen gehen vor**

Besondere Vereinbarungen zwischen Käufer und Verkäufer, die immer schriftlich festgehalten oder durch Zeugen belegt werden sollten, gehen grundsätzlich anderslautenden Regelungen in den AGB vor. Dies bedeutet, daß individuell ausgehandelte Vertragsbedingungen immer Vorrang vor vorformulierten Bedingungen in den AGB haben. Der Vorrang der Individualabrede gilt insbesondere auch für eine Schriftformklausel. Wenn der Käufer also vereinbart hat, daß mündliche Abreden ausreichen, ist eine in den AGB bestimmte Schriftform nicht einzuhalten.

Beispielsweise sollten Sie mit dem Verkäufer schriftlich einen verbindlichen Liefertermin (Fixtermin) für die Lieferung der Ware vereinbaren (Lieferung am 12. 12. 1999). Dieser gerät dadurch automatisch in Verzug mit der Folge, daß Sie gegebenenfalls Schadensersatz und Verzugszinsen geltend machen können. Im übrigen bleibt der Verkäufer weiterhin zur Lieferung verpflichtet.

- **Keine überraschenden Klauseln**

Die Bestimmungen der AGB des Verkäufers werden auch dann nicht Vertragsbestandteil, wenn sie nach den Umständen, insbesondere nach dem äußeren Erscheinungsbild des Vertrages, so ungewöhnlich sind, daß Sie als Käufer nicht mit ihnen zu rechnen brauchen (§ 3 AGBG). Diese Regelung soll den Käufer vor unliebsamen Überraschungen in den AGB schützen. Zudem soll der Käufer darauf vertrauen dürfen, daß die AGB sich im Rahmen dessen halten, was bei einem solchen Vertrag normalerweise zu erwarten ist – insbesondere im Hinblick auf die Tatsache, daß die Bedingungen häufig nur flüchtig oder gar nicht gelesen werden.

In der Praxis kommt es durchaus vor, daß sich in den AGB des Computerverkäufers gleichzeitig ein Wartungsvertrag für den Rechner verbirgt. Es könnte aber auch sein, daß Ihnen mit dem neuen PC zugleich ein Softwarepaket der Firma XY mit kostenpflichtiger Update-Regelung angedreht werden soll. In diesen Fällen handelt es sich um eine sogenannte überraschende Klausel in den AGB, mit denen der Käufer nicht zu rechnen braucht. Folge davon ist, daß diese Bestimmung in den AGB unwirksam ist – der Kaufvertrag ansonsten behält jedoch seine Gültigkeit. An die Stelle der unwirksamen Regelung tritt dann das Gesetz: das BGB. Sie bräuchten in unseren Beispielsfällen also den Wartungsvertrag nicht in Anspruch zu nehmen und nicht zu bezahlen bzw. das Software-Update nicht zu erwerben.

Etwas anderes gilt natürlich, wenn der Verkäufer auf diese besonderen Umstände vor dem Kaufvertragsabschluß hingewiesen hätte. Im Zweifelsfalle müßte er dies allerdings beweisen.

- **Unklarheiten gehen zu Lasten des Verwenders**

Wenn die Auslegung einer AGB-Klausel des Verkäufers auch unter Berücksichtigung aller zur Auslegung heranziehbaren Umständen zu keinem eindeutigen Ergebnis führt, geht dies zu Lasten des Verwenders, also des Verkäufers. Der Verkäufer trägt also selbst das Risiko unklarer Regelungen in seinen AGB (§ 5 AGBG), da der Kunde keinen Einfluß auf die Ausgestaltung der AGB – anders als bei individuellen Vereinbarungen – hat und sich der Verwender hätte klarer ausdrücken können und müssen. Im Zweifelsfalle ist daher die für den Käufer günstigste Auslegung zu wählen.

- **Keine unangemessene Benachteiligung**

Das Hauptziel des AGB-Gesetzes ist es, die Geltung der AGB des Verkäufers dort einzuschränken, wo diese die gesetzlichen Regelungen einseitig zuungunsten des Käufers abändern. Das AGB-Gesetz enthält daher in den §§ 9 bis 11 AGBG eine Reihe von sogenannten **Klauselverboten**. Hierunter versteht man Vorschriften, die entweder *stets ungültige* AGB-Klauseln auflisten bzw. anhand derer die vom Verkäufer verwendeten AGB *im Einzelfall als unwirksam* eingestuft werden können. Damit Sie abschätzen können, um welche Klauseln es sich im einzelnen handelt und ob diese möglicherweise bei von Ihnen abgeschlossenen AGB Verwendung gefunden haben, werden nachfolgend die wesentlichen Klauselverbote besprochen.

bb) Stets unwirksame AGB-Klauseln

Die erste Kategorie der Klauselverbote sind die *kraft AGB-Gesetzes stets unwirksamen* Klauseln. Diese Klauseln können vor Gericht weder ausgelegt noch umgedeutet werden. Sie sind in jedem Falle unwirksam und haben daher für den Käufer keine Bedeutung.

- **Teillieferungen**

Eine Klausel des Händlers »Wir sind zu Teillieferungen berechtigt« benachteiligt den Kunden unangemessen und ist daher unwirksam. Denn die noch fehlenden Computerteile können so spät eintreffen, daß er seine Computeranlage nicht nutzen kann. Außerdem kann er so kaum Lieferverzug geltend machen (OLG Stuttgart vom 6.5.1994 – 2 U 275/93, CR 1995, 269). Beispielsweise liefert der Computerhändler im März einen PC, den Monitor jedoch erst im Mai, so daß der Käufer den Rechner nicht benutzen kann.

- **Preiserhöhungen nach Vertragsschluß, § 11 Nr. 1 AGBG**

Manchmal sehen Klauseln in den AGB des Verkäufers vor, daß bei Waren, die der Händler erst noch selbst beschaffen muß (z. B. im Großhandel oder im Ausland), zwischenzeitlich eingetretene Preiserhöhungen an den Käufer weitergegeben werden dürfen (siehe Seite 155).

Solche unzulässigen »Preiserhöhungsklauseln« sind nicht nur solche, in denen die Befugnis zur Preiserhöhung dem Verkäufer ausdrücklich vorbehalten ist, sondern auch solche, die wegen der Unverbindlichkeit oder Unbestimmtheit der Preisfestsetzung eine Preiserhöhung erlauben. Deshalb sind nicht nur Klauseln unzulässig wie »Preisanpassungen können jederzeit vorgenommen werden«, »Preiserhöhung vorbehalten« oder »dem Preis werden etwaige Preis- und Teuerungszuschläge am Tage der Lieferung zugerechnet« (sogenannte *Tagespreisklausel*), »Wir sind zur Anpassung unserer Preise an die veränderte Situation berechtigt«. Unzulässig sind auch Klauseln wie »Preise sind unverbindlich«, »Preise freibleibend«, »Preise vorbehaltlich endgültiger Festsetzung« oder »Preisberechnung bei Lieferung«.

Wichtig ist, daß solche Preiserhöhungsklauseln nur dann unwirksam sind, wenn die nach dem Kaufvertrag geschuldete Leistung – z. B. Lieferung des PC – innerhalb von vier Monaten zu erbringen ist. Für die Viermonatsfrist kommt es dabei auf den vereinbarten oder tatsächlichen Liefertermin des Gerätes an. Im Computerbereich ist allerdings eine kürzere Lieferzeit ohnehin die Regel, da ein Gerät nach wenigen Monaten bereits veraltet sein kann. Dazu ein Beispiel: Sie bestellen im August den »Pentium V« zum Preis von 600 DM. Dieser wird jedoch aufgrund eines künstlich geschaffenen Engpasses erst im November und dann zum Preis von 750 DM geliefert. Eine entsprechende Preiserhöhungs-

klausel in den AGB des Verkäufers wäre unwirksam, da die Ware innerhalb von vier Monaten nach Vertragsschluß zu liefern ist.
Anders ist die Rechtslage zu beurteilen, wenn im Kaufvertrag eine längere Lieferfrist als vier Monate vorgesehen ist – der Verkäufer darf dann den möglicherweise gestiegenen Preis unter der Voraussetzung entsprechend anpassen, daß es so in den AGB oder sonst ausdrücklich zwischen den Kaufvertragsparteien vereinbart wurde. Die Preiserhöhung nach Vertragsschluß darf außerdem nicht willkürlich und muß – gegebenenfalls durch das Gericht – nachprüfbar sein.
Im übrigen ist es egal, womit die Preiserhöhung vom Händler begründet wird. Auch Kosten- oder Lohnerhöhungen im Bereich des Händlers oder eine Mehrwertsteuererhöhung berechtigen nicht dazu, den Preis zu erhöhen. Auch eine Klausel, wonach der Preis »zuzüglich MwSt« zu zahlen ist, ist als Umgehung des § 11 Nr. 1 nach § 7 AGBG unwirksam.

• Leistungsverweigerungsrechte, § 11 Nr. 2 AGBG

Bei einem Kaufvertrag handelt es sich um einen sogenannten gegenseitigen Vertrag. Der Verkäufer schuldet im wesentlichen die Lieferung der Ware und der Käufer deren Bezahlung. Aus diesem Grund kann der Käufer die von ihm zu erbringende Leistung (Zahlung des Geldes) zurückbehalten oder verweigern, wenn der Verkäufer seinerseits die Verpflichtungen nicht vertragsgemäß erfüllt. Dieses gesetzliche Recht (§ 320 BGB) darf dem Käufer nicht durch eine Klausel in den AGB des Verkäufers genommen werden. Unzulässige Klauseln sind »Die Zurückbehaltung wegen Gegenansprüchen ist ausgeschlossen« oder »Der Rechnungsbetrag ist ... sofort ohne Abzug zu bezahlen«, da im letzteren Beispiel durch die Verwendung von »sofort« eine Zahlungspflicht bei Präsentation der Rechnung ohne Rücksicht auf Gegenrechte ausgelöst werden soll.
Unzulässig sind auch Erschwerungen in der Ausübung des Leistungsverweigerungs- und Zurückbehaltungsrechts wie »Zurückbehaltung nur nach schriftlicher Anzeige« oder »Fälligkeit der Restschuld bei Ausübung von Zurückbehaltungsrechten«.

Haben Sie beispielsweise einen PC erworben, der vom Händler auch mit Software auszustatten und komplett bei Ihnen zu Hause zu installieren ist, und stellt dieser Ihnen die Ware nur vor die Tür, könnten Sie den Kaufpreis so lange zurückhalten, bis die komplette Leistung (Installation) erbracht wurde. Eine dieses Recht ausschließende Klausel in den AGB des Verkäufers ist unwirksam.

Sofern eine von Ihnen gekaufte Ware mangelhaft ist und Sie aber noch nicht den Kaufpreis bezahlt haben, dürfen Sie nach der Rechtsprechung (OLG Hamburg vom 12.1.1970 - 8 U 176/68, MDR 1970, 676) das Drei- bis Fünffache der Mängelbeseitigungskosten zurückbehalten, um Druck auf den Händler auszuüben.

- **Aufrechnungsverbot, § 11 Nr. 3 AGBG**

In den AGB des Verkäufers kann Ihnen das Recht auf Aufrechnung, d. h. die Möglichkeit des Käufers, eigene Forderungen gegen den Verkäufer vom Rechnungsbetrag abzuziehen, beschnitten werden. Beispielsweise haben Sie gegen den Verkäufer noch eine Forderung in Höhe von 200 DM aus einem früheren Kauf. Mit dieser Forderung würden Sie dann bei einem erneuten Kauf eines Druckers in Höhe von 700 DM aufrechnen, so daß Sie letztlich nur 500 DM zahlen würden. Eine Klausel in den AGB des Verkäufers, die Ihnen die Aufrechnung verbietet, ist aber unzulässig, wenn es sich um eine unbestrittene oder rechtskräftig vor Gericht festgestellte Forderung handelt. In der Praxis findet sich eine derartige Klausel nur noch selten.

- **Mahnung und Fristsetzung, § 11 Nr. 4 AGBG**

Durch diese Vorschrift wird bestimmt, daß der Verkäufer nicht einseitig zu Lasten des Käufers Verzugszinsen, Schadensersatz oder Rücktritt vom Vertrag fordern oder gar ausüben kann, ohne vorher seinerseits seinen nach dem BGB obliegenden Verpflichtungen nachgekommen zu sein, nämlich erst den Käufer zu mahnen und gegebenenfalls eine Nachfrist zu setzen. In den AGB werden hierfür Klauseln verwendet wie »Der Verkäufer ist ohne vorherige Mahnung berechtigt, ...« oder »Der Verkäufer ist ohne Setzung einer Nachfrist berechtigt, ...«. Diese Klauseln sind unwirksam.

- **Pauschalierung von Schadensersatz, § 11 Nr. 5 AGBG**
Grundsätzlich sind Schadensersatzpauschalen in den AGB des Verkäufers nicht generell unwirksam. Es kommt aber immer wieder vor, daß Händler in ihren AGB dem Kunden *überhöhte* Schadensersatzpauschalen für den Fall der Fälle aufbürden wollen und dem Kunden das Recht verweigern, nachzuweisen, daß im konkreten Fall überhaupt kein oder nur ein geringerer Schaden entstanden ist. Dies geschieht beispielsweise durch Klauseln wie »Der Nachweis durch den Käufer eines niedrigeren als des pauschalierten Schadensersatzes ist ausgeschlossen«. Eine solche Klausel ist unwirksam.

Grundsätzlich darf eine Schadensersatzpauschale nach dem gewöhnlichen Lauf der Dinge den zu erwartenden Schaden (Wertminderung) nicht übersteigen. Wie hoch die (rechtmäßige) Pauschale sein darf, läßt sich nicht allgemeingültig sagen. Dies müßte im jeweiligen Einzelfall festgestellt werden.

Zulässig ist, daß sich der Händler in seinen AGB den Nachweis eines höheren Schadens als den Pauschalbetrag vorbehält. Der Kunde ist dann zum Ersatz des nachgewiesenen höheren Schadens verpflichtet.

- **Vertragsstrafen, § 11 Nr. 6 AGBG**
In der Praxis kommen Klauseln, wonach vom Händler unabhängig vom tatsächlichen oder pauschalierten Schaden ein Geldbetrag (die sogenannte Vertragsstrafe) gefordert werden kann – beispielsweise weil der Käufer den bestellten PC nicht abgeholt hat oder er mit seiner Kaufpreiszahlung in Verzug geraten ist –, beim Vertragsschluß mit einem sogenannten Nichtkaufmann (dies sind alle Privatpersonen) kaum noch vor. Und selbst wenn doch, wäre eine solche Klausel unwirksam.

- **Haftung bei grobem Verschulden, § 11 Nr. 7 AGBG**
Häufiger anzutreffen sind Klauseln, die die Haftung des Händlers einschränken. Während das Bürgerliche Gesetzbuch in § 276 Abs. 2 lediglich den Haftungsausschluß für eigenen Vorsatz für unzulässig erklärt, verbietet das AGB-Gesetz für AGB darüber hinaus den Haftungsausschluß für eigene grobe Fahrlässigkeit des Händlers sowie für Vorsatz

und grobe Fahrlässigkeit von sogenannten Erfüllungsgehilfen. Dies können (auch leitende) Angestellte, Lehrlinge oder Praktikanten des Händlers sein – also alle Personen, die dem Händler bei der Vertragserfüllung behilflich sind. Eine solche – unwirksame – Klausel kann beispielsweise lauten: »Die Haftung des Verkäufers oder seiner Erfüllungsgehilfen für Vorsatz oder Fahrlässigkeit ist ausgeschlossen.«
Ebenso darf die Haftung bei grob fahrlässigem Verhalten des Verkäufers oder seiner Gehilfen nicht auf eine summenmäßige Höchstgrenze beschränkt werden oder den Ersatz bestimmter Einzelschäden ausschließen (BGH vom 14. 7. 1987 – X ZR 38/96, NJW 1987, 2818). Beispielsweise wäre es nicht zulässig, wenn der Verkäufer seine Haftung bei grob fahrlässigem Verhalten seines Lehrlings auf 200 DM beschränken würde, Sie jedoch einen Schaden in Höhe von 500 DM geltend machen wollen.

- **Rücktritt und Schadensersatz, § 11 Nr. 8 AGBG**

Eine Bestimmung in den AGB des Verkäufers, die Ihr Recht, vom Vertrag zurückzutreten oder Schadensersatz zu verlangen, für den Fall ausschließt oder beschränkt, daß der Verkäufer seine Leistung zu spät oder gar nicht erbringt, ist unwirksam.
Derartige Klauseln lauten: »Bei Nichtbelieferung des Verkäufers durch einen Lieferanten steht beiden Parteien nur das Recht zu, vom Vertrag zurückzutreten.« Oder: »Bei schuldhafter Leistungsverzögerung oder Unmöglichkeit der Leistung steht dem Käufer nur ein Rücktrittsrecht zu.« In diesen Fällen soll Ihnen die günstigere Möglichkeit der Geltendmachung von Schadensersatz verwehrt werden. Dies ist jedoch unzulässig. Der Gesetzgeber wollte den Schadensersatzanspruch des Käufers erhalten, um den Verkäufer zur vertragsgemäßen Leistung anzuhalten. Ohne Schadensersatz hätte der Verkäufer keine Sanktion für seine Pflichtverletzung zu befürchten; er müßte lediglich den Rücktritt des Käufers vom Vertrag in Kauf nehmen, was fast wie eine Belohnung für sein Verschulden – Vorsatz oder Fahrlässigkeit – wirken kann, wenn der Käufer mangels Schadensersatzanspruch vom Vertrag zurücktritt und damit den Verkäufer von seiner Leistungspflicht befreit. Zulässig ist aber eine summenmäßige Begrenzung des Schadensersatzanspruchs durch den Verkäufer.

Die Ware ist mangelhaft

- **Ausschluß von Gewährleistungsrechten, § 11 Nr. 10 AGBG**

Beim Kauf von Hard- und Software sollten Sie als Käufer unbedingt einen Blick auf die Allgemeinen Geschäftsbedingungen des Händlers werfen, da gerade in diesem Bereich gerne eine Einschränkung Ihrer gesetzlichen Gewährleistungsrechte (ausführlich hierzu Seite 62 ff.) vorgenommen wird.

Grundsätzlich muß ein Verkäufer dafür Sorge tragen, daß die verkaufte (neue) Ware mangelfrei ist, d. h. der Verkäufer muß für die Mangelfreiheit die »Gewähr leisten«. (Achtung: Bei Kauf von gebrauchten Waren gilt dies so nicht!, siehe Seite 164 ff.)

Wie bereits erläutert (Seite 70 f.), steht Ihnen nach dem Gesetz vor allem das Recht auf Rückgängigmachung des Kaufs (Wandelung) und die Herabsetzung des Verkaufspreises (Minderung) zu. Ein Verkäufer darf Ihnen diese Rechte aufgrund seiner AGB nicht generell nehmen. Beispielsweise sind folgende Klauseln unwirksam: »Die Haftung des Verkäufers für Sachmängel (oder: für Fehler aller Art) ist ausgeschlossen.« Oder: »Der Käufer verzichtet auf Gewährleistungsansprüche.« Oder: »Keine Gewährleistung für Zubehörteile.« Oder: »Anstelle der gesetzlichen Gewährleistung tritt die Garantie des Herstellers.« Oder: »Anstelle der gesetzlichen Gewährleistungsansprüche kann der Verkäufer nach seiner Wahl Nachbesserung oder Ersatzlieferung leisten.«

Zulässig ist es aber, daß der Verkäufer diese gesetzlichen Gewährleistungsrechte *zunächst* in den Hintergrund treten läßt und sich per AGB die Möglichkeit einräumt, an der Ware eine Nachbesserung vorzunehmen (siehe auch Seite 99 ff.) oder die ursprüngliche Ware gegen eine neue mangelfreie auszutauschen (Ersatzlieferung = Nachlieferung, siehe auch Seite 80 f.). Dies ist jedoch nur dann rechtmäßig, wenn dem Kunden das Recht auf Wandelung oder Minderung erhalten bleibt, sofern die Nachbesserung fehlschlägt, die Ware also auch nach der Reparatur mangelhaft ist. Beschränkt der Verkäufer Ihre Gewährleistungsansprüche auf Nachbesserung und / oder Ersatzlieferung, Sie also nicht wandeln oder mindern (siehe Seite 70 f.) können, so ist eine solche Klausel unwirksam.

Wichtig ist außerdem, daß soeben Gesagtes auch für *Sonderangebote* (Discountpreise) oder *Schlußverkaufsware* (zwecks Abbau von Lagerbeständen) gilt, da es sich um handelsübliche neu hergestellte Waren handelt. Klauseln wie »Umtausch ausgeschlossen« oder »Schlußverkaufsartikel werden nicht zurückgenommen« sind daher – soweit mit ihnen der Ausschluß von Wandelung oder Minderung bezweckt werden soll – unwirksam. Das Umtauschrecht wegen Nichtgefallen – es liegt also gerade keine mangelhafte Ware vor – kann aber durch den Verkäufer ausgeschlossen werden. Haben Sie also beispielsweise beim Schlußverkauf eine grüne Computermaus gekauft, die nicht auf Ihren roten Schreibtisch paßt, haben Sie kein Umtauschrecht. Tauscht der Händler die Maus dennoch um, handelt es sich um reine Kulanz.

- **Verweisung auf Dritte bei Geltendmachung von Gewährleistungsansprüchen**

Oftmals sehen die AGB des Verkäufers vor, daß er seine eigene Gewährleistungshaftung auf den Hersteller der Kaufsache überträgt. Der Käufer ist dann gezwungen, um seine Gewährleistungsansprüche geltend zu machen, sich zunächst an den Hersteller der Ware zu wenden. Dies ist zumindest dann zulässig, wenn der Verkäufer nicht gleichzeitig seine eigene Gewährleistungshaftung gänzlich ausschließt, er also weiterhin *neben* dem Hersteller haften will. Der Verkäufer wird dann im Gewährleistungsfall den Käufer an den Hersteller verweisen. Hierzu braucht sich der Käufer aber nicht mühsam die Adresse zu besorgen, sondern der Verkäufer muß diese genau angeben. Tut er dies nicht, brauchen Sie sich darauf nicht einzulassen und können sich gleich an den Verkäufer halten.

Sofern der Hersteller die vom Käufer vorgetragenen Mängel gar nicht, nicht ordnungsgemäß oder rechtzeitig beseitigt oder von einer Kostenübernahme oder einer sonstigen Gegenleistung abhängig macht, muß Ihnen in den AGB des Verkäufers die Möglichkeit eingeräumt worden sein, sich sofort wieder an den Verkäufer zu halten. Der Verkäufer darf Ihnen in seinen AGB nicht die Pflicht auferlegen, vorher den Hersteller vor Gericht verklagen zu müssen oder ein Mahnverfahren gegen den Hersteller einzuleiten oder ein sogenanntes Schiedsgericht – welches anstelle eines staatlichen Gerichtes entscheidet – in Anspruch zu nehmen, bevor der Verkäufer selbst Ihre Gewährleistungsansprüche erfüllen muß. Hat der Verkäufer dennoch eine derartige Klausel in seine AGB aufgenommen, ist diese unwirksam.

Achtung: Wenn der Kunde den Anspruch gegen den Hersteller schuldhaft, d. h. vorsätzlich oder fahrlässig, verjähren (siehe Seite 216 ff.) läßt, verliert er zugleich seinen Anspruch gegen den Verkäufer als Verwender der AGB!

• Verkürzung der Gewährleistungsfrist

Der Anspruch des Käufers, vom Verkäufer wegen Mangelhaftigkeit der Ware Wandelung, Minderung oder Schadensersatz zu fordern, verjährt von der Ablieferung der Kaufsache an in sechs Monaten (§ 477 BGB). Hat der Verkäufer zum Zeitpunkt des Kaufvertragsabschlusses den Mangel arglistig verschwiegen bzw. eine fehlende Eigenschaft arglistig vorgespiegelt, beträgt die Verjährungsfrist allerdings dreißig Jahre (§§ 477, 195 BGB).

Immer wieder wird in AGB versucht, diese gesetzlichen Gewährleistungsfristen zu verkürzen, obwohl sie gerade sicherstellen sollen, daß dem Kunden genügend Zeit für die Geltendmachung seiner Gewährleistungsansprüche bleibt. Eine solche Klausel lautet beispielsweise: »Gewährleistungsansprüche des Käufers verjähren in zwei Monaten ab Kaufdatum«. Derartige Klauseln sind unwirksam; es gilt dann wieder die gesetzliche sechsmonatige Gewährleistungsfrist.

Unzulässig ist auch die Vorverlegung des Verjährungsbeginns, beispielsweise indem die Verjährung bereits bei Bestellung der Ware im März und nicht erst bei Lieferung im Mai zu laufen beginnt. Dem Kunden würde so kostbare Zeit für die praktische Erprobung der Kaufsache genommen werden.

Lediglich bei offensichtlichen Mängeln ist eine Abkürzung der Verjährung möglich und zulässig. »Offensichtlich« ist ein Mangel nach der Rechtsprechung, wenn er so offen zutage liegt, daß er auch dem nicht fachkundigen Durchschnittskunden ohne besondere Aufmerksamkeit auffällt. Bloße Erkennbarkeit oder Sichtbarkeit reicht nicht aus. Ein nicht offensichtlicher Mangel wird auch nicht dadurch offensichtlich,

daß ihn der Kunde erkannt hat. Als Beispiel für einen offenkundigen Mangel ist der Monitor ohne Bildröhre zu nennen.
Eine Verlängerung der Gewährleistungsfrist in den AGB ist selbstverständlich möglich (§ 477 Abs. 1 Satz 2 BGB).
Auch wenn bereits die sechsmonatige Gewährleistungsfrist abgelaufen ist, bleibt noch ein Hintertürchen: Wenn PC und Software zusammen gekauft wurden, muß der Kunde die Möglichkeit haben, die Ware auf Mängel zu prüfen. Insbesondere beginnt die Frist erst mit der vollständigen Lieferung der Hard- und Software, der Einweisung des Erwerbers, der Aushändigung des Benutzerhandbuches sowie zumindest einem im wesentlichen störungsfreien Probelauf (OLG Hamburg vom 26. 7. 1996 – 12 U 5/96, CR 1997, 87; siehe aber Urteil des LG Gießen, Seite 193). Die Frist beginnt also nicht sofort mit der Unterschrift unter den Kauf- bzw. Liefervertrag (OLG Frankfurt vom 2. 2. 1994 – 23 U 25/92, CR 1995, 222). Dem Käufer werden nach der Rechtsprechung »wenige Wochen« zur Prüfung zugebilligt. Erst danach gilt die Ware als angenommen (LG Potsdam vom 28. 3. 1994 – 14 O 1070/93, CR 1995, 223).
Bis zur offiziellen Annahme trifft den Händler die Beweispflicht für ordnungsgemäße Lieferung (OLG Nürnberg vom 14. 7. 1994 – 8 U 2851, CR 1995, 343). Später muß der Käufer eventuelle Fehler beweisen. Wenn der Computer so mangelhaft ist, daß der Händler seinem Kunden innerhalb der sechsmonatigen Gewährleistungsfrist einen neuen Rechner hinstellt, beginnt die Gewährleistungsfrist damit von neuem (AG Stuttgart vom 6. 3. 1995 – 5 C 7614/93, CR 1995, 477) zu laufen.

- **Ausschluß für zugesicherte Eigenschaften, § 11 Nr. 11 AGBG**

Sofern der gekauften Sache eine vom Verkäufer zugesicherte Eigenschaft (siehe hierzu ausführlich Seite 64 f.) fehlt, kann der Kunde Schadensersatz (siehe Seite 75 f.) verlangen. Aufgrund einer Klausel in den AGB darf dieses Recht nicht genommen oder eingeschränkt werden, da der Kunde Vertrauensschutz im Hinblick auf die ihm gegebenen Eigenschaftszusicherungen genießt. Der Verkäufer haftet jedoch nicht für allgemeine Anpreisungen der Ware.

Die Ware ist mangelhaft

- **Beweislast, § 11 Nr. 15 AGBG**

Sofern Sie als Kunde mit Ihren außergerichtlichen Bemühungen nicht mehr weiterkommen, läßt sich ein Gerichtsverfahren nicht vermeiden. Dort muß grundsätzlich jede der Prozeßparteien das beweisen, was für sie günstig ist. Insofern kommt es in den AGB der Verkäufer des öfteren vor, daß die sogenannte Beweislast (siehe Seite 219 f.) zum Nachteil des Käufers umgekehrt wird. Dies ist jedoch aus Gerechtigkeitsgründen nicht erlaubt; eine Klausel, durch die der Verkäufer die Beweislast zum Nachteil des anderen Vertragsteils ändert, ist unwirksam. Ungültig ist beispielsweise die Klausel »Nebenabreden sind nicht getroffen«.

Das gleiche gilt auch, wenn der Kunde Tatsachenbestätigungen abgeben soll wie »Der Kunde hat die Ware in einwandfreiem Zustand übernommen« oder »Der Kunde bestätigt die Richtigkeit aller Maßangaben«. Zulässig sind solche Bestätigungsklauseln nur bei sogenannten gesondert unterschriebenen Empfangsbekenntnissen wie z. B. Quittungen über den Erhalt der gekauften Ware. Der Quittungstext muß sich gegebenenfalls von einem sonstigen Vertragstext deutlich abheben. Die Unterschrift unter die Quittung darf sich auch nur auf diese beziehen.

Sobald der Verkäufer Ihre Rechtsposition schwächen will, ist eine entsprechende Klausel unwirksam.

- **Besondere Formerfordernisse, § 11 Nr. 16 AGBG**

Es kommt häufiger vor, daß Händler in ihre AGB eine Klausel aufnehmen, die beispielsweise vom Käufer die Verwendung spezieller Formulare für die Geltendmachung seiner Gewährleistungsansprüche verlangt. Dies ist jedoch nicht zulässig. Damit dem Käufer bei der Geltendmachung seiner Ansprüche durch übersteigerte Form- oder Zugangserfordernisse keine Nachteile entstehen, darf nach § 11 Nr. 16 AGBG der Verkäufer vom Käufer allenfalls eine schriftliche – anstelle einer mündlichen – Erklärung verlangen.

Folgende Form- bzw. Zugangserfordernisse, die über die Schriftform hinausgehen, können also nicht vom Verkäufer durch AGB dem Käufer auferlegt werden: Notarielle Beurkundung (§ 128 BGB), Öffentliche Beglaubigung (§ 127 BGB), Übermittlung durch Einschreiben / E-mail oder Internet, Benutzung von Formularen oder Erklärungen müssen zu Händen einer bestimmten Person (z. B. Filialleiter) abgegeben werden. Es ist allerdings zu beachten, daß es sich aus Beweissicherungsgründen empfiehlt, wichtige Erklärungen per Einschreiben/Rückschein abzugeben!

cc) Im Einzelfall unwirksame AGB-Klauseln

Der Gesetzgeber hat eine zweite Kategorie von AGB-Klauseln nur exemplarisch in § 10 AGBG geregelt und mit sogenannten unbestimmten Rechtsbegriffen wie »unangemessen«, »zumutbar« ausgestattet. Aus diesem Grunde sind solche Klauseln nicht automatisch unwirksam, sondern müssen im Streitfalle vom Gericht auf ihre Zulässigkeit oder Unzulässigkeit hin überprüft werden. Entscheidet das Gericht, daß die Klausel unwirksam ist, hat sie für den Käufer keine Bedeutung.

- **Annahme- und Lieferfristen, § 10 Nr. 1 AGBG**

Nach dieser Bestimmung sind Klauseln in AGB unwirksam, durch die sich der Händler »unangemessen lange« oder »nicht hinreichend bestimmte« Fristen für die Annahme oder Ablehnung eines Angebots oder die Leistung vorbehält.

Wie Sie bereits wissen, kommt ein Vertrag durch Angebot und Annahme zustande (siehe Seite 30). Wenn Sie nun beispielsweise einem Versandhaus eine Bestellung schicken, kann sich das Versandhaus überlegen, ob es Ihr Angebot zum Vertragsschluß annehmen will. Damit die Überlegungs- und damit die Annahmefrist nicht unendlich ausgedehnt werden kann, ist eine Klausel in den AGB dergestalt, »Der Kunde ist bis zum Eingang einer schriftlichen Rückantwort des Versandhauses an seine Bestellung gebunden«, nicht hinreichend bestimmt und damit unwirksam.

Ob eine Lieferfrist unangemessen lang ist, kann nur im Einzelfall entschieden werden. Es ist daher auf jeden Fall zu raten, einen bestimmten Endtermin zur Lieferung mit dem Händler zu vereinbaren. Hierbei sollte ein konkretes Datum benannt werden. Beispielsweise »15. 10. 1998« und nicht etwa »Sechs Wochen nach der Bestellung«.

Klauseln in den AGB des Händlers wie »Der Verkäufer wird sich um die Einhaltung des Liefertermins bemühen«, »Lieferung so schnell wie möglich«, »Lieferzeit vorbehalten«, »Lieferzeit annähernd«, »Lieferung sofort nach Eintreffen der Ware im Lager«, »Gewerbeübliche Lieferfristen«, »Lieferung nach Herstellung der Ware« sind unwirksam.

Sofern eine Fristsetzung unangemessen lang oder nicht hinreichend klar bestimmt ist, gelten die allgemeinen gesetzlichen Vorschriften (§§ 147, 271 BGB). Dies bedeutet, daß der Händler beim Computerkauf seine Antwort auf Ihr Angebot spätestens binnen 10 bis 14 Tagen abgegeben haben muß. Kommt die Antwort dagegen später, kann der Käufer diese als neues Angebot seitens des Verkäufers betrachten und sich selbst überlegen, ob er jetzt noch einen Vertrag mit dem Händler schließen will (ausführlich siehe Seite 33 f.).

Eine Lieferung hat dann durch den Händler sofort zu erfolgen, sofern nicht ausdrücklich und rechtswirksam etwas anderes vereinbart worden ist.

- **Nachfrist, § 10 Nr. 2 AGBG**

Diese Regelung ergänzt die zuvor genannte Bestimmung über die Annahme- und Lieferfristen (§ 10 Nr. 1 AGBG).

Eine Klausel in den AGB könnte beispielsweise lauten: »Der Käufer hat bei Verzug des Verkäufers nur dann das Recht, vom Vertrag zurückzutreten, wenn der Verkäufer auch innerhalb einer Nachfrist, die mindestens drei Monate betragen muß, nicht leistet.«

Sofern kein fester Liefertermin für eine Ware vereinbart wurde, muß der Verkäufer, um in Verzug zu geraten, vom Käufer eine Mahnung mit einer endgültigen Lieferfrist erhalten. Läßt er diese auch verstreichen, sollte der Käufer eine sogenannte Nachfrist von etwa einer Woche setzen. Dies ist notwendig, damit anschließend der Käufer die Lieferung ganz ablehnen oder Schadensersatz geltend machen kann (siehe Seite 121 ff.).

Durch die AGB des Verkäufers wird diese Nachfrist, wie im Beispiel oben, unangemessen verlängert. Bei üblichen Verbrauchergeschäften liegt die Nachfrist bei maximal zwei Wochen. In der Regel setzt man jedoch eine Frist von einer Woche.

- **Rücktrittsvorbehalt, § 10 Nr. 3 AGBG**

In den AGB der Verkäufer finden sich Klauseln wie »Lieferung freibleibend«, »Leistung ist unverbindlich«, »Leistung ohne Obligo«, »Lieferung, solange Vorrat reicht«, »Der Käufer hat keinen Rechtsanspruch auf Lieferung der Ware«, »Lieferfähigkeit vorbehalten« oder »Lieferung vorbehaltlich termingerechter Selbstbelieferung«. Diese Klauseln, die ohne sachlichen Grund dem Verkäufer einseitig ein Rücktrittsrecht vom Kaufvertrag zubilligen, sind unwirksam.

- **Änderungsvorbehalt, § 10 Nr. 4 AGBG**

Gelegentlich räumen die AGB des Verkäufers diesem das Recht ein, von der vereinbarten Leistung abzuweichen, ohne den Käufer vorher fragen zu müssen. Typische Klauseln sind »Technische Änderungen vorbehalten«, »Modellwechsel vorbehalten« oder »Material und Maße vorbehalten«. Solche Klauseln in den AGB sind nur dann wirksam, wenn die Änderungen oder Abweichungen dem Kunden gegenüber zumutbar sind. Die Zumutbarkeit ist aufgrund einer Interessenabwägung zwischen Verkäufer und Käufer festzustellen. Zumutbar sind beim sogenannten Gattungskauf (siehe Seite 62) Änderungen, die sich innerhalb der Toleranzgrenze einer Leistung von mittlerer Art und Güte halten. Beispielsweise müßten Sie das Computergehäuse auch mit einem grauen Ein/Aus-Schalter anstelle des roten abnehmen.

- **Nutzungsvergütung, § 10 Nr. 7 AGBG**

Es kann passieren, daß der von Ihnen gekaufte Computer nach wenigen Wochen seinen Geist aufgibt. Sie haben dann das Recht, das Gerät zurückzugeben, und erhalten den Kaufpreis erstattet. Findige Verkäufer haben daher Klauseln in den AGB untergebracht, nach denen der Käufer für jeden Tag oder für jeden Monat der Nutzung des Kaufgegenstandes ein Nutzungsentgelt zu entrichten hat, sofern er von seinem Rücktrittsrecht Gebrauch macht. Dies ist grundsätzlich zulässig! Unwirksam ist aber eine Klausel, nach der der Käufer eine unangemessen hohe Vergütung für die Nutzung zu zahlen hat. Richtlinie für die Angemessenheit der Nutzungsvergütung ist für Sachen, die mietweise am Markt angeboten werden, der übliche Mietzins. Andernfalls ist der angemessene Mietzins durch Sachverständige zu ermitteln oder vom Gericht zu schätzen. Maßgebend ist immer die tatsächliche Nutzungsdauer.

Der Gesetzgeber hat nur die am häufigsten verwendeten verbraucherfeindlichen Geschäftsbedingungen im AGBG ausdrücklich einzeln angeführt (§§ 10, 11 AGBG, siehe Seite 85 ff.) geregelt. Für alle anderen Fälle hat er jedoch mit § 9 AGBG eine sogenannte Generalklausel geschaffen, an der die vom Verkäufer verwendeten AGB-Klauseln geprüft werden, die nicht bereits an den Regelungen von §§ 10 und 11 AGBG gemessen werden können. In dieser Generalklausel werden typische rechtliche Kriterien angegeben, die im Regelfalle zur Unwirksamkeit einer AGB-Klausel des Händlers führen. Im Grunde handelt es sich also bei der Generalklausel um eine Art »Auffangbecken« für alle nicht in §§ 10, 11 AGBG ausdrücklich geregelten Fälle.
Beispielsweise ist nach Auffassung des OLG Frankfurt (vom 17. 1. 1991 – 6 U 18/90, NJW 1991, 2160) eine Klausel »Die Programme dürfen nur auf von dem Verkäufer vertriebenen Computersystemen (Hardware) verarbeitet werden« nach § 9 AGBG wegen unangemessener Benachteiligung des Käufers unwirksam. Gleiches gilt für eine Klausel in einem EDV-Mietvertrag, wonach jede »technologische Anpassung« die Mietzeit um 72 Monate verlängert (OLG Köln vom 21. 1. 1994 – 19 U 223/93, NJW 1994, 1483).

dd) Nachbesserung

Unter **Nachbesserung** ist zu verstehen, daß dem Verkäufer die Möglichkeit eingeräumt wird, die fehlerhafte Ware zu reparieren, also nachzubessern.

Wenn beim Computerkauf etwas schiefgeht

Das im BGB geregelte Kaufrecht kennt ein Recht des Käufers auf Nachbesserung einer mangelhaften Sache nicht. Es ist jedoch zulässig, zwischen Käufer und Verkäufer durch Vertrag bzw. in der Regel durch AGB ein Nachbesserungsrecht des Verkäufers zu vereinbaren (§ 476 a BGB).

Ist Nachbesserungsrecht an Stelle des Rechts des Käufers auf Wandelung oder Minderung vereinbart, so hat der zur Nachbesserung verpflichtete Verkäufer grundsätzlich auch die zum Zweck der Nachbesserung erforderlichen Aufwendungen zu tragen. Hierzu zählen insbesondere Transport-, Wege-, Arbeits- und Materialkosten (Ersatzteile). Eine Klausel in den AGB des Händlers, die diese Verpflichtung ausschließt, ist nach § 11 Nr. 10 c AGBG unwirksam. Hat der Händler beispielsweise die Nachbesserung erfolgreich vorgenommen und verlangt er vom Käufer, die Transportkosten des Monitors in Höhe von 40 DM zu tragen, braucht der Käufer diese nicht zu bezahlen bzw. kann er diese vom Händler zurückverlangen. Weigert sich der Händler, sollten Sie (auch bei geringen Beträgen) nicht von einer Klage absehen. Der Händler hat dann alle Kosten, auch die Gerichts- und Anwaltskosten, zu tragen. Das nächste Mal wird er sich dann genauer überlegen, ob er die Rechte des Kunden nicht beachtet.

Im übrigen ist der Ausschluß von Wandelung und/oder Minderung beim Kauf von *neuen* Sachen aufgrund von AGB nur wirksam, wenn dem Käufer ausdrücklich das Recht vorbehalten wird, bei Fehlschlagen der Nachbesserung oder Ersatzlieferung (siehe Seite 99, 80) die ursprünglich ausgeschlossene Wandelung oder Minderung nach seiner Wahl zu verlangen. Eine diesbezügliche Klausel könnte lauten: »Bei Fehlschlagen der Nachbesserung kann der Besitzer nach seiner Wahl Kaufpreisherabsetzung oder Rückgängigmachung des Kaufvertrages verlangen.« Die Nachbesserung ist »fehlgeschlagen«, wenn begründete Zweifel am Erfolg der Nachbesserung bestehen, wenn sie unmöglich ist (z. B. der Computer ist verbrannt), verweigert (»Der PC ist nicht mangelhaft«) oder unzumutbar verzögert wird.

Die Beweislast dafür, daß die Nachbesserung fehlgeschlagen ist, trägt der Kunde. Dieser muß also belegen, daß das angeblich reparierte Gerät noch immer defekt ist.

Wie viele Nachbesserungsversuche der Kunde gestatten muß, hängt von der Art des Mangels und einer Abwägung der beiderseitigen Interessen ab. In der Praxis muß sich der Kunde nur auf einen Reparaturversuch einlassen, wenn sich der Verkäufer als unzuverlässig erwiesen hat, so beispielsweise wenn bei der Reparatur gepfuscht wurde und das Gerät gleich wieder kaputt ist oder wenn der Kunde dringend auf die Benutzung der Sache angewiesen ist oder wenn die Einsendung an den Verkäufer (beispielsweise beim Versendungskauf – auch wenn dieser die Versandkosten trägt) erforderlich ist. Dabei ist grundsätzlich gleichgültig, ob eine zweite Nachbesserung wegen desselben oder wegen eines anderen Mangels erforderlich wäre. In der Regel wird sich der Käufer jedoch mit mindestens zwei Reparaturversuchen abfinden müssen. Bei einem Computer (hier: Laptop), auf den der Verwender in der Regel für seine Arbeit angewiesen ist und den er demzufolge kaum entbehren kann, sind mehrere Nachbesserungsversuche unzumutbar; entsprechende vertragliche Regelungen sind nach § 11 Nr. 10 d AGBG unwirksam (AG Mannheim vom 24. 5. 1996 – 1 C 1033/95, CR 1996, 540). Bei technisch komplizierten Geräten werden dem Käufer von der Rechtsprechung teilweise auch drei Nachbesserungsversuche aufgebürdet, bevor er zu den gesetzlichen Rechten zurückgelangt (LG Saarbrücken vom 12. 4. 1994 – 6 O 4115/91, CR 1995, 222 und AG Offenburg vom 1. 3. 1996 – 3 C 546/95, CR 1997, 86). Noch mehr Nachbesserungsversuche sind nur in Ausnahmefällen zulässig. Hier müßten Sie die Rechtslage dann durch einen Rechtsanwalt prüfen lassen.

Ist der Verkäufer zur Nachbesserung gar nicht, nur gegen Kostenerstattung oder nur nach Abschluß eines Reparaturvertrages bereit, liegt rechtlich gesehen eine unberechtigte Verweigerung der Nachbesserung durch den Verkäufer vor. Sie können dann wiederum, notfalls mit Hilfe eines Rechtsanwaltes, Ihre gesetzlichen Gewährleistungsrechte (siehe Seite 62 ff.) geltend machen.

> **! Wichtig:**
> Lassen Sie sich als Käufer auch niemals Ihre Rechte aufgrund der gesetzlichen Gewährleistung mit dem Hinweis auf eine möglicherweise (durch Garantiekarte oder ähnliches) bestehende Hersteller-Garantie (siehe Seite 104) streitig machen. Dies sind zwei verschiedene Dinge, die gegebenenfalls nebeneinander bestehen und den Händler nicht berechtigen, Sie ausschließlich auf diese Hersteller-Garantie zu verweisen.

Welcher Zeitraum ist dem Verkäufer für die Reparatur zuzubilligen? In der Regel ist dem Verkäufer je nach Einzelfall eine Frist zwischen zwei und/bzw. maximal drei Wochen zur Reparatur einzuräumen. Als Käufer brauchen Sie sich auch nicht darum zu kümmern, daß der Händler möglicherweise den PC selbst erst in Taiwan reklamieren möchte und dies im Normalfall etwa 12 Wochen dauern würde. Dies ist das Risiko des Händlers, aber nicht Käufer-Risiko!

Auch die gerade von großen Ketten gebrauchten Ausreden wie beispielsweise: »Die defekten Monitore werden grundsätzlich nur zusammen an den Hersteller verschickt – dies kann dauern« gehen nicht zu Lasten des Käufers. Sollten Sie nach Ablauf der von Ihnen gesetzten Frist das Gerät noch nicht zurückerhalten haben, sollten Sie jetzt dem Verkäufer die Wandelung, d.h. die Rückgängigmachung des Kaufes, erklären (siehe Musterschreiben, Seite 71) oder einen Rechtsanwalt aufsuchen.

Lassen Sie sich auch nicht von teilweise falsch instruierten Verkäufern mit dem Hinweis auf irgendwelche Regelungen in den AGB einschüchtern! Wie Sie auf den Seiten 82 bis 99 gesehen haben, sind viele dieser Regelungen ohnehin unwirksam.

Musterschreiben: Fristsetzung bei Nachbesserung

Sven Jungmann
Witts Allee 2
22587 Hamburg

Einschreiben / Rückschein
An
Hardsoft GmbH
Parkstraße 100
22566 Hamburg

Hamburg ... (Ort), den ... (Datum)

Rechnungs-Nr.:	Auftrags-Nr.:	Kunden-Nr.:
(sofern vorhanden)	(sofern vorhanden)	(sofern vorhanden)

Sehr geehrte Damen und Herren,

bei Inbetriebnahme der am ... (Datum) bei Ihnen gekauften Grafikkarte ... (Ware/Typ) mußte ich leider feststellen, daß diese nur Streifen am Bildschirm produziert ... (Beschreibung des Mangels).
Im Hinblick auf Ihre Allgemeinen Geschäftsbedingungen fordere ich Sie hiermit auf, den vorbezeichneten Mangel bis spätestens zum ... (Datum; 2 bis 3 Wochen) zu beseitigen.
Sollte der Mangel bis zum angegebenen Datum nicht behoben sein, werde ich die Wandelung des Kaufvertrages erklären.
Die mir entstandenen Kosten für ... (Art der Kosten, z. B. Transportkosten) in Höhe von ... DM (Betrag) bitte ich Sie, auf mein Konto ... (Bankverbindung) bis zum ... (Datum; 10 Tage) zu erstatten.

Mit freundlichen Grüßen

(Unterschrift)

> **!** **Hinweis:**
> Einen Anspruch auf ein Ersatzgerät hat der Käufer während der Reparaturzeit durch den Händler aber grundsätzlich nicht!

c) Hersteller-Garantie

Oftmals erhält der Käufer zusammen mit dem gekauften Gerät eine Garantiekarte oder zumindest ein schriftliches Garantieversprechen. Die sogenannte **Garantie** wird vom Verkäufer und/oder vom Hersteller freiwillig gewährt und sieht in der Regel eine Garantiezeit von einem bis zwei Jahre vor. Doch beachten Sie bitte: Verwechseln Sie diese Garantie nicht mit den Gewährleistungsrechten, die Ihnen von Gesetzes wegen zustehen! Beides sind verschiedene Dinge! Lassen Sie sich durch solche Garantieversprechen vor allem nicht von Ihren viel weitergehenden Gewährleistungsrechten nach dem BGB (Wandelung, Minderung, Nachlieferung) oder AGB-Gesetz (kostenlose Nachbesserung) abhalten! Die gewährte Garantie ändert nichts an der beschriebenen gesetzlichen Rechtslage; der Händler wird nicht von seinen gesetzlichen Pflichten entbunden. Insbesondere brauchen Sie sich nicht darauf einzulassen, wenn der Händler Sie während der gesetzlichen sechsmonatigen Gewährleistungsfrist (siehe Seite 93) darauf verweist, sich doch an den Hersteller (»Der gibt ja zwei Jahre Garantie«) zu wenden. Erst nach Ablauf der sechs Monate (ab Übergabe der Ware) sollten Sie sich an den Hersteller wenden.

Aber Achtung: Die Hersteller übernehmen meist innerhalb der Garantiezeit lediglich den kostenlosen Austausch fehlerhafter Teile; die Arbeits-, Anfahrtkosten oder auch Portogebühren werden oftmals nicht übernommen! Schauen Sie sich also vor Inanspruchnahme der Garantie unbedingt an, welchen Umfang diese hat und welche Kosten gegebenenfalls auf Sie zukommen können. Lassen Sie sich gegebenenfalls einen Kostenvoranschlag geben oder setzen sie einen Maximalbetrag für die Reparaturkosten fest.

Achtung: Es gibt immer wieder unseriöse Händler, die ein in der Werbung gegebenes Garantieversprechen (z. B. zwei Jahre Händlergarantie) nirgendwo schriftlich vermerken, insbesondere fehlt auf der Rechnung ein solcher Hinweis. Und wenn der Kunde später die Ware repariert haben möchte, kann sich der Händler an die Garantie leider nicht mehr erinnern. Als Kunde sind Sie in einem solchen Fall beweispflichtig. Bewahren Sie daher nach Möglichkeit bei der Rechnung auch die kaufentscheidende Werbung auf bzw. lassen Sie sich dies ausdrücklich vermerken.

Achten Sie auch darauf, daß einige Garantieversprechen bereits mit dem Herstellungsdatum und nicht erst mit dem Verkauf der Ware zu laufen beginnen. Schauen Sie sich daher unbedingt die Leistungen der freiwilligen Garantie genau an.

d) Produzentenhaftung

Wie Sie bereits wissen, muß der Verkäufer für Mängel an der gekauften Ware einstehen. Auch der Hersteller übernimmt oft freiwillig eine Garantie (siehe Seite 104). Was passiert aber, wenn der Kaufgegenstand einen Fehler aufweist, der im Haushalt des Käufers zu einem Personen-, Sach- oder Vermögensschaden führt? Beispielsweise erhitzt sich der neue Computer-Monitor aufgrund eines defekten Netzteils so stark, daß er in Brand gerät und das Wohnungsinventar durch das entstehende Feuer vernichtet wird. In so einem Fall möchte man natürlich gerne seinen Schaden ersetzt bekommen. Der Händler wird jedoch nur mit den Achseln zucken, wenn Sie Ihren Schaden dort versuchen geltend zu machen. Aufgrund des geschlossenen Kaufvertrages ist der Händler jedenfalls nicht verpflichtet, solche »Mangelfolgeschäden« zu ersetzen. Auch der Hersteller wird den Schaden aufgrund der gegebenen Garantie (Garantieumfang!) nicht begleichen.

Glücklicherweise gibt es jedoch das **Produkthaftungsgesetz (ProdHaftG)**. Dieses Gesetz gilt für alle Produkte, die nach dem 1. 1. 1990 in Verkehr gebracht worden sind oder werden. Nach dem ProdHaftG

muß jeder den Schaden ersetzen, den er widerrechtlich – unabhängig von einem Verschulden – einem anderen zufügt.
Inzwischen hat die Rechtsprechung drei Fallgruppen von Produktfehlern anerkannt:
- *Konstruktionsfehler.* Das Produkt als solches, also die ganze Serie, ist schon fehlerhaft angelegt. Der Stand der Technik ist im Zeitpunkt der Herstellung nicht eingehalten worden.
- *Instruktionsfehler.* Eine Ware kommt ohne notwendige oder unvollständige Gebrauchsanweisung auf den Markt. Der Hersteller weist nicht auf die Gefahren hin, die bei der Benutzung oder beim Gebrauch auftauchen können.
- *Fabrikationsfehler.* Sie entstehen bei der Herstellung selbst – beispielsweise durch mangelhafte Endkontrolle.

Von entscheidender Bedeutung beim ProdHaftG ist, daß es auf ein Verschulden des Herstellers nicht ankommt. Es ist also egal, ob der Hersteller nicht einmal leicht fahrlässig oder gar vorsätzlich einen der drei Produktfehler verursacht hat.

Der Hersteller haftet bei Sachschäden als Folge des fehlerhaften Produktes aber nur dann, wenn die anderen beschädigten Sachen (z. B. das Wohnungsinventar) für den privaten Ge- oder Verbrauch bestimmt waren. Zudem ist bei Eigentumsverletzungen ein Selbstbehalt des Verbrauchers in Höhe von 1125 DM vorgesehen. Dies bedeutet, daß die Haftung erst bei Schäden beginnt, die über diesen Betrag hinausgehen. Wird also beispielsweise durch den Monitor-Brand lediglich eine Tischdecke abgefackelt, kommt eine Haftung nach dem ProdHaftG nicht in Frage.

Was tun Sie also bei geringen Schäden? Einen solchen Sachschaden können Sie vom Hersteller nur ersetzt verlangen, wenn Sie ihm ein Verschulden (Fahrlässigkeit oder Vorsatz) nachweisen können. Er würde dann nicht nach dem ProdHaftG, sondern nach Deliktsrecht (§ 823 BGB) haften.

Es kommt auch immer wieder vor, daß der Hersteller im Ausland nicht ausfindig zu machen ist. Diesem Umstand trägt das ProdHaftG dadurch Rechnung, daß neben dem Hersteller auch der Importeur, Zulieferer, Großhändler oder gar der Verkäufer haften, wenn der Hersteller nicht zu ermitteln ist. Hierzu braucht der Käufer keinen Detektiv zu beauftragen, vielmehr muß der Verkäufer den Hersteller oder Importeur mit genauer Anschrift bekanntgeben. Der Käufer muß den Verkäufer zur Bekanntgabe des Namens aufgefordert haben. Erfolgt die Benennung nicht binnen eines Monats nach Zugang der Aufforderung, kann der Käufer sich an den Verkäufer halten, diesen gegebenenfalls auch verklagen.

> **!** **Wichtig:**
> Die Haftung nach dem ProdHaftG kann weder durch Allgemeine Geschäftsbedingungen noch durch einen entsprechenden Hinweis auf der Verpackung oder der Gebrauchsanweisung beschränkt oder ausgeschlossen werden!

Vom Abdruck eines Musterschreibens für die eigene Geltendmachung von entstandenen Schäden wurde ausdrücklich abgesehen, da das Recht der Produkthaftung äußerst schwierig ist und ein falsches Schreiben mehr Schaden anrichten kann, als daß es nützen würde. Lassen Sie sich auf jeden Fall bei Bedarf diesbezüglich von einem Rechtsanwalt beraten.

e) Mängelliste von A bis Z

Für einen Käufer ist es immer wieder schwierig zu entscheiden, ob überhaupt ein sogenannter Mangel vorliegt, die Kaufsache also einen Fehler aufweist oder der Kaufsache eine zugesicherte Eigenschaft fehlt (ausführlich hierzu Seite 64 f.). Damit Sie einen Hard- oder Softwarefehler in Ihrem speziellen Fall besser einordnen können, ist im folgenden eine Mängelliste abgedruckt, die entweder bereits konkret von der Rechtsprechung entschiedene Fehler aufzeigt bzw. auf der Einschätzung durch den Autor beruht.

Sie müssen jedoch immer daran denken, daß ein Gericht im Falle eines Falles Ihren konkreten Einzelfall betrachtet, gegebenenfalls unter Zuhilfenahme eines Sachverständigengutachtens. Die Auflistung ist daher lediglich als Richtschnur zu verstehen. Sofern Sie nicht genau wissen, ob ein Mangel vorliegt, sollten Sie sich an einen Rechtsanwalt wenden, der sich auf dem Gebiet des EDV-Rechts auskennt (siehe auch Seite 160f.), denn es ist hilfreich, wenn der Anwalt vor Gericht weiß, wovon er spricht.

»Offensichtliche Mängel« an einer gekauften Sache, z. B. verformte Festplatte oder die Festplatte hat mehrere Dellen, sind in der Liste nicht aufgeführt.

Absturz von Daten, Programmen oder Verlust der Daten
- Kein Fehler, wenn die Ursache auf falscher Bedienung durch den Anwender beruht.
- Fehler der Hardware, wenn der Computer sich »aufhängt« und dies nicht auf einem Programmfehler beruht.

Arbeitsspeicher
siehe RAM

Bedienungsanleitung
siehe Handbuch

Bildschirm
siehe Monitor

CPU
- Kein Fehler, wenn falscher Typ geliefert wird. Beispiel: Pentium 300 MHz bestellt, Pentium 233 MHz geliefert. Hier ist Kaufvertrag noch nicht erfüllt, da es sich hier um eine Falschlieferung handelt (siehe Seite 113f.).

Dongle
- Kein Fehler sind Programmsperren zum Urheberschutz einer Software, solange die vertragsgemäße Nutzung des Programms nicht beeinträchtigt ist.

Drucker
- Fehler, wenn das Gerät keinen ordentlichen Ausdruck auf Normalpapier liefert.
- Fehler, wenn der Verbrauch (Toner, Tinte) weit über den Herstellerangaben liegt; Richtwert etwa 25 %.
- Fehler, wenn Tintenstrahldrucker ständig Linien zieht.

Fehlende Online-Hilfe
- Kein Fehler ist das Fehlen von Bildschirmhilfsfunktionen, die nur dem Benutzerkomfort dienen. Dies ist kein gewährleistungsbegründender Mangel.

Festplatte
- Fehler, wenn die Platte einen Wackelkontakt aufweist.
- Fehler, wenn die angegebene Speicherkapazität wesentlich vom tatsächlichen abweicht (z. B. 2,5 GB, tatsächlich 1,6 GB).
- Kein Fehler, wenn Festplatte statt 125 MB nur 119,8 MB Kapazität hat.
- Fehler, wenn gespeicherte Daten aus ungeklärter Ursache verlorengehen.
- Fehler, wenn die Zugriffszeit tatsächlich länger als angegeben ist.

Gehäuse
- Kein Fehler bei Kratzerchen am Gehäuse.

Geräusche
- Kein Fehler sind die lauten Arbeitsgeräusche eines PC, die aber innerhalb der vom Hersteller angegebenen Toleranzbreite liegen.

Handbuch
- Fehler, wenn der Computer ohne Handbuch ausgeliefert wird, das die grundsätzliche Bedienung erläutert.
- Fehler, wenn das Handbuch in einer unverständlichen Sprache geliefert wird. Handbücher müssen auf deutsch geliefert werden. Gibt es sie nur auf englisch, muß der Händler dies vorher klarstellen. Kunde kann sonst auf Nachlieferung bestehen.

- Fehler, wenn das Handbuch nicht vollständig bzw. unverständlich ist. Der Kunde hat Anspruch darauf, daß er durch Erstinformationen und Handbuch ein für allemal in den Stand versetzt wird, relativ einfache und alltägliche Operationen ausführen zu können, ohne auf Rückfragen und komplizierte Erläuterungen des Lieferanten angewiesen zu sein.

Hauptplatine
siehe Motherboard

Kompatibilität
- Als Mangel wird die fehlende IBM-Kompatibilität einer Computersoftware nur dann angesehen, wenn sie zugesagt wurde.

Komplett-PC
- Fehler bei unzureichender Speicherkapazität eines PC.
- Kein Fehler, wenn einzelne Bauteile zwar älter sind, aber die Funktionsfähigkeit insgesamt nicht darunter leidet.
- Kein Fehler, wenn hoher Geräuschpegel innerhalb der vom Hersteller angegebenen Toleranzwerte.
- Kein Fehler, wenn das Gerät von der Computerfirma lediglich zusammengebaut wurde, die Bauteile aber von verschiedenen Herstellern stammen. Dies ist auch dann nicht untypisch, wenn an einigen Bauteilen die Herstelleraufkleber entfernt wurden.

Laufwerke
- Fehler, wenn CD-ROM oder DVD-Laufwerke die angegebenen Geschwindigkeiten (z. B. 24fach) tatsächlich zu keinem Zeitpunkt erreichen.

Lüfter
- Kein Fehler, wenn Lüfter im Rechnergehäuse lauter als die vom Hersteller angegebene Toleranzgrenze ist.

Monitor

- Fehler, wenn sich trotz Ausschöpfung aller Einstellmöglichkeiten nicht Kontrast, Helligkeit oder andere wichtige Einstellungen (Vertikale, Horizontale Lage, Größe o. ä.) zum ordnungsgemäßen Arbeiten regulieren lassen.
- Fehler, wenn der Monitor die angegebene Bildauflösung nicht schafft.
- Kein Fehler bei minimaler Normabweichung, insbesondere wenn nur leichte Verzerrungen des Bildes in den Ecken auftreten, die die normale Arbeit nicht beeinträchtigen.
- Kein Fehler ist ein weißer Streifen, der sich nur dann auf dem Monitor bildet, wenn er nicht mit Text belegt ist.

Motherboard

- Fehler, wenn ein Hauptprozessor (z. B. Intel Pentium 233 MHz) mit der Platine nicht zusammenarbeitet, obwohl das Handbuch dies vermittelt.
- Fehler, wenn Haarrisse auf der Platine zum gelegentlichen Abstürzen des Computers führen.

Notebooks

- Fehler, wenn durch geringe Erschütterungen Daten verlorengehen.

Programmsperre

siehe Dongle

RAM-Speicher

- Fehler, wenn die angegebene Kapazität des Arbeitsspeichers nicht zutrifft (z. B. 32 MB gekauft, Rechner zeigt beim Booten nur 12 MB an).
- Fehler, wenn der Arbeitsspeicher zu langsam für den gekauften Rechner ist (z. B. 90 ns statt 60 ns).
- Kein Fehler, sondern allenfalls eine positive Vertragsverletzung ist anzunehmen, wenn nach Speicheraufrüstung eines PC Fehlermeldungen des BIOS auf falsche Einstellungen durch den Händler zurückzuführen sind. Händler hat dann ggf. Schadensersatz zu leisten.

Scanner
- Fehler, wenn die angegebene Auflösung tatsächlich nicht erreicht werden kann.

Software
- Fehler bei gestörtem Programmablauf.
- Fehler bei erheblichen Funktionsmängeln, z. B. bei Buchhaltungsprogramm fehlende Übereinstimmung mit dem Bilanzrichtlinien-Gesetz.
- Fehler, wenn Hinweise im Handbuch zur Vermeidung von Bedienungsfehlern fehlen.
- Fehler, wenn Hard- und Software nicht kompatibel sind.
- Fehler, wenn die Software auf einem nicht einwandfrei lesbaren Datenträger zusammen mit einem Installationsprogramm geliefert wird, das nicht in der Lage ist, die Lesefehler zu berücksichtigen.
- Kein Fehler bei systembedingten Gegebenheiten und Eigenarten eines Programms.
- Kein Fehler bei Programmsperre (Dongle), die die vertragsgemäße Nutzung nicht beeinträchtigt.
- Kein Fehler, wenn Software umständlich zu bedienen ist.

Soundkarte
- Fehler, wenn die angegebene Musikleistung tatsächlich geringer ist.
- Fehler, wenn die Karte zum Standard (z. B. Soundblaster) nicht kompatibel ist und dadurch mit diversen Programmen nicht zusammenarbeitet.

Treiber
- Fehler, wenn ein ungeeigneter Software-Treiber zu einem Gerät mitgeliefert wird.

Verbindungskabel
- Kein Fehler. Aber ein fehlendes Kabel bedeutet, daß der Verkäufer noch nicht ordnungsgemäß erfüllt hat (siehe Seite 115).

2. Der Käufer erhält eine falsche Ware

Viele Computerkäufer stellen mit Entsetzen nach dem Auspacken zu Hause fest, daß sie zwar eine scheinbar komplette Lieferung erhalten haben, diese jedoch nicht aus den richtigen Einzelteilen besteht. Fraglich ist dann, was man als Käufer tun kann, um doch noch die bestellte Ware zu erhalten.

Aus rechtlicher Sicht ist der Kaufvertrag in einem solchen Fall vom Händler noch nicht vollständig erfüllt worden, da er eine andere als die verkaufte Sache (ein sogenanntes aliud) gegeben hat. Der Käufer hat daher folgende Rechte und Pflichten:

• Käufer kann die richtige Ware verlangen

Sie haben das Recht, Erfüllung des Kaufvertrages, d. h. Übergabe des richtigen Zubehörteils, zu verlangen. Dies sollten Sie dem Händler möglichst per Einschreiben/Rückschein oder mit einem Zeugen dem Händler vor Ort mitteilen.

Aber Achtung: Nicht jede Abweichung von der vereinbarten Sollbeschaffenheit der Ware ist rechtlich als eine sogenannte Falschlieferung (aliud) zu qualifizieren. Für die Abgrenzung, ob es sich um eine mangelhafte (siehe ausführlich Seite 62 f.) oder um eine andere als die vom Verkäufer geschuldete Ware handelt, ist in erster Linie auf den ausdrücklich vereinbarten oder dem Verkäufer wenigstens bekannten Vertragszweck und die danach erforderlichen Merkmale der zu liefernden Ware abzustellen (BGH vom 12. 3. 1997 – VIII ZR 15/96, NJW 1997, 1914).

• Käufer muß falsche Ware nicht zurücksenden

Als Käufer haben Sie nicht die Pflicht, die falsche Ware an den (Versand-)Händler zurückzusenden. Und schon gar nicht auf eigene Kosten. In der Praxis wird der Verkäufer allerdings versuchen, Ihnen diese Kosten aufs Auge zu drücken. Lassen Sie sich nicht darauf ein. Ihre einzige Verpflichtung besteht darin, die falsche Ware nicht zu benutzen und zur Abholung durch den Händler bereitzulegen.

Wenn beim Computerkauf etwas schiefgeht

- **Käufer hat Anspruch auf Auslagenersatz**
Sofern der Händler die von Ihnen benötigte richtige Ware nur versendet, wenn Sie Ihrerseits die falsch gelieferte Ware zurückschicken, haben Sie einen Anspruch auf Ersatz Ihrer Auslagen wie Portokosten. Ersetzt der Händler Ihnen Ihre Auslagen nicht, können Sie den Händler empfindlich treffen, wenn Sie einen Mahnbescheid beantragen oder gar Klage einreichen, denn der Händler hat dann mit wesentlich höheren Kosten zu rechnen.

 Musterschreiben: Erfüllung des Vertrages

Sven Jungmann
Witts Allee 2
22587 Hamburg

Einschreiben / Rückschein
An
Thomas Verkäufer
Modemstraße 10
22559 Hamburg

                                      Hamburg ... (Ort), den ... (Datum)

Rechnungs-Nr.:	Auftrags-Nr.:	Kunden-Nr.:
(sofern vorhanden)	(sofern vorhanden)	(sofern vorhanden)

Sehr geehrter Herr Verkäufer,

ich habe am ... (Datum) bei Ihnen einen Monitor ... (bestellte Ware/Typ) bestellt. Leider haben Sie mir heute einen Monitor ... (gelieferte falsche Ware/Typ) geliefert. Der Kaufvertrag ist daher von Ihnen noch nicht erfüllt worden.
Ich bitte Sie, die falsch gelieferte Ware bis spätestens zum ... (Datum; 1 Woche) abzuholen und die richtige Ware zu liefern.
(Oder Versandhandel: Aufgrund unseres Telefonats vom ... [Datum] habe ich die Ware wie besprochen ordnungsgemäß verpackt und an Sie zurückgeschickt. Bitte liefern Sie die richtige Ware bis spätestens zum

... [Datum; 10 Tage]. Für die mir entstandenen Portokosten in Höhe von ... DM [Betrag] verlange ich Erstattung auf mein Konto bei ... Bankverbindung) bis zum ... [Datum; 10 Tage]).

Mit freundlichen Grüßen

(Unterschrift)

3. Die Ware ist unvollständig

Immer wieder fragen sich Käufer, wer die Kosten trägt, wenn bestimmte, zum Lieferumfang gehörende Komponenten (z. B. Verbindungskabel, Treiberdisketten) bei der Aushändigung der Ware fehlen, dies aber erst zu Hause festgestellt wird. Für den Kunden können dann beispielsweise Fahrtkosten durch das nochmalige Aufsuchen des Computergeschäfts oder auch Telefon-, Fax- oder Portokosten entstehen.
Grundsätzlich hat der Händler in so einem Fall den Kaufvertrag nur teilweise erfüllt. Sofern er dafür verantwortlich ist, weil er beispielsweise vergessen hat, die notwendigen Disketten zur Treiberinstallation der Ware beizulegen, kann der Käufer die ihm entstandenen Fahrtkosten zurückverlangen. Gleiches gilt im Versandhandel für möglicherweise für den Käufer entstandene Telefon- oder Faxkosten. Sollte der Kunde auch noch Zubehörteile zurückgeschickt haben, die nicht zum gelieferten Gerät passen, kann er auch die Portokosten hierfür ersetzt verlangen.
Wie Sie in einem solchen Fall schriftlich zu Ihrem Recht gelangen, zeigt das folgende Musterschreiben.

Wenn beim Computerkauf etwas schiefgeht

 Musterschreiben: Kostenerstattung

Sven Jungmann
Witts Allee 2
22587 Hamburg

Einschreiben / Rückschein
An
Thomas Verkäufer
Modemstraße 10
22559 Hamburg

Hamburg ... (Ort), den ... (Datum)

Rechnungs-Nr.:   Auftrags-Nr.:   Kunden-Nr.:
(sofern vorhanden)   (sofern vorhanden)   (sofern vorhanden)

Sehr geehrter Herr Verkäufer,

ich habe am ... (Datum) bei Ihnen einen Monitor ... (bestellte Ware / Typ) bestellt. Leider wurde das Gerät nur unvollständig geliefert. Es fehlen ... (Aufzählung der fehlenden Teile):
Der Kaufvertrag ist daher von Ihnen noch nicht vollständig erfüllt worden.
Ich bitte Sie, die fehlenden Teile bis spätestens zum ... (Datum; 1 Woche) nachzuliefern.
(Oder bei Selbstabholung: Für die mir entstandenen Fahrtkosten für Hin- und Rückfahrt in Höhe von ... DM [Betrag pro Kilometer etwa 0,70 DM] erwarte ich bis zum ... [Datum; 10 Tage] eine Rückerstattung auf mein Konto bei ... [Bankverbindung]).

Mit freundlichen Grüßen

(Unterschrift)

4. Unverlangt zugeschickte Ware

Auch im Computerbereich hält eine Unsitte Einzug, die früher vor allem Zeitschriften, Bücher und Bildpostkarten betraf. Die Rede ist von unbestellt zugesandter Ware. Insbesondere PC-Zubehör wie Grafikkarten, Scanner-Aufsätze oder Drucker-Zubehör werden gern von solch schwarzen Schafen an ahnungslose PC-Besitzer versandt. Beispielsweise erhalten Sie für Ihren PC von der Firma »PC-Schlau« ein CD-ROM-Laufwerk zugeschickt, obwohl Sie dies niemals bestellt haben. Hier stellt sich natürlich die Frage, wie man sich in einem solchen Fall korrekt verhalten sollte.

Grundsätzlich brauchen Sie dem Verkäufer keine Nachricht zukommen zu lassen, daß Sie die Ware nicht behalten wollen. Denn der Verkäufer hat die Ungewißheit, ob Sie kaufen wollen oder nicht, bewußt in Kauf genommen. Es ist ausreichend, wenn Sie die Ware geraume Zeit aufbewahren und nicht weiter reagieren. Hieran ändert auch nichts, wenn der Verkäufer in einem Begleitschreiben zur Lieferung erklärt: »Bei Nichtablehnung oder Nichtrücksendung gilt der Kaufvertrag als geschlossen.« Dies ist nicht zutreffend – daher müssen Sie auch nicht den Kaufpreis zahlen.

Sie müssen die Ware nur eine »angemessene« Zeit bei sich aufbewahren. Was »angemessen« ist, hängt vom Wert der Ware ab. Bei höherwertigen Waren, wie z. B. einem Monitor, liegt diese Aufbewahrungsfrist bei etwa einem Jahr. Achtung: Auch nach Ablauf dieser Frist erwerben Sie an der Ware kein Eigentum, so daß Sie diese nur so lange behalten dürfen, bis sie abgeholt wird (oder nicht). Keinesfalls dürfen Sie die Ware verkaufen oder verschenken.

Während der Aufbewahrungszeit haften Sie für Beschädigungen an der Ware nur dann, wenn Sie diese absichtlich (vorsätzlich) oder durch besonders krasse Unachtsamkeit (grobe Fahrlässigkeit) verursacht haben. Allerdings müssen Sie in einem solchen Fall auch nicht den gesamten Schaden ersetzen, da die unbestellte Warensendung ein grob rechtswidriger Eingriff in die Privatsphäre des Empfängers ist (BGH vom 11. 11. 1958).

Sie brauchen die Ware selbst dann nicht zurückzusenden, wenn Rückporto beigelegt worden ist. Generell muß der Verkäufer eine unverlangt zugesandte Ware selbst wieder abholen (lassen). Nutzlos ist es in den meisten Fällen auch, die unbestellte Ware umgehend und unfrei an die Firma zurückzuschicken. Diese wird die Ware dann einfach nicht annehmen, so daß Sie diese nochmals mit der Konsequenz zugestellt bekommen würden, auch noch das Rückporto zu zahlen.

Um nicht versehentlich das Angebot des Verkäufers – denn darum handelt es sich bei der Lieferung – anzunehmen, dürfen Sie die Ware nicht in Gebrauch nehmen. Wenn Sie also beispielsweise das CD-ROM-Laufwerk in Ihren PC einbauen, um zu gucken, ob dieser dadurch besser arbeitet, haben Sie einen Kaufvertrag geschlossen. Sie sind dann verpflichtet, den Kaufpreis zu zahlen.

Doch was ist bei Nachnahmelieferungen? Mit der Zahlung des Kaufpreises durch Nachnahme liegt keine Annahme des Kaufangebotes vor, da niemand wissen kann, was sich in dem Paket befindet. Insoweit haben Sie die Möglichkeit, sich das bezahlte Geld vom Verkäufer zurückzuholen. Hierzu können Sie das folgende Musterschreiben benutzen.

Musterschreiben: Rückzahlung des Kaufpreises

Sven Jungmann
Witts Allee 2
22587 Hamburg

Einschreiben / Rückschein

An
Thomas Verkäufer
Modemstraße 10
22559 Hamburg

                                      Hamburg ... (Ort), den ... (Datum)

Rechnungs-Nr.: (sofern vorhanden)

Sehr geehrter Herr Verkäufer,

ich habe am ... (Datum) von Ihnen einen Monitor ... (Ware/Typ) per Post ... (Transportunternehmen) geliefert bekommen, den ich nicht bestellt habe.
Ich habe Sie daher aufzufordern, bis spätestens zum ... (Datum; 14 Tage) die Ware wieder abholen zu lassen. Sollte die Ware nicht abgeholt werden, werde ich diese auf Ihre Kosten einlagern lassen ... (bei großen und sperrigen Waren).
Gleichzeitig erwarte ich für die mir entstandenen Portokosten bis zum ... (Datum; 10 Tage) eine Rückerstattung auf mein Konto bei ... (Bankverbindung).

Mit freundlichen Grüßen

(Unterschrift)

5. Umtausch

Wer kennt diese Situation als Käufer nicht: Die neu gekaufte Ware gefällt einem zu Hause doch nicht mehr so gut, weil beispielsweise die Farbe der gekauften Hose nun eher rosa als rot ist. Was jedoch bei vielen Gebrauchsgegenständen gang und gäbe ist, ist im Computerhandel eher selten: Das Umtauschrecht. Gerade im Bereich von Software wird allenfalls – wenn überhaupt – nur unausgepackte Ware gegen Bestellung anderer Ware zurückgenommen.

Aus rechtlicher Sicht handelt es sich dabei um einen **Kauf mit Umtauschvorbehalt**. Als Käufer haben Sie nur dann ein *Recht auf den Umtausch*, wenn der Verkäufer Ihnen dieses, beispielsweise auf dem Kassenbon oder auf der Rechnung, ausdrücklich eingeräumt hat. Sie können dann unter Vorlage der gekauften Ware und des Kassenzettels die (ungebrauchte, verpackte) Ware gegen ein Produkt zum selben Preis oder gegen Aufpreis umtauschen. Einige Händler erstatten Ihnen auch den gesamten Kaufpreis gegen Rückgabe der Ware. Nicht alle Händler sind bereit, falls Sie ein günstigeres Produkt gegen die gekaufte Ware tauschen wollen, Ihnen den Differenzbetrag auszuzahlen. Dazu verpflichtet ist der Händler jedenfalls nicht.

Beachten Sie auf jeden Fall, daß der Umtausch fehlerfreier Ware generell ein *kulantes Verhalten* des Verkäufers darstellt und Sie keinen Rechtsanspruch darauf haben, sofern das Umtauschrecht nicht ausdrücklich eingeräumt wurde.

Sofern es zum Streit über das Umtauschrecht kommt, ist der Käufer für die Vereinbarung des Umtauschvorbehalts beweispflichtig. Der Käufer müßte also gegebenenfalls den Kassenzettel oder die Rechnung mit dem entsprechenden Hinweis vor Gericht vorlegen können. Sollte das Umtauschrecht nur mündlich vereinbart worden sein – was man nicht tun sollte –, ist es von Vorteil, einen Zeugen bei der Vereinbarung dabeizuhaben.

6. Verspätete Lieferung

Ein häufig vorkommendes Ärgernis ist, daß es bei der Lieferung von Computern oder Zubehör zu zeitlichen Verzögerungen kommt. Gerade im Bereich der schnellebigen Computerwelt kann die ursprünglich aktuelle Grafikkarte nach einigen Monaten schon zum absolut alten Eisen gehören. In solchen Fällen ist es für den Käufer wichtig, über die Rechte bei Lieferungsverzögerungen Bescheid zu wissen.

Damit der Käufer bei verspäteter Lieferung Ansprüche gegenüber dem Verkäufer geltend machen kann, müssen bestimmte Voraussetzungen erfüllt sein. Diese richten sich danach, ob Käufer und Verkäufer – ausdrücklich im Kaufvertrag oder stillschweigend – vereinbart haben, daß die Ware zu einem bestimmten Zeitpunkt *oder* aber ohne festen Termin geliefert werden soll.

a) Lieferung zu einem bestimmten Zeitpunkt

aa) Voraussetzungen

Wenn der Käufer mit dem Verkäufer vereinbart hat, daß die Lieferung zu einem festen Termin erfolgen soll, liegt ein sogenanntes **Fixgeschäft** vor, bei dem es nicht darauf ankommt, warum zu spät geliefert wurde. In diesem Fall gerät der Händler nach Ablauf des Liefertermins auch ohne Mahnung des Käufers in Verzug – die Lieferung der Ware ist automatisch mit Ablauf des Liefertermins fällig. Ein fester Liefertermin liegt allerdings nur dann vor, wenn er kalendermäßig bestimmt oder zumindest bestimmbar ist. Ausreichend wäre: »Lieferung am 3. Mai 1998«, »noch im April 1998«, »erste Juniwoche 1998«, »Lieferung sechs Wochen nach Weihnachten« oder »Mitte des Monats Juni 1998«. Nicht ausreichend ist z. B. »Lieferung in 4 Wochen«, »Lieferung in Kürze«, »Lieferung zwei Monate nach Vertragsschluß« oder »30 Tage nach Rechnungsdatum«, da sich hier der Liefertermin nicht genau bestimmen läßt.

Bei allem ist zu beachten, daß der Käufer Ansprüche gegen den Verkäufer wegen verspäteter Lieferung nur dann geltend machen kann, wenn der Verkäufer für die Verspätung verantwortlich ist, er die Nichteinhaltung des Liefertermins also verschuldet hat. Schuldhaft handelt der Verkäufer, wenn er vorsätzlich (absichtlich) oder fahrlässig (aus Unachtsamkeit) verspätet liefert. So hat der Verkäufer für Fehler in der geschäftlichen Disposition generell einzustehen. Wenn also beispielsweise der Verkäufer zu wenig PCs beim Großhändler geordert hat, und dieser nun keine mehr liefern kann, ist der Verkäufer verantwortlich und kann sich nicht herausreden. Eine verspätete Lieferung wäre vom Verkäufer z. B. nicht verschuldet, wenn er oder sein (einziger) Mitarbeiter schwer erkrankt ist.

Von Vorteil für den Käufer ist, daß der Verkäufer im Zweifelsfalle zu beweisen hat, daß er die Verspätung nicht zu verantworten hat.

Während des Lieferverzugs hat der Verkäufer auch für solche Schäden an der Ware einzustehen, die durch ein Zufallsereignis herbeigeführt wurden (§ 287 Satz 2 BGB). Dies bedeutet, daß der Verkäufer grundsätzlich auch haftet, wenn die Ware während seines Lieferverzugs – ohne daß er dies verschuldet hat – zerstört oder wesentlich beschädigt wird, die Lieferung der Ware also für den Verkäufer unmöglich (siehe zur »Unmöglichkeit«, Seite 136 ff.) ist. Der Verkäufer bleibt dann weiterhin zur Lieferung der Ware verpflichtet (§§ 275, 325 BGB). Hierzu folgendes Beispiel: Der Computerhändler Schlau hat Ihnen einen Multimedia-PC verkauft und trotz Fälligkeit und Mahnung Ihrerseits nicht geliefert, weil er den Termin einfach vergessen hat und in Urlaub gefahren ist. Während seiner Abwesenheit wird der PC aus den Lagerräumen des Schlau gestohlen, so daß dieser nicht mehr liefern kann. Ein Bekannter wollte Ihnen den PC für 300 DM mehr abkaufen. Normalerweise hätte der Händler den PC nicht mehr liefern müssen. Hier tritt aufgrund des Verzuges aber eine verschärfte Haftung des Händlers ein, so daß der Käufer vom Verkäufer Schadensersatz in Höhe von 300 DM verlangen kann.

bb) Rechtsfolgen

Hat der Käufer die Ware schuldhaft nicht zum vereinbarten Liefertermin geliefert, so kann der Käufer deswegen gegen den Verkäufer vorgehen. Er hat bei verspäteter Lieferung folgende Ansprüche gegen den Verkäufer:
- Ersatz des wegen der verspäteten Lieferung entstehenden Schadens (sogenannter Verzögerungsschaden);
- Ersatz des durch den Verzug verursachten Schadens (sogenannter Schadensersatz wegen Nichterfüllung) bei Ablehnung der Lieferung;
- Rücktritt vom Vertrag.

- **Verzögerungsschaden**

Aufgrund der verspäteten Lieferung kann dem Käufer ein sogenannter *Verzögerungsschaden* (oder auch Verspätungsschaden) entstehen (§ 286 BGB). Dieser Schaden ist vom Verkäufer zu ersetzen, so daß der Käufer so zu stellen ist, wie er bei rechtzeitiger Lieferung des Verkäufers stehen würde. Zum Verzögerungsschaden gehören z. B. die Kosten für die Rechtsverfolgung wie Rechtsanwaltskosten, Kosten für Mahnschreiben nach Eintritt des Verzuges oder auch die Kosten eines Inkassobüros. Auch der sogenannte entgangene Gewinn gehört zum Verspätungsschaden, z. B. wenn ein gewinnbringender Wiederverkauf der Kaufsache wegen der Verspätung gescheitert ist. Beachten Sie aber: Der Zeitaufwand des Käufers für Mahnschreiben und Besuche beim Rechtsanwalt (Freizeiteinbuße) ist ebenso wie die entgangenen Nutzungsmöglichkeiten nicht erstattungsfähig!

Bei Geltendmachung des Verzögerungsschadens behält der Käufer weiterhin den Anspruch auf Lieferung der Kaufsache durch den Verkäufer, so daß beide Ansprüche nebeneinander bestehen können.

Ein möglicher Verspätungsschaden kann folgendermaßen geltend gemacht werden:

Musterschreiben: Verzögerungsschaden

Sven Jungmann
Witts Allee 2
22587 Hamburg

Einschreiben / Rückschein
Thomas Verkäufer
Modemstraße 10
22559 Hamburg

Hamburg ... (Ort), den ... (Datum)

Rechnungs-Nr.:   Auftrags-Nr.:   Kunden-Nr.:
(sofern vorhanden)   (sofern vorhanden)   (sofern vorhanden)

Sehr geehrter Herr Verkäufer,

durch die verspätete Lieferung des Monitors ... (Ware/Typ) ist mir ein Schaden entstanden. Ich war gezwungen, eine von mir dringend abzugebende Bewerbung mangels Monitors an ein Schreibbüro zu vergeben ... (Grund des Schadens). Dadurch sind mir Kosten in Höhe von ... DM (Schadenshöhe) entstanden. Zum Beleg füge ich die Rechnung in Kopie bei. Diesen Betrag verlange ich von Ihnen bis zum ... (Datum; 2 Wochen) ersetzt. Meine Kontoverbindung lautet ... (Bankverbindung).

Mit freundlichen Grüßen

(Unterschrift)

- **Schadensersatz wegen Nichterfüllung**

Anstelle des Verzögerungsschadens (siehe Seite 123) kann der Käufer vom Verkäufer *Schadensersatz wegen Nichterfüllung* verlangen (§ 326 BGB). Während der Käufer bei der Geltendmachung des Verzögerungsschadens weiterhin auf Lieferung der Ware besteht, lehnt der Käufer beim Schadensersatz wegen Nichterfüllung die verspätete Lieferung ab. Die Konsequenz ist, daß der Käufer den Anspruch auf Erfüllung des Kaufvertrages verliert – der Verkäufer muß die Ware also nicht mehr liefern.

Verspätete Lieferung

Bevor der Käufer Schadensersatz wegen Nichterfüllung beanspruchen kann, hat er dem Verkäufer zunächst eine Frist zur Lieferung (»Nachfrist«) zu setzen. Gleichzeitig kann er dem Verkäufer erklären, daß er die Annahme der Ware nach Ablauf der Frist ablehnt (sogenannte **Fristsetzung mit Ablehnungsandrohung**).

 **Musterschreiben:
Fristsetzung mit Ablehnungsandrohung**

Sven Jungmann
Witts Allee 2
22587 Hamburg

Einschreiben / Rückschein

Thomas Verkäufer
Modemstraße 10
22559 Hamburg

Hamburg ... (Ort), den ... (Datum)

Rechnungs-Nr.:   Auftrags-Nr.:   Kunden-Nr.:
(sofern vorhanden)   (sofern vorhanden)   (sofern vorhanden)

Sehr geehrter Herr Verkäufer,

aufgrund unseres Kaufvertrages vom ... (Datum) waren Sie verpflichtet, mir den Drucker ... (Ware/Typ) bis zum ... (festes Lieferdatum) zu liefern.
Bis heute sind Sie Ihrer Verpflichtung nicht nachgekommen.
Daher setze ich Ihnen hiermit eine Nachfrist bis zum ... (Datum) und teile Ihnen mit, daß ich nach fruchtlosem Ablauf dieser Frist die Annahme des Druckers ... (Ware/Typ) verweigern werde.
Sofern mir dadurch zusätzliche Kosten entstehen, werde ich diese von Ihnen ersetzt verlangen.

Mit freundlichen Grüßen

(Unterschrift)

Hat der Verkäufer auf die Nachfristsetzung nicht oder nur ablehnend reagiert, kann der Käufer nunmehr Schadensersatz wegen Nichterfüllung geltend machen.

 Musterschreiben: Schadensersatz wegen Nichterfüllung

Sven Jungmann
Witts Allee 2
22587 Hamburg

Einschreiben / Rückschein
Thomas Verkäufer
Modemstraße 10
22559 Hamburg

Hamburg ... (Ort), den ... (Datum)

Rechnungs-Nr.:	Auftrags-Nr.:	Kunden-Nr.:
(sofern vorhanden)	(sofern vorhanden)	(sofern vorhanden)

Sehr geehrter Herr Verkäufer,

auch meine Aufforderung vom ... (Datum des Schreibens mit Fristsetzung und Ablehnungsandrohung) ließen Sie unbeantwortet.
Wie ich Ihnen bereits angekündigt habe, lehne ich nunmehr die Lieferung des Druckers ... (Ware / Typ) durch Sie ab.
In der Zwischenzeit habe ich das Modell des Druckers ... (Ware / Typ) bei der Firma ... (Firmenname, Anschrift) zum Preis von ... DM (Kaufpreis bei anderer Firma) gekauft. Zum Beweis lege ich als Anlage eine Kopie der Rechnung / des Bestellscheins bei.
Wie Sie sehen, ergibt sich aus dem zwischen uns vereinbarten Kaufpreis und dem von mir zu zahlenden Preis eine Differenz in Höhe von ... DM (Differenzbetrag). Die mir durch Ihr Verhalten entstandenen Mehrkosten in Höhe von ... DM (Differenzbetrag) verlange ich von Ihnen ersetzt.
Zudem verlange ich Ersatz für die von mir verauslagten Portokosten in Höhe von ... DM (Portokosten für Mahnschreiben; aber nicht: Kosten der Mahnung!).
Ich fordere Sie auf, den Gesamtbetrag in Höhe von ... DM (Gesamtbetrag aller Schadenspositionen) bis spätestens zum ... (Datum; 10 Tage) auf mein Konto ... (Bankverbindung) zu überweisen.

Mit freundlichen Grüßen

(Unterschrift)

Verspätete Lieferung

> **!** **Hinweis:**
> Hat sich der Käufer für die Geltendmachung von Schadensersatz wegen Nichterfüllung entschieden, kann er seine Erklärung nicht mehr einseitig (also ohne Zustimmung des Verkäufers) zurücknehmen. Er kann also nicht plötzlich erklären, daß er die Kaufsache nun doch wieder abnehmen werde.

• Rücktritt vom Vertrag

Die dritte Möglichkeit des Käufers besteht darin, vom Kaufvertrag zurückzutreten (§§ 286, 326 BGB). Der einmal gegenüber dem Verkäufer erklärte Rücktritt kann grundsätzlich nicht widerrufen werden – der Käufer bleibt daran gebunden. Durch den Rücktritt verliert der Käufer gleichfalls endgültig die Möglichkeit, Schadensersatz wegen Nichterfüllung zu verlangen.

Bevor der Käufer den Rücktritt vom Vertrag gegenüber dem Verkäufer erklären kann, muß er diesem eine Frist zur Lieferung (»Nachfrist«) setzen. Gleichzeitig kann er dem Verkäufer erklären, daß er die Annahme der Ware nach Ablauf der Frist ablehnt (sogenannte Fristsetzung mit Ablehnungsandrohung). Ein entsprechendes Musterschreiben finden Sie auf Seite 128.

Erst wenn der Verkäufer auf die Nachfristsetzung nicht oder nur ablehnend reagiert, kann der Käufer nunmehr vom Vertrag zurücktreten.

Musterschreiben: Rücktritt vom Vertrag

Sven Jungmann
Witts Allee 2
22587 Hamburg

Einschreiben/Rückschein
An
Thomas Verkäufer
Modemstraße 10
22559 Hamburg

                                          Hamburg ... (Ort), den ... (Datum)

Sehr geehrter Herr Verkäufer,

bereits im Schreiben vom ... (Datum) habe ich Sie darauf hingewiesen, daß ich die Annahme der von mir gekauften Computeranlage ... (Ware/Typ) ablehnen werde, wenn die Ware nach Ablauf der von mir gesetzten Frist noch immer nicht geliefert wurde. Dies ist leider der Fall. Ich sehe mich daher gezwungen, nach § 326 BGB vom Kaufvertrag zurückzutreten. Die von mir geleistete Anzahlung ... (Betrag) bitte ich bis zum ... (Datum; 2 Wochen) auf mein Konto ... (Bankverbindung) zu überweisen.
Für Rückfragen erreichen Sie mich tagsüber telefonisch unter ... (Tel.Nr. falls gewünscht).

Mit freundlichen Grüßen

(Unterschrift)

- **Wann sollte der Käufer von welchem Recht Gebrauch machen?**

Es empfiehlt sich, Schadensersatz wegen Nichterfüllung zu verlangen, wenn dem Käufer ein Schaden nicht durch die Verspätung der Lieferung, sondern durch die Ablehnung der verzögerten Lieferung entsteht. Der Rücktritt vom Kaufvertrag sollte gewählt werden, wenn der Käufer durch die Ablehnung der Lieferung keinen Schaden erleidet und er vom Kaufvertrag loskommen möchte oder aber wenn der Kaufpreis, den er für die Ware zahlen müßte, höher ist als der Wert der gekauften Ware. In der Regel ist der Rücktritt für den Käufer der ungünstigere Rechtsbehelf.

Der Anspruch auf Ersatz des Verzögerungsschadens kann neben dem Anspruch auf Schadensersatz wegen Nichterfüllung oder dem Recht auf Rücktritt vom Kaufvertrag geltend gemacht werden. Der Käufer muß aber wählen zwischen dem Anspruch auf Schadensersatz wegen Nichterfüllung und dem Recht auf Rücktritt vom Kaufvertrag.

Entscheidet sich der Käufer, vom Kaufvertrag zurückzutreten, kann er vom Verkäufer nicht mehr die Erfüllung des Kaufvertrages oder Schadensersatz wegen Nichterfüllung verlangen, jedoch noch Ersatz des Verzögerungsschadens.

Zum Ganzen folgendes Beispiel:

Am 3.3.98 sollte der neue Monitor geliefert werden, damit Sie eine wichtige Bewerbung damit schreiben können. Der Händler liefert jedoch – weil er einen Großauftrag vorgezogen hat – erst am 3.4.98. Sie geben aus diesem Grunde Ihre Unterlagen in ein Schreibbüro und haben Kosten in Höhe 260 DM. Da Sie den Monitor trotzdem behalten wollen, kommt weder der Rücktritt vom Kaufvertrag noch die Geltendmachung von Schadensersatz wegen Nichterfüllung in Betracht. Beides würde nämlich dazu führen, daß Sie keinen Anspruch auf Erfüllung des Kaufvertrages – also Lieferung des Monitors – hätten.

In diesem Fall können Sie aber den Verzögerungsschaden geltend machen, so daß Sie die Unkosten in Höhe von 260 DM vom Verkäufer ersetzt verlangen könnten. Zudem müßte der Verkäufer den Monitor noch liefern.

! Hinweis:

Viele Händler versuchen, Ansprüche des Käufers, die sich aus einer Nachfristsetzung mit Ablehnungsandrohung ergeben, durch Klauseln in ihren Allgemeinen Geschäftsbedingungen einzuschränken. Dem stehen jedoch verbraucherschützende Bestimmungen des AGB-Gesetzes entgegen (siehe auch Seite 90, 97 zu § 10 Nr. 2 und § 11 Nr. 8 AGBG). Der Bundesgerichtshof in Karlsruhe hat bereits 1989 in einem Grundsatzurteil festgestellt, daß das Rücktrittsrecht des Kunden (nach ergebnisloser Setzung einer Nachfrist mit Ablehnungsandrohung) in den Geschäftsbedingungen des Verkäufers weder ausgeschlossen noch eingeschränkt werden darf. Wirksam ist dagegen eine Klausel, wonach der Kunde den Rücktritt schriftlich erklären muß.

b) Lieferung ohne festen Termin

Im Regelfall wird zwischen Käufer und Verkäufer kein fester Liefertermin vereinbart worden sein. Dies beruht oftmals auf der trügerischen Hoffnung des Käufers, daß der Händler so schnell wie möglich liefern werde.

Daher sollte jeder Käufer – sofern der Händler sich darauf einläßt – immer einen schriftlichen verbindlichen Liefertermin vereinbaren, der nach dem Kalender unmittelbar oder mittelbar bestimmt ist. Dies ist der Fall bei folgenden Vereinbarungen: »Lieferung am 23. Oktober 1998«, »noch im März 1998«, »erste Septemberwoche 1998«, »Lieferung zwei Wochen nach Weihnachten« oder »Mitte des Monats Oktober 1998«. Nicht ausreichend wäre: »Lieferung in 6 Wochen«, »Lieferung in Kürze«, »Lieferung drei Monate nach Vertragsschluß« oder »30 Tage nach Rechnungsdatum«.

Sofern kein Termin vereinbart wurde, kann der Käufer im Grunde die Lieferung sofort bzw. nach Ablauf des vereinbarten Zeitraums verlangen (§ 271 BGB). Er muß allerdings, um weitergehende Rechte geltend machen zu können, den Verkäufer erst in Verzug setzen und damit die Lieferung anmahnen. Dies kann schriftlich oder mündlich formlos geschehen. Um Beweisschwierigkeiten zu vermeiden, sollten Sie jedoch immer schriftlich per Einschreiben/Rückschein vorgehen. In diesem Schreiben sollte dem Händler noch einmal eine Frist von einigen Tagen eingeräumt werden, damit dieser seiner Lieferpflicht nachkommen kann.

Musterschreiben: Mahnung

Sven Jungmann
Witts Allee 2
22587 Hamburg

Einschreiben / Rückschein

An
Thomas Verkäufer
Modemstraße 10
22559 Hamburg

                              Hamburg ... (Ort), den ... (Datum)

Rechnungs-Nr.:   Auftrags-Nr.:   Kunden-Nr.:
(sofern vorhanden)   (sofern vorhanden)   (sofern vorhanden)

Sehr geehrter Herr Verkäufer,

mit Kaufvertrag vom... (Datum) haben Sie sich zur Lieferung eines Druckers ... (bestellte Ware / Typ) bis zum ... (Datum; Fälligkeit der Lieferung) verpflichtet. Leider wurde das Gerät bis zum heutigen Zeitpunkt nicht von Ihnen geliefert.
(Oder: Aufgrund unseres Telefonats vom ... [Datum] ging ich davon aus, daß die Ware von Ihnen nunmehr bis Ende ... geliefert werden würde. Tatsächlich ist die Lieferung bis heute nicht erfolgt).
Mit einer weiteren Verzögerung kann ich mich nicht einverstanden erklären.
Ich erwarte die Lieferung nunmehr bis spätestens zum ... (genaues Datum; 1 Woche).
Bitte benachrichtigen Sie mich rechtzeitig vom neuen Liefertermin, damit jemand die Ware entgegennehmen kann.

Mit freundlichen Grüßen

(Unterschrift)

Diese zusätzliche Mahnung ist der wesentliche Unterschied zur Lieferung zu einem festen Termin (siehe Seite 121 ff.).

Wenn der Händler die Lieferung jedoch endgültig verweigert, z. B. mit den Worten »Ich werde den PC nicht mehr liefern«, können Sie auf eine Mahnung verzichten, da diese sinnlos wäre.

Erst nach Ablauf der erfolglosen Mahnung kann der Käufer dem Verkäufer nun wiederum – wie bei der Lieferung zum festen Termin (siehe Seite 121 ff.) – in einem weiteren Schreiben noch eine letzte Frist (Nachfrist) setzen, gleichzeitig aber dabei schon weitere Konsequenzen ankündigen. Der Käufer kann z. B. ankündigen, daß er die Kaufsache nach Ablauf der Nachfrist nicht mehr abnehmen werde (Fristsetzung mit Ablehnungsandrohung) und der Händler eventuell entstehende Mehrkosten für die Beschaffung eines Ersatzgerätes zu übernehmen habe. Die Nachfrist muß angemessen lang sein, da sie dem Verkäufer eine letzte Gelegenheit zur Vertragserfüllung eröffnen soll. Was »angemessen« ist, hängt wie üblich vom Einzelfall ab. Der Käufer ist jedoch auf der sicheren Seite, wenn er eine Nachfrist von ein bis zwei Wochen setzt. Wenn die Frist zu kurz bemessen wurde, wird in der Regel automatisch eine angemessene Nachfrist in Gang gesetzt, so daß man kaum etwas verkehrt machen kann.

**Musterschreiben:
Fristsetzung mit Ablehnungsandrohung**

Sven Jungmann
Witts Allee 2
22587 Hamburg

Einschreiben / Rückschein

An

Thomas Verkäufer
Modemstraße 10
22559 Hamburg

Hamburg ... (Ort), den ... (Datum)

Rechnungs-Nr.:	Auftrags-Nr.:	Kunden-Nr.:
(sofern vorhanden)	(sofern vorhanden)	(sofern vorhanden)

Sehr geehrter Herr Verkäufer,

bedauerlicherweise haben Sie auf meine Aufforderung im Schreiben vom ... (Datum des Mahnschreibens), den Drucker ... (bestellte Ware/Typ) zu liefern, nicht reagiert. Bis heute sind Sie Ihrer Verpflichtung nicht nachgekommen.

Daher setze ich Ihnen hiermit eine Nachfrist bis zum ... (Datum) und teile Ihnen mit, daß ich nach fruchtlosem Ablauf dieser Frist die Annahme des Druckers ... (Ware/Typ) verweigern werde.

Sofern mir dadurch zusätzliche Kosten entstehen, werde ich diese von Ihnen ersetzt verlangen.

Mit freundlichen Grüßen

(Unterschrift)

Zusammenfassend muß der Käufer folgendes prüfen, um Ansprüche gegen den Verkäufer geltend machen zu können:
- Die Lieferung muß nach dem Kalender fällig sein (siehe Seite 121).
- Der Verkäufer muß den Umstand, daß er nicht liefert, verschuldet haben (siehe Seite 122).
- Der Käufer muß den Verkäufer gemahnt haben (siehe Seite 131).

Der Käufer hat dann auch bei der Lieferung ohne festen Termin folgende Rechte:
- Ersatz des wegen der verspäteten Lieferung entstehenden Schadens (sogenannter Verzögerungsschaden, vgl. Seite 124).
- Ersatz des durch den Verzug verursachten Schadens (sogenannter Schadensersatz wegen Nichterfüllung) bei Ablehnung der Lieferung (vgl. Seite 126).
- Rücktritt vom Vertrag (vgl. Seite 128).

Es ist zulässig, um das Verfahren zu beschleunigen, daß der Käufer die Fristsetzung mit Ablehnungsandrohung (siehe bereits Seite 133) zugleich mit der Mahnung (siehe Seite 131) gegenüber dem Verkäufer erklärt (siehe hierzu das folgende Musterschreiben).

Musterschreiben: Mahnung und Fristsetzung

Sven Jungmann
Witts Allee 2
22587 Hamburg

Einschreiben / Rückschein
An
Thomas Verkäufer
Modemstraße 10
22559 Hamburg

                         Hamburg ... (Ort), den ... (Datum)

Rechnungs-Nr.:	Auftrags-Nr.:	Kunden-Nr.:
(sofern vorhanden)	(sofern vorhanden)	(sofern vorhanden)

Sehr geehrter Herr Verkäufer,

aufgrund unseres Kaufvertrages vom ... (Datum) sind Sie verpflichtet, mir den Scanner ... (Ware / Tpy) bis zum ... (Datum; Fälligkeit der Lieferung) zu liefern. Bis zum heutigen Tag habe ich auf diese Lieferung vergeblich gewartet. Mit einer weiteren Verzögerung kann ich mich nicht einverstanden erklären.

Daher setze ich Ihnen hiermit eine Nachfrist bis zum ... (Datum) und teile Ihnen mit, daß ich nach fruchtlosem Ablauf dieser Frist die Annahme der Ware (Ware / Typ) verweigern werde.

Bitte benachrichtigen Sie mich rechtzeitig vom neuen Liefertermin, damit jemand die Ware entgegennehmen kann.

Sofern mir dadurch zusätzliche Kosten entstehen, werde ich diese von Ihnen ersetzt verlangen.

Mit freundlichen Grüßen

(Unterschrift)

7. Die Ware kann nicht ausgehändigt werden

a) Grundlegendes

Bei einem bereits geschlossenen Kaufvertrag kann es aus verschiedenen Gründen vorkommen, daß der Verkäufer seiner Lieferpflicht (Übereignung und Übergabe der Kaufsache) nicht nachkommen kann, weil die gekaufte Sache beispielsweise
- nicht mehr lieferbar ist,
- im Geschäft zerstört oder gestohlen wurde,
- bereits an einen anderen Käufer verkauft wurde,
- nicht auffindbar ist.

Rechtlich gesehen liegt dann ein Fall der sogenannten **Unmöglichkeit** vor.

Innerhalb der Unmöglichkeit unterscheidet man
- nach der Person, der die Leistung unmöglich ist (nur subjektiv für den Verkäufer oder objektiv für jedermann), und
- nach dem Zeitpunkt, zu dem die Leistung unmöglich ist (bereits vor Abschluß des Kaufvertrages, sog. anfängliche Unmöglichkeit, oder erst danach, sog. nachträgliche Unmöglichkeit).

Es gibt daher vier Arten der Unmöglichkeit:
- Lieferung der Kaufsache war bereits bei Abschluß des Kaufvertrages für jedermann unmöglich (anfänglich objektive Unmöglichkeit).
- Lieferung der Kaufsache war bereits bei Abschluß des Kaufvertrages nur für den Verkäufer unmöglich (anfänglich subjektive Unmöglichkeit).
- Lieferung der Kaufsache wird erst nach Abschluß des Kaufvertrages für jedermann unmöglich (nachträglich objektive Unmöglichkeit).
- Lieferung der Kaufsache wird erst nach Abschluß des Kaufvertrages nur für den Verkäufer unmöglich (nachträglich subjektive Unmöglichkeit).

Diese vier Konstellationen und ihre rechtlichen Folgen sollen nunmehr genauer untersucht werden.

b) Anfänglich objektive Unmöglichkeit

Hierunter ist zu verstehen, daß die Lieferung der Kaufsache bereits *bei Abschluß des Kaufvertrages für jedermann* unmöglich war.
Stellen Sie sich vor, Sie haben vom Händler einen gebrauchten Monitor gekauft. Als Sie den Monitor abholen wollen, teilt Ihnen der Händler mit, daß der Monitor bereits drei Stunden *vor* Abschluß des Kaufvertrages versehentlich auf den Boden gefallen und nun völlig kaputt ist. Der Verkäufer hatte diesen Umstand leider »vergessen«, als er den Vertrag mit Ihnen abschloß.
In diesem Fall läge eine sogenannte **anfänglich objektive Unmöglichkeit** vor. Niemand – weder der Verkäufer noch irgendeine andere Person – kann diesen Monitor mehr liefern.
Die Konsequenz nach dem Gesetz ist, daß ein Kaufvertrag, der von Anfang an auf eine unmögliche Leistung gerichtet war, nichtig (unwirksam) ist (§ 306 BGB). Der Käufer kann also nicht verlangen, daß ihm die Ware übergeben wird; der Verkäufer kann nicht die Zahlung des Kaufpreises verlangen.
Unabhängig davon kann der Käufer gegen den Verkäufer aber Schadensersatz beanspruchen, wenn der Verkäufer bereits bei Abschluß des Kaufvertrages die Tatsache, daß er die Ware nicht liefern kann, kannte oder kennen mußte, d. h. infolge von Fahrlässigkeit nicht kannte. Der Verkäufer muß den Käufer dann den Schaden ersetzen, der dem Käufer dadurch entstanden ist, daß er auf die Gültigkeit des Vertrages vertraut hat (sogenannter Vertrauensschaden, § 307 BGB). Der Verkäufer muß den Käufer also so stellen, wie er stünde, wenn er von dem Kauf nie etwas gehört hätte. Haben Sie also beispielsweise für den gebrauchten Monitor bereits einen Schwenkarm gekauft, der nur für dieses Modell paßt, könnten Sie den Kaufpreis des Schwenkarms vom Händler als Schadensersatz ersetzt verlangen, da dieser von Anfang an wußte, daß der Monitor nicht mehr verkauft werden kann.

Wenn beim Computerkauf etwas schiefgeht

 Musterschreiben: Schadensersatz

Sven Jungmann
Witts Allee 2
22587 Hamburg

Einschreiben / Rückschein
An
Thomas Verkäufer
Modemstraße 10
22559 Hamburg

                                            Hamburg ... (Ort), den ... (Datum)

Sehr geehrter Herr Verkäufer,

leider können Sie Ihre Verpflichtungen aus dem Kaufvertrag nicht mehr erfüllen, da das Mißgeschick ... (Grund der Unmöglichkeit) mit meinem Monitor ... (Ware / Typ) passiert ist. Obwohl Sie über diesen Umstand Bescheid wußten, haben Sie dennoch das Gerät an mich verkauft.
Im Hinblick auf den geschlossenen Kaufvertrag hatte ich bereits für den Monitor ... (Ware / Typ) einen speziellen Schwenkarm zum Preis von ... DM (Kaufpreis; Art des Schadens: hier Kauf des Schwenkarms) erworben. Diesen benötige ich jetzt verständlicherweise nicht mehr. Mir ist insoweit durch Ihr Verschulden ein Schaden entstanden, den ich gemäß § 307 BGB von Ihnen ersetzt verlange.
Ich bitte Sie daher, mir bis zum ... (Datum; 2 Wochen) auf mein Konto ... (Bankverbindung) den Kaufpreis für den Schwenkarm zu ersetzen. Für Rückfragen erreichen Sie mich tagsüber telefonisch unter ... (Tel.Nr. falls gewünscht).

Mit freundlichen Grüßen

(Unterschrift)

c) Anfänglich subjektive Unmöglichkeit

Hierunter ist zu verstehen, daß die Lieferung der Kaufsache bereits *bei Abschluß des Kaufvertrages nur für den Verkäufer* unmöglich war.
Nehmen wir an, Sie haben über eine Kleinanzeigen-Zeitung telefonisch einen neuen, besonders günstigen A4-Plotter gekauft. Wenig später ruft Sie der Verkäufer an und teilt mit, daß seine Ehefrau das Gerät bereits eine Stunde vorher an einen Interessenten verkauft habe.
Hierbei handelt es sich um eine sogenannte **anfänglich subjektive Unmöglichkeit**. Der Verkäufer konnte seine Verpflichtung aus dem Kaufvertrag nicht mehr erfüllen, da er nicht mehr Eigentümer der Sache war. Der wesentliche Unterschied zur anfänglich objektiven Unmöglichkeit (siehe Seite 137) liegt darin, daß es hier lediglich dem Verkäufer nicht möglich ist, den Kaufvertrag zu erfüllen; mindestens eine andere Person, hier der schnellere Käufer des Plotters, wäre zur Vertragserfüllung sehr wohl in der Lage.
In diesem vom Gesetz nicht ausdrücklich geregelten Fall bleibt der Kaufvertrag wirksam, so daß der Verkäufer für seine Lieferfähigkeit gegenüber dem Käufer – ohne Rücksicht auf ein etwaiges Verschulden aufgrund eines unterstellten Garantiewillens – einzustehen hat. Der Käufer kann vom Verkäufer Schadensersatz wegen Nichterfüllung des Kaufvertrages verlangen (§§ 440, 325 BGB). Demnach ist der Käufer so zu stellen, wie er stehen würde, wenn der Verkäufer den Kaufvertrag ordnungsgemäß erfüllt hätte. Voraussetzung ist natürlich auch hier, daß dem Käufer überhaupt ein Schaden entstanden ist. Nehmen wir einmal an, Sie hätten den Plotter mit 100 DM Gewinn an einen Bekannten weiterverkaufen können. Diesen Betrag könnten Sie dann als Schadensersatz gegenüber dem Verkäufer geltend machen.

Wenn beim Computerkauf etwas schiefgeht

 Musterschreiben: Schadensersatz wegen Nichterfüllung

Sven Jungmann
Witts Allee 2
22587 Hamburg

Einschreiben / Rückschein
An
Thomas Verkäufer
Modemstraße 10
22559 Hamburg

Hamburg ... (Ort), den ... (Datum)

Sehr geehrter Herr Verkäufer,

leider können Sie Ihre Verpflichtungen aus dem Kaufvertrag nicht mehr erfüllen, da Sie den Plotter ... (Ware/Typ) bereits an einen anderen Interessenten verkauft haben ... (Grund der Unmöglichkeit). Obwohl Sie sich über diesen Umstand hätten informieren können, haben Sie das Gerät dennoch an mich verkauft.
Ich selbst hätte das Gerät an einen Bekannten für ... DM (Betrag; Höhe des Schadens) weiterverkaufen können. Diesen Schaden verlange ich gemäß §§ 440, 325 BGB von Ihnen ersetzt.
Ich bitte Sie daher, mir bis zum ... (Datum; 2 Wochen) auf mein Konto ... (Bankverbindung) diesen Betrag zu überweisen.
Für Rückfragen erreichen Sie mich tagsüber telefonisch unter ... (Tel.Nr. falls gewünscht).

Mit freundlichen Grüßen

(Unterschrift)

d) Nachträglich objektive Unmöglichkeit

Hierunter ist zu verstehen, daß die Lieferung der Kaufsache *erst nach Abschluß des Kaufvertrages für jedermann* unmöglich wird. Sofern die Unmöglichkeit der Lieferung der Kaufsache erst *nach* dem Kaufvertragsabschluß eingetreten ist, richten sich die Folgen danach, ob der Verkäufer die Unmöglichkeit der Lieferung verschuldet hat oder nicht und ob es sich um einen Stückkauf (siehe Seite 62) oder einen Gattungskauf (siehe Seite 62) handelt.

aa) Kein Verschulden des Verkäufers

Sehen wir uns zunächst den Fall an, daß den Verkäufer *kein Verschulden* trifft.

Wie Sie bereits wissen, kann eine Kaufsache im Zeitpunkt des Vertragsschlusses als Einzelstück bestimmt sein (sogenannter Stückkauf, siehe auch Seite 62) oder aber auch bloß als Gattung, also nur seiner Art nach, festgelegt sein, z. B. PCs vom Fließband (Gattungskauf, siehe auch Seite 62).

- **Einzelstück**

Beim Kauf eines bestimmten **Einzelstücks (Stückkauf)** kann die Lieferung der Ware vom Verkäufer nicht mehr verlangt werden (§ 275 BGB). So beispielsweise wenn ein von Ihnen als Restposten erworbener Controller (Einzelstück) durch einen Wasserschaden im Geschäft irreparabel beschädigt ist und an Sie nicht ausgeliefert werden kann. Der Käufer kann also vom Verkäufer weder Erfüllung des Kaufvertrages – Lieferung der Ware – noch Schadensersatz verlangen.

Der Verkäufer muß allerdings im Streitfall beweisen, daß er an der Nichtlieferung der Ware schuldlos ist (§ 282 BGB). Kann er dies nicht, bleibt er weiterhin zur Lieferung der Ware verpflichtet. Der Käufer muß seinerseits natürlich auch nicht den Kaufpreis bezahlen, wenn der Verkäufer die Ware nicht mehr liefern kann (§ 323 BGB).

• **Gattungskauf**

Beim praktisch am häufigsten vorkommenden **Gattungskauf** bleibt der Verkäufer allerdings zur Lieferung verpflichtet, solange die geschuldete Ware noch im Handel erhältlich ist bzw. beschafft werden kann (§ 279 BGB). Das Gesetz geht davon aus, daß der Verkäufer, der sich zur Lieferung einer Gattungssache verpflichtet, in der Regel die Gewähr für die Beschaffungsmöglichkeit und zugleich das Beschaffungsrisiko übernimmt. Insoweit konstruiert das Gesetz eine »schuldunabhängige Einstandspflicht« des Verkäufers. Der Verkäufer ist danach auch dann verantwortlich, wenn die Beschaffung der Ware an fehlenden finanziellen Mitteln, an mangelnder Geschäftserfahrung, an nicht rechtzeitiger Eindeckung oder an sonstigen Gründen scheitert, die dem Geschäftskreis des Verkäufers zuzurechnen sind.

Nehmen wir an, der Verkäufer von »CompuRapid« hat den von Ihnen gekauften, aber trotz Vereinbarung noch nicht gelieferten gebrauchten PC im verschlossenen Lieferwagen stehenlassen. Der Lieferwagen wird aufgebrochen und das Gerät gestohlen. Nunmehr ist der bei »CompuRapid« gekaufte Monitor vom Typ »Strahlo« nicht mehr lieferbar. Auch der Großhändler des Ladens hat den Monitor nicht mehr im Programm. Lediglich der Mitkonkurrent »CompuFast« bietet das Gerät noch an. In diesem Fall müßte »CompuRapid« den Monitor – auch zum ggf. höheren Preis – von »CompuFast« erwerben und an Sie – zum ursprünglichen Kaufpreis – übergeben.

• **Gattungskauf wird zum Stückkauf**

Wie wir eben gesehen haben, bleibt beim am häufigsten vorkommenden Gattungskauf der Verkäufer zur Lieferung verpflichtet, solange die geschuldete Ware noch im Handel erhältlich ist bzw. beschafft werden kann (§ 279 BGB). Hiervon gibt es aber eine wichtige Ausnahme: Wenn nämlich der Verkäufer einer nach allgemeinen Merkmalen bestimmten Sache (Gattungsschuld) das zur Leistung »seinerseits Erforderliche« getan hat, so beschränkt sich der Kaufvertrag auf genau diese Ware, so daß nunmehr eine Stückschuld vorliegt (§ 243 Abs. 2 BGB). Der Gattungskauf wird also zum Stückkauf. Diese komplizierte Regelung besagt

im Klartext folgendes: Sofern der Verkäufer seine vertraglichen Verpflichtungen – wie Übergabe der Ware – erfüllt hat, beschränkt sich seine Leistungspflicht auf die ausgewählte und ausgesonderte Ware. Wird dann diese Ware zerstört und trifft den Verkäufer kein Verschulden, muß er nicht mehr liefern (§ 275 BGB). Wann nun der Verkäufer das »seinerseits Erforderliche« getan hat, hängt vom Vertrag ab. Man unterscheidet drei verschiedene Möglichkeiten:
- *Die Bringschuld.* Dabei muß die Ware dem Käufer an seinem Wohnsitz zur Annahme angeboten worden sein. Hierzu reicht es aus, daß der Händler einen Termin mit dem Käufer abmacht und das Gerät dann vorbeibringt. Ist der Käufer zu diesem Termin nicht da, gerät er selbst in sogenannten Annahmeverzug.
- *Die Schickschuld.* Bei ihr genügt die Übergabe an die Transportperson (Post, UPS, Spediteur), damit der Verkäufer das seinerseits Erforderliche getan hat.
- *Die Holschuld.* Dort reicht es aus, wenn der Verkäufer die Ware aussondert – von den anderen Lagerartikeln getrennt aufbewahrt – und dem Käufer eine angemessene Frist zur Abholung zugebilligt hat. Hat also beispielsweise der Verkäufer eine Lieferung von 20 Grafikkarten erhalten, reicht es aus, wenn er die Kaufsache mit einem Zettel mit dem Namen des Käufers versieht, so daß sie sich von seiner übrigen Ware unterscheiden läßt.

• **Herausgabe der Ersatzleistung ohne Verschulden**
Es ist denkbar, daß der Verkäufer für die zerstörte Ware einen Ersatz oder eine Ersatzleistung erlangt. Der Käufer kann dann vom Verkäufer das beanspruchen, was dieser als Ersatz von einem Dritten empfangen hat (§ 281 BGB). Im Gegenzug muß er aber den vereinbarten Kaufpreis zahlen (§ 323 Abs. 2 BGB). Beispielsweise erhält »CompuRapid« von seiner Versicherung für den gestohlenen Computer 2000 DM. Im Kaufvertrag mit Ihnen wurde als Kaufpreis nur 1500 DM vereinbart. Hier könnte der Käufer vom Verkäufer die 2000 DM verlangen und im Gegenzug den vereinbarten Kaufpreis in Höhe 1500 DM zahlen.

**Musterschreiben:
Herausgabe der Ersatzleistung ohne Verschulden**

Sven Jungmann
Witts Allee 2
22587 Hamburg

Einschreiben / Rückschein
An
Thomas Verkäufer
Modemstraße 10
22559 Hamburg

Hamburg ... (Ort), den ... (Datum)

Sehr geehrter Herr Verkäufer,

wie Sie mit Schreiben vom ... (Datum) bereits mitgeteilt haben, ist die von mir gekaufte Computer-Anlage ... (Ware / Typ) zum Preis von ... DM (Kaufpreis) durch einen Brand völlig zerstört ... (Ursache der Unmöglichkeit der Lieferung) worden. Sie sehen sich deshalb unter Berufung auf § 275 BGB nicht in der Lage, die Anlage ... (Ware / Typ) wie vereinbart zu liefern.

Ich habe Sie daher aufzufordern, mir Ihre gegenüber der Versicherungsgesellschaft ... (Name) bestehenden Ansprüche abzutreten oder die bereits gezahlte Versicherungssumme (sofern bekannt: in Höhe von ... DM) auszukehren.

Für Rückfragen erreichen Sie mich tagsüber telefonisch unter ... (Tel.Nr. falls gewünscht).

Mit freundlichen Grüßen

(Unterschrift)

bb) Verschulden des Verkäufers

Sehen wir uns nunmehr den Fall an, daß der Verkäufer die Unmöglichkeit (vorsätzlich oder fahrlässig) *verschuldet* hat. Beispielsweise hat der Verkäufer den von Ihnen gekauften, aber noch nicht gelieferten gebrauchten PC im nicht verschlossenen Lieferwagen stehenlassen, so daß dieser gestohlen wurde. Der Verkäufer ist dann nicht in der Lage, den Kaufvertrag zu erfüllen. Die Konsequenz ist, daß der Verkäufer von seiner Verpflichtung zur Lieferung nicht befreit wird. Der Käufer hat dann alternativ die folgenden Möglichkeiten:
1. Er kann Schadensersatz wegen Nichterfüllung verlangen *oder*
2. er kann vom Kaufvertrag zurücktreten *oder*
3. er kann vom Kaufvertrag Abstand nehmen *oder*
4. er kann, wenn der Verkäufer eine Ersatzleistung für den geschuldeten Kaufgegenstand erhalten hat, Herausgabe dieser Ersatzleistung verlangen und dem Verkäufer den vereinbarten Kaufpreis zahlen.

Zu 1.: Schadensersatz wegen Nichterfüllung

Als Käufer können Sie vom Verkäufer Schadensersatz wegen Nichterfüllung des Kaufvertrages verlangen, wenn der Verkäufer den Umstand, daß er Ihnen die Ware nicht liefern kann, verschuldet hat. Dabei muß der Verkäufer den Käufer wirtschaftlich so stellen, wie er stehen würde, wenn der Kaufvertrag ordnungsgemäß abgewickelt worden wäre.

Wenn z. B. Ihr bei »Second-Hand-Computer« gebraucht gekaufter PC an einen anderen Käufer nochmals verkauft wurde, hat der Verkäufer die Unmöglichkeit verschuldet. Sofern der Händler Ihnen dann kein gleichartiges Gerät anbieten kann, müßte der Verkäufer sogar den Mehrpreis eines Neugerätes übernehmen. Für die Geltendmachung von Schadensersatz wegen Nichterfüllung können Sie folgendes Musterschreiben benutzen.

Wenn beim Computerkauf etwas schiefgeht

 Musterschreiben: Schadensersatz wegen Nichterfüllung

Sven Jungmann
Witts Allee 2
22587 Hamburg

Einschreiben / Rückschein

Thomas Verkäufer
Modemstraße 10
22559 Hamburg

Hamburg ... (Ort), den ... (Datum)

Sehr geehrter Herr Verkäufer,

nachdem die von mir gekaufte Computer-Anlage ... (Ware / Typ) durch Ihr Verschulden zerstört ... (Art des Schadens) worden ist, können Sie Ihre Verpflichtungen aus dem Kaufvertrag nicht mehr erfüllen.
Ich war daher gezwungen, mir nunmehr bei der Firma ... (Name, Anschrift) ein neues gleichartiges Gerät zum Preis von ... (Kaufpreis) zu kaufen. Eine Rechnungskopie habe ich beigefügt.
Der Kaufpreis für dieses Gerät übersteigt den zwischen uns abgemachten Preis um ... DM (Höhe des Schadens). Diesen Betrag verlange ich als Schadensersatz von Ihnen erstattet.
Bitte überweisen Sie den Betrag bis zum ... (Datum; 2 Wochen) auf mein Konto ... (Bankverbindung).

Mit freundlichen Grüßen

(Unterschrift)

 Hinweis:

Dem Käufer ist zu empfehlen, sich für die Geltendmachung des Schadensersatzes zu entscheiden, wenn der Kauf ein gutes Geschäft gewesen wäre.

Das Recht auf Geltendmachung von Schadensersatz kann nicht durch AGB des Verkäufers ausgeschlossen werden (§ 11 Nr. 8 AGBG; siehe Seite 90).

Zu 2.: Rücktritt vom Kaufvertrag

Wählt der Käufer den Rücktritt vom Vertrag, kann er nicht mehr Schadensersatz verlangen. In der Regel sollte daher diese Möglichkeit nicht in Anspruch genommen werden. Nur dann, wenn der Kaufpreis höher ist als der Wert der gekauften Sache, der Käufer also ein schlechtes Geschäft gemacht hätte, kann zum Rücktritt geraten werden. Den Rücktritt muß der Käufer gegenüber dem Verkäufer erklären (§ 349 BGB). Obwohl diese Erklärung keiner Form bedarf, sollte man auch hier die schriftliche Form per Einschreiben/Rückschein aus Beweisgründen vorziehen. Einen Rücktrittsgrund braucht der Käufer nicht anzugeben. Wie ein solches Schreiben aussehen könnte, zeigt das Musterschreiben auf Seite 148.

! **Hinweis:**

Das Rücktrittsrecht kann nicht durch AGB des Verkäufers ausgeschlossen werden (§ 11 Nr. 8 AGBG; siehe Seite 90).

Musterschreiben: Rücktritt vom Vertrag

Sven Jungmann
Witts Allee 2
22587 Hamburg

Einschreiben / Rückschein
Thomas Verkäufer
Modemstraße 10
22559 Hamburg

Hamburg ... (Ort), den ... (Datum)

Sehr geehrter Herr Verkäufer,

nachdem die von mir gekaufte Computer-Anlage ... (Ware/Typ) durch Ihr Verschulden zerstört worden ist, können Sie Ihre Verpflichtungen aus dem Kaufvertrag nicht mehr erfüllen.
Ich sehe mich daher gezwungen, nach § 325 BGB vom Kaufvertrag zurückzutreten. Die von mir geleistete Anzahlung ... (Betrag) bitte ich bis zum... (Datum; 2 Wochen) auf mein Konto ... (Bankverbindung) zu überweisen.
Für Rückfragen erreichen Sie mich tagsüber telefonisch unter ... (Tel.Nr. falls gewünscht).

Mit freundlichen Grüßen

(Unterschrift)

Zu 3.: Erledigterklärung

Der Käufer kann anstelle von Schadensersatz und Rücktritt auch den Kaufvertrag einfach für erledigt erklären. Diese Möglichkeit sollte der Käufer dann in Erwägung ziehen, wenn bislang weder er noch der Verkäufer eine Leistung erbracht haben und dem Käufer durch die Nichterfüllung des Kaufvertrages kein Schaden entsteht. Um dieses Recht auszuüben, ist es ausreichend, dem Verkäufer zu erklären, daß der Kaufvertrag für Sie erledigt ist.

Musterschreiben: Erledigterklärung

Sven Jungmann
Witts Allee 2
22587 Hamburg

Einschreiben / Rückschein
Thomas Verkäufer
Modemstraße 10
22559 Hamburg

         Hamburg ... (Ort), den ... (Datum)

Sehr geehrter Herr Verkäufer,

nachdem der von mir gekaufte Scanner ... (Ware/Typ) durch Ihr Verschulden zerstört worden ist, können Sie Ihre Verpflichtungen aus dem Kaufvertrag nicht mehr erfüllen.
Ich sehe mich daher gezwungen, nach §§ 323, 325 BGB vom Kaufvertrag Abstand zu nehmen.
Für Rückfragen erreichen Sie mich tagsüber telefonisch unter ... (Tel.Nr. falls gewünscht).

Mit freundlichen Grüßen

(Unterschrift)

Zu 4.: Herausgabe der Ersatzleistung bei Verschulden

Schließlich kann der Käufer vom Verkäufer alternativ auch die Herausgabe einer von ihm erlangten Ersatzleistung für die zerstörte Kaufsache verlangen (§ 325 BGB). Der Käufer muß aber den Kaufpreis zahlen. Dieser Weg lohnt sich dann für den Käufer, wenn der Anspruch des Verkäufers gegen eine Versicherung höher ist als der vereinbarte Kaufpreis. Der Käufer sollte dann vom Verkäufer Abtretung des Anspruchs gegen die Versicherungsgesellschaft gegen Zahlung des Kaufpreises oder Auszahlung der bereits gezahlten Versicherungssumme verlangen.

Musterschreiben:
Herausgabe der Ersatzleistung bei Verschulden

Sven Jungmann
Witts Allee 2
22587 Hamburg

Einschreiben / Rückschein
An
Thomas Verkäufer
Modemstraße 10
22559 Hamburg

Hamburg ... (Ort), den ... (Datum)

Sehr geehrter Herr Verkäufer,

wie Sie mit Schreiben vom ... (Datum) bereits mitgeteilt haben, ist der von mir gekaufte Monitor ... (Ware/Typ) zum Preis von ... DM (Kaufpreis) durch Ihr Verschulden völlig zerstört worden. Sie sehen sich daher nicht in der Lage, den Monitor ... (Ware/Typ) wie vereinbart zu liefern.

Ich habe Sie daher aufzufordern, mir Ihre gegenüber der Versicherungsgesellschaft ... (Name) bestehenden Ansprüche gemäß §§ 325, 323 BGB abzutreten oder die bereits gezahlte Versicherungssumme (sofern bekannt: in Höhe von ... DM) an mich auszuzahlen.

Für Rückfragen erreichen Sie mich tagsüber telefonisch unter ... (Tel.Nr. falls gewünscht).

Mit freundlichen Grüßen

(Unterschrift)

e) Nachträglich subjektive Unmöglichkeit

Hierunter ist zu verstehen, daß die Lieferung der Kaufsache erst *nach Abschluß des Kaufvertrages nur für den Verkäufer* unmöglich wird. Das Gesetz stellt die nachträglich subjektive Unmöglichkeit der nachträglich objektiven Unmöglichkeit gleich; insoweit kann auf die Ausführungen auf Seite 141 bis 150 verwiesen werden. Hat der Verkäufer das Unmöglichwerden der Lieferung der Ware verschuldet, wird er von seiner Verpflichtung zur Lieferung nicht befreit. Der Käufer hat dann also alternativ die folgenden Möglichkeiten:
- Er kann Schadensersatz wegen Nichterfüllung verlangen *oder*
- er kann vom Kaufvertrag zurücktreten *oder*
- er kann den Wegfall der eigenen Leistungspflicht geltend machen *oder*
- er kann, wenn der Verkäufer eine Ersatzleistung für den geschuldeten Kaufgegenstand erhalten hat, Herausgabe dieser Ersatzleistung verlangen und dem Verkäufer den vereinbarten Kaufpreis zahlen.

Für die Geltendmachung Ihrer Ansprüche können Sie ebenfalls die jeweiligen Musterschreiben (Seite 146, 148, 149, 150) verwenden.

8. Aufrüsten des Computers

Gerade durch die modulare Bauweise ist der Siegeszug des PC nicht mehr aufzuhalten. Auch der Computer-Laie kann mit ein bißchen Geschick und einem Schraubendreher seinen PC aufrüsten. Entsprechende Anleitungen gibt es mittlerweile zuhauf. Was beim Aufrüsten des Computers in rechtlicher Hinsicht auf jeden Fall beachtet werden sollte, beleuchtet dieses Kapitel.

Wenn beim Computerkauf etwas schiefgeht

a) Schäden durch Selbsteinbau

Beim Aufrüsten des Computers sollten Sie generell vorsichtig vorgehen. Insbesondere das obligatorische Anfassen eines geerdeten Heizungsrohres sollten Sie beherzigen, bevor Sie sich an das Abenteuer Erweiterung des Computers heranwagen. Denn die elektrische Aufladung hat schon so manchem Computer den Garaus gemacht.

Generell ist beim Einbau von Zubehörteilen wie Steckkarten oder Laufwerken zu unterscheiden, ob das neu gekaufte Teil bereits vor dem Einbau defekt war oder es erst beim Einbau zu Schäden am eigenen Gerät und/oder auch am neu gekauften Zubehörteil kommt. Sofern das neu gekaufte Teil bereits beschädigt ist (z. B. ein Stecker war abgebrochen), bleiben Ihnen die gesetzlichen Gewährleistungsansprüche bzw. Ansprüche nach den AGB (siehe ausführlich Seite 62 ff.).

Wenn es hingegen beim Einbau zu Schäden am eigenen Gerät kommt, ist immer die entscheidende Frage zu stellen, ob der Einbau sachgemäß vorgenommen wurde oder nicht. Falls nicht, haben Sie im Grunde keine Gewährleistungsansprüche gegen den Händler, auch nicht während der sechsmonatigen Gewährleistungsfrist.

Haben Sie das Zubehör ordnungsgemäß eingebaut und der Rechner gibt trotzdem keinen Ton mehr von sich, kann es entweder daran liegen, daß das Zubehör nicht mit dem Computer harmoniert, also nicht kompatibel ist, oder es liegt ein Defekt vor. Ist das Zubehör nicht kompatibel, können Sie den Händler dafür nicht verantwortlich machen – außer natürlich, er hat Ihnen eine entsprechende Zusicherung (siehe Seite 64 f.) gegeben, daß das spezielle Teil in Ihrem Rechner funktioniert. Wenn ein Defekt vorliegt, sollten Sie das Zubehör wieder ausbauen und zum Händler zurückbringen. Sie haben dann entweder die gesetzlichen Gewährleistungsrechte oder die Rechte nach den AGB des Händlers. Ist durch das fehlerhafte Zubehörteil ein Schaden an ihrem Rechner verursacht worden, können Sie diesen **Mangelfolgeschaden** vom Händler ersetzt verlangen. Im Zweifelsfalle sollten Sie auch hier einen Rechtsanwalt einschalten.

Aufrüsten des Computers

> **!** **Hinweis:**
> Computer-Laien sollten, um Ärger zu vermeiden, Erweiterungen wie Steckkarten usw. am besten vom Händler selbst einbauen lassen. Maximal 50 DM sollte der Händler für diesen Service veranschlagen. Möglicherweise übernimmt der Händler dies auch kostenlos.

b) Entfernen des Garantiesiegels

Obwohl die große Zeit der Garantiesiegel mittlerweile vorbei ist, gibt es vereinzelt immer noch Händler, die die Kunden mit einem Hinweis wie »Bei Öffnung des Gehäuses und/oder Verletzung des Garantiesiegels erlischt die Garantie« zu irritieren versuchen. Ein solcher Aufkleber auf der Rückseite des Computergehäuses hat für die Geltendmachung von gesetzlichen Gewährleistungsansprüchen keinerlei Auswirkungen! Sie können also ruhigen Gewissens die Grafikkarte einbauen und dabei selbstverständlich das Gehäuse öffnen und den Aufkleber beschädigen, denn der Einbau einer Erweiterungskarte ist gerade beim PC erwünscht und gehört zum normalen Gebrauch.

Aber wie sieht es mit den freiwilligen Garantieleistungen des Herstellers (»Hersteller-Garantie«, vgl. auch Seite 104) aus? Grundsätzlich werden auch diese nicht beeinträchtigt, wenn das Zubehör ordnungsgemäß eingebaut wird.

Schwieriger wird die Angelegenheit allerdings dann, wenn durch einen unsachgemäßen Einbau Schäden am Gerät entstehen. Beispielsweise wenn Sie beim Einbau der Grafikkarte versehentlich die Speicherchips (RAMs) berühren und so »aufgeladen« sind, daß diese ihren Dienst quittieren. Der Händler könnte sich dann – zu Recht – darauf berufen, daß der Schaden am PC durch unsachgemäßen Einbau verursacht wurde und seine Gewährleistung ablehnen. Die Reparatur würde dann kostenpflichtig werden. Auch der Hersteller könnte seine freiwillige Garantieleistung aus diesem Grund ablehnen bzw. einschränken.

Aber Vorsicht: Lassen Sie sich nicht vom Händler abspeisen, wenn Sie genau wissen, daß der Fehler nicht auf ihren mangelnden Einbaukünsten beruht. Immerhin muß der Händler, sofern er Ihre Gewährleistungsansprüche ablehnt, beweisen, daß Sie den Schaden verursacht haben.

Um auf Nummer Sicher zu gehen, können Sie eine Erweiterungskarte oder sonstiges Zubehör direkt vom Händler gegen Gebühr einbauen lassen. Sollten dann Schäden auftreten, muß der Händler hierfür gerade stehen. Ein Tip: Führen Sie Ihr Gerät kurz vor und lassen Sie sich die einwandfreie Funktion bestätigen. Im Falle eines Falles muß der Händler dann beweisen, daß er an dem Defekt keine Schuld trägt.

c) Beseitigung eines Dongles

Möglicherweise werden sich einige der Leser fragen, was in aller Welt ein Dongle ist. Es klingt ein bißchen wie Donut, ist aber trotzdem nichts zu essen. Ein **Dongle** ist ein Kopierschutzstecker in Form einer kleinen Schachtel, der auf eine der Schnittstellen des Computers gesteckt wird. Das Vorhandensein des Dongles wird dann beim Programmstart oder während des Programmbetriebs abgefragt. Das Programm wird abgebrochen, wenn der Betrieb ohne Dongle versucht wird. Im Grunde dient er also dazu, das Programm vor der illegalen Weitergabe zu schützen. Angewendet werden diese Kästen vorwiegend im Bereich der Konstruktionszeichnungsprogramme wie »AutoCad«.

Nach der Rechtsprechung darf auch der berechtigte Anwender eines Computerprogramms (Software), d.h. derjenige, der das Programm legal käuflich erworben hat, einen Programmschutzmechanismus wie einen Dongle bzw. dessen Abfrage, der die unerlaubte Mehrfachbenutzung verhindern soll, weder umgehen noch beseitigen lassen, selbst wenn dieser Störungen verursacht (OLG Karlsruhe vom 10.1.1996 - 6 U 40/95, NJW-CoR 1996, 186).

9. Nachträgliche Preisänderungen

Gerade im Versandhandel kommt es häufig vor, daß zwischen Zeitpunkt der Bestellung und dem tatsächlichen Lieferdatum einige Wochen liegen. Dies liegt in der Regel nicht an den Händlern, sondern daran, daß die Hersteller ihre zugesagten Liefertermine nicht einhalten. In diesen Fällen kann es passieren, daß der Verkäufer versucht, inzwischen eingetretene Preisänderungen in Form von Erhöhungen an Sie weiterzugeben. Aus der Sicht des Verkäufers ist dies wohl verständlich, für den Käufer jedoch mehr als ärgerlich.

Beispielsweise sollen die im Mai von Ihnen bestellten RAM-Chips (Speicherchips) Ihres speziellen Druckers zum Preis von 350 DM bei Lieferung im Juli nunmehr 430 DM kosten. Als Käufer brauchen Sie die neuen Preise nicht hinzunehmen. Sie können sich auf den abgeschlossenen Vertrag mit dem Verkäufer berufen. Auch wenn der Verkäufer die Auslieferung der Ware mit dem Hinweis auf eine Preissteigerung verweigert, können Sie diese notfalls mit gerichtlicher Hilfe (siehe Seite 214 ff.) durchsetzen.

Selbst wenn die Allgemeinen Geschäftsbedingungen (das sogenannte »Kleingedruckte«, siehe Seite 82 ff.) des Verkäufers ausdrücklich vorsehen, daß zwischenzeitliche Preissteigerungen automatisch als vereinbart gelten, brauchen Sie sich keine Sorgen zu machen: Diese Klauseln sind unwirksam, wenn nicht zugleich bei Preissteigerungen von etwa 10 % dem Käufer ein Rücktrittsrecht vom Kaufvertrag eingeräumt wird (BGH vom 1. 2. 1984 – VIII ZR 54/83, DB 1984, 657). Im vorliegenden Fall müßte der Verkäufer Ihnen also spätestens bei einem Preis von 385 DM ein Rücktrittsrecht einräumen.

IV. Wie reklamiere ich richtig?

1. Was Sie stets beachten sollten

Jeden Tag werden unzählige Kaufverträge zwischen Computerkäufern und -verkäufern abgeschlossen, ohne daß es zu irgendwelchen Problemen kommt. Sofern jedoch der Fall der Fälle eintritt und es zu Schwierigkeiten mit dem von Ihnen gekauften Gerät kommt, sollten Sie wissen, wie eine ordnungsgemäße Reklamation auszusehen hat. Im folgenden werden daher einige Stichworte behandelt, die immer wieder für Mißverständnisse sorgen und die Geltendmachung einzelner Rechte erschweren.

- **Einschreiben / Rückschein**
Sie sollten sich generell angewöhnen, Ihre Reklamationsschreiben per Einschreiben / Rückschein zu verschicken. Denken Sie hier nicht daran, ein paar Mark sparen zu wollen. Dies kann Ihnen später ansonsten teuer zu stehen kommen. Sie können sonst nämlich nicht beweisen, daß Sie überhaupt ein Schreiben an den Verkäufer abgeschickt haben. Als Alternative können Sie auch Zeugen zum Händler mitnehmen. Es ist jedoch eine alte Juristenweisheit, daß Zeugen oftmals unvorhersehbar reagieren und teilweise mehr schaden als nützen, insbesondere dann, wenn sie an Vergeßlichkeit leiden.
Damit sich der Händler frühzeitig mit Ihrer Beanstandung auseinandersetzen kann, können Sie zeitgleich mit dem Einschreiben ein Fax an den Händler zur Kenntnisnahme schicken.

- **Quittung / Rechnung**
Legen Sie bei einer schriftlichen Reklamation nach Möglichkeit eine Rechnungskopie bei. Geben Sie niemals (auch nicht nach Aufforderung des Händlers) das Original aus den Händen. Bei einer mündlichen Reklamation (unter Zeugen!) reicht es aus, wenn Sie dem Händler das

Original zeigen bzw. gleich eine Kopie mitnehmen, um diese dem Händler vorlegen zu können.

Sollten Sie die Quittung oder die Rechnung nicht mehr besitzen, können sich ungeahnte Probleme ergeben. Der Händler könnte beispielsweise seine gesetzliche Gewährleistung oder eine freiwillige Garantieleistung verweigern. Dies zumindest dann, wenn Sie nicht anderweitig belegen können, daß das gekaufte Produkt auch tatsächlich von diesem Händler stammt. Eine Möglichkeit wäre auch hier, daß Sie einen Zeugen benennen könnten. Eine andere wäre, daß der Händler sich die Seriennummer – wie üblich – notiert hat und anhand dieser feststellen kann, ob das Gerät tatsächlich von ihm stammt.

- **Originalverpackung**

In der Praxis taucht gerade bei diesem Punkt immer wieder die Frage auf: Kann ich die defekte Ware nur im Originalkarton zum Händler zurückbringen oder -schicken? Die klare Antwort lautet: Nein!

Ein Händler darf während der Gewährleistungsfrist (6 Monate) die Annahme eines defekten Computers oder Zubehörteils nicht verweigern. Trotzdem wird oftmals unter Hinweis darauf, daß das jeweilige Computerteil ohne Originalverpackung bei der Rücksendung zum Hersteller Schaden nehmen könne, die Ware gar nicht erst angenommen. Dies ist jedoch nicht korrekt. Der Verkäufer hat für eine angemessene Verpackung gegebenenfalls selbst zu sorgen; er kann dies nicht auf den Kunden abwälzen.

Auch eine mögliche Klausel in den AGB des Verkäufers kann hieran nichts ändern. Der Kunde muß nur dafür sorgen, daß der Transport zum Händler ohne Schaden vonstatten geht. Daher sollte der Käufer im Falle einer Reklamation die Ware so einpacken, daß sie auch durch Stöße oder Werfen nicht weiteren Schaden nehmen kann. Zudem sollten Sie beim ordnungsgemäßen Verpacken einen Zeugen dabeihaben, damit der Händler nicht später behaupten kann, die Ware sei erst beim Transport kaputtgegangen. Lesen Sie hierzu auch das Kapitel »Service- und Reparaturverträge / Kundendienst« (Seite 220 ff.).

• Reparaturkostenpauschalen

Sogenannte Reparaturkostenpauschalen des Händlers sind grundsätzlich während der sechsmonatigen Gewährleistungszeit unzulässig. Auch der Hinweis des Verkäufers, daß er selber Bearbeitungs- und Frachtkosten aufwenden müsse, um das »angeblich defekte« Gerät an den Hersteller zu schicken, ist irrelevant. Grundsätzlich muß der Käufer während der ersten sechs Monate vom Kauf an keine Kosten aufwenden, um ein (nicht mutwillig) beschädigtes Gerät reparieren zu lassen.

Der Käufer sollte sich auch nicht an den Hersteller verweisen lassen; der richtige Ansprechpartner ist der Händler.

Etwas anderes kann gelten, wenn der Händler eine freiwillige Garantieleistung gibt, die über das gesetzlich Vorgeschriebene hinausgeht. Diese Garantie kann der Händler (fast) ausgestalten wie er möchte. Wenn also der Verkäufer neben der gesetzlichen Gewährleistung beispielsweise eine »Garantie von zwei Jahren« einräumt, sollten Sie sich die Garantiebedingungen genau ansehen. Es kommt mitunter vor, daß sich dahinter Mogelpackungen verbergen. Oftmals werden im Rahmen dieser Garantieleistungen nämlich der Arbeitslohn und anfallende Frachtkosten nicht übernommen. Lediglich die zu reparierenden Teile werden kostenlos ersetzt. Eine solche Reparatur kann daher unter Umständen sehr teuer werden. Also Vorsicht!

• Kostenvoranschlag

Bei Reparaturen nach Ablauf der sechsmonatigen Gewährleistungszeit oder der freiwilligen Garantie des Händlers/Herstellers sollten Sie vor Auftragsvergabe einen Kostenvoranschlag einholen. Dieser ist für den Kunden in der Regel kostenlos. Eine Vergütung für den Voranschlag kann nur dann verlangt werden, wenn sie vorher ausdrücklich vereinbart worden ist (AG Frankfurt – 29 C 1168/97-69).

• Seriennummern

Es ist durchaus keine Seltenheit, daß im Eifer des Gefechts beim Händler ein defektes Gerät (beispielsweise ein Monitor) gegen ein anderes »vertauscht« wird. Insbesondere dann, wenn auf der Rechnung/Quittung nicht die Seriennummer aufgedruckt ist, kann dies zu unerwarteten Problemen führen. Sie sollten daher schon beim Kauf darauf achten, daß die (möglicherweise) auf der Rechnung aufgedruckte Seriennummer mit der tatsächlichen auf dem Gerät übereinstimmt (vgl. auch Seite 18). Wenn Sie das Gerät beim Händler abgeben, sollten Sie sich bestätigen lassen, daß das Gerät mit der Seriennummer xy abgegeben wurde. Es kann ansonsten passieren, daß der Händler eine Reparatur mit dem Hinweis ablehnt, das von Ihnen übergebene Gerät sei nicht das gekaufte. Sie stünden dann vor der Schwierigkeit, das Gegenteil zu beweisen.

- **Ersatzteile**

Was macht der Käufer eines Computers, wenn nach vier Jahren ein bestimmtes Zubehörteil beispielsweise seines teuren und heißgeliebten Notebooks kaputt ist? Richtig, er wendet sich an den Hersteller. Und was macht der Käufer, wenn der Hersteller antwortet: »Kaufen Sie sich doch ein neues Notebook!«? Richtig, der Käufer denkt daran, daß es doch ein Recht geben muß, auch nach Jahren angemessen mit Ersatzteilen versorgt zu werden. Aber weit gefehlt! Es kursieren zwar immer wieder Gerüchte, daß ein Hersteller doch mindestens zehn Jahre verpflichtet sein muß, Ersatzteile zu liefern. Eine solche gesetzliche Regelung gibt es (bislang) jedoch leider nicht. Jeder Hersteller hat unterschiedlich lange Lagerungszeiten für Ersatzteile. Gerade im schnellebigen Computerbereich sind diese Zeiten aus verständlichen Gründen sehr kurz. Daher mein Rat: Kaufen Sie sich nach Möglichkeit ein Standardgerät mit gängigen Zubehörteilen. Um so größer ist die Chance im Falle eines Defektes, ein Ersatzteil, notfalls im Gebrauchtmarkt, zu erhalten.

 Checkliste: Richtig reklamieren
- Schicken Sie alle Schreiben per Einschreiben/Rückschein.
- Machen Sie sich von allen Schreiben eine Kopie für Ihre Unterlagen.
- Erstellen Sie für den Händler eine genaue Fehlerbeschreibung: Wann und wie äußert sich der Fehler und gegebenenfalls bei welchen Programmen tritt der Fehler auf?

- Halten Sie die Kaufbelege/Rechnungen des defekten Teils griffbereit.
- Geben Sie niemals die Originale aus der Hand. Erstellen Sie Kopien für den Händler.
- Schreiben Sie sich – sofern noch nicht geschehen – die Seriennummer des defekten Geräts auf.
- Verpacken Sie das Gerät so, daß es während des Transports zum Händler nicht (zusätzlich) beschädigt werden kann. Die Originalverpackung ist nicht nötig.
- Wenn das Gerät beim Händler zur Reparatur verbleiben soll (Nachbesserung), vereinbaren Sie schriftlich einen genauen Rückgabetermin.
- Wenn das defekte Gerät zum vereinbarten Zeitpunkt nicht fertig ist, setzen Sie schriftlich eine Nachfrist von einer Woche.
- Erfolgt darauf keine Reaktion, sollten Sie schriftlich die Wandelung (Rückgängigmachung des Kaufvertrages, siehe hierzu ausführlich Seite 70 f.) verlangen.
- Wenn auch dies nichts nützt, benötigen Sie vielleicht einen Anwalt (vgl. dazu unten).

2. Wann benötigen Sie einen Rechtsanwalt?

Diese Frage sollten Sie sich spätestens dann stellen, wenn Ihr Händler auf Ihr vorbildliches Schreiben überhaupt nicht reagiert hat. Aber auch, wenn Ihnen das angeblich reparierte Gerät in noch immer defektem Zustand übergeben wird und der Händler meint, er habe seine Pflicht ausreichend erfüllt, sollten Sie an die Inanspruchnahme eines Rechtsanwaltes denken.

Welche Kosten kommen auf Sie zu?
Die Gebühren, die der Rechtsanwalt im außergerichtlichen Bereich verlangen kann, richten sich nach dem Streitwert sowie danach, welche Tätigkeiten er für Sie ausübt.

Wann benötigen Sie einen Rechtsanwalt?

 Beispiele:
1. Der von Ihnen gekaufte Drucker im Wert von 700 DM läßt sich nicht zum Drucken bewegen. Der Streitwert würde in diesem Fall 700 DM betragen.
2. Die Festplatte im Wert von 300 DM in ihrem neu gekauften PC (Wert 2500 DM) hat bereits nach einer Woche den Geist aufgegeben. Streitwert wäre 300 DM.

Einige der wichtigsten Gebührenarten, die beim Rechtsanwalt entstehen können, werden in der Tabelle 1 nach der Bundesgebührenordnung für Rechtsanwälte (BRAGO) kurz erläutert:

Tabelle 1:

Art der Gebühr (BRAGO)	Tätigkeitsbereich
Beratungsgebühr, § 20	Erteilung eines (telefonischen) Rates oder Auskunft über die Rechtslage
Geschäftsgebühr, § 118 I Nr. 1	Korrespondenz mit dem Gegner oder dessen Anwalt
Besprechungsgebühr, § 118 I Nr. 2	Mündliche Verhandlungen mit dem Gegner oder dessen Anwalt
Vergleichsgebühr, § 23	Mitwirkung bei einem Kompromiß, den Sie mit dem Gegner schließen
Auslagenpauschale, § 25	Ausgaben für Porto, Telefon
Mehrwertsteuer, § 26	In der jeweils gesetzlichen Höhe

Die Gebühr für die erste Beratung beim Rechtsanwalt ist nach oben hin begrenzt auf 350 DM. Dies gilt jedoch nur, wenn es bei einer Beratung bleibt und der Anwalt ansonsten keine Tätigkeiten (und sei es nur ein einziges Schreiben an den Händler) für Sie vornimmt. Im Rahmen dieser Beratung klärt der Anwalt über die Rechtslage auf und erläutert Ihnen, welche Möglichkeiten Sie im konkreten Fall haben.

Damit Sie Ihr Kostenrisiko abschätzen können, sind in der Tabelle 2 mögliche Rechtsanwaltsgebühren (gerundet) bei einschlägigen Streitwerten aufgeführt. Im ersten Falle (§ 20) handelt es sich nur um eine Beratung, im zweiten Fall (§ 118 I Nr. 1) wird Ihr Anwalt auch schriftlich mit dem Händler Kontakt aufnehmen und im dritten Fall (§ 118 I Nr. 2) wird er zudem mündlichen Kontakt mit dem Gegner aufnehmen.

Tabelle 2:

Streitwert (DM)	Beratungs- gebühr § 20 BRAGO	Geschäfts- gebühr § 118 I Nr. 1 BRAGO	Besprechungs- gebühr § 118 I Nr. 1 u. 2 BRAGO
1 – 600	33 DM	66 DM	133 DM
601 – 1200	60 DM	120 DM	240 DM
1201 – 1800	86 DM	170 DM	345 DM
1801 – 2400	110 DM	225 DM	440 DM
2401 – 3000	140 DM	278 DM	529 DM
3001 – 4000	175 DM	350 DM	655 DM
4001 – 5000	210 DM	415 DM	780 DM
5001 – 6000	250 DM	480 DM	910 DM
6001 – 7000	285 DM	540 DM	1035 DM

Erstattung der Gebühren?

Grundsätzlich müssen Sie als Auftraggeber Ihren Rechtsanwalt nach Abschluß seiner Tätigkeit selbst bezahlen. Ausnahmen gibt es nur, wenn Sie eine Rechtsschutzversicherung abgeschlossen haben (siehe Seite 227 ff.) oder Ihr Gegner verpflichtet ist, Ihnen die Kosten zu erstatten. Dies ist allerdings nur unter bestimmten Voraussetzungen der Fall:

- Ihr Gegner muß sich in *Verzug* befinden. Dies ist dann der Fall, wenn der Händler seine geschuldete Leistung (z. B. Lieferung eines Komplett-PC) verspätet, also nicht zum vereinbarten Termin, erbracht hat. In Verzug setzen Sie den Gegner, indem Sie ihn schriftlich auffordern, seine Leistung innerhalb einer bestimmten Frist zu erbringen (siehe Musterschreiben, Seite 131). Als sogenannter Verzugsschaden sind dann vom Gegner auch Ihre entstandenen Anwaltskosten zu ersetzen.
- Ihr Anwalt macht für Sie Schadensersatzansprüche geltend. Dann gehören die entstandenen Anwaltskosten zu dem vom Gegner zu ersetzenden Schaden.
- Ihr Gegner hat eine absolut unberechtigte Forderung gegen Sie geltend gemacht, und Sie mußten einen Anwalt einschalten, um die Forderung abzuwehren.

! Hinweis:
Rechtliche Tips und Hinweise veröffentlichen auch einige Computerzeitschriften. Diese können jedoch kein Ersatz für die Inanspruchnahme eines Rechtsanwaltes sein, denn juristische Fragen dürfen die Mitarbeiter der Redaktionen nach dem Rechtsberatungsgesetz gar nicht beantworten. Der Druck in der Öffentlichkeit, als unkulanter Händler »geoutet« zu werden, kann jedoch manchmal Wunder bewirken.

Last but not least: Wie finden Sie einen Rechtsanwalt?
Einen Rechtsanwalt finden Sie (kostenlos) beispielsweise durch
- den Anwaltsuchservice in Köln, Tel. 01 80 / 525 45 55,
- die zuständige Rechtsanwaltskammer (in den gelben Seiten unter »Rechtsanwälte«),
- die gelben Seiten (»Rechtsanwälte«),
- Ihre Rechtsschutzversicherung.

V. Sonderfälle des Kaufs

1. Gebrauchtkauf

Auch beim Kauf von gebrauchten Waren kommt ein normaler Kaufvertrag durch Angebot und Annahme (siehe Seite 30) zustande. Ein mündlich geschlossener Vertrag ist ebenso wirksam wie der schriftliche. Sofern Sie einen schriftlichen Vertrag schließen, sollten Sie darauf achten, daß tatsächlich nur das Vereinbarte im Vertragstext steht und sonst nichts. Im übrigen gilt beim Kauf von gebrauchten Waren, daß auch hier grundsätzlich die Gewährleistungsansprüche (Wandelung, Minderung, Schadensersatz; siehe dazu ausführlich Seite 62 ff.) Anwendung finden. Der wesentliche Unterschied zu einem Kauf von neuen Waren ist aber der, daß ein Ausschluß der Gewährleistung grundsätzlich möglich ist. Der Verkäufer kann also wirksam vereinbaren, daß der Käufer keinerlei Ansprüche auf Gewährleistung hat und das Risiko der Gebrauchstauglichkeit der Ware trägt. Dies kann beispielsweise durch eine Klausel wie »Gekauft wie besichtigt«, »Unter Ausschluß jeglicher Gewährleistung« oder »Der Käufer ist weder zur Geltendmachung der Wandelung, Minderung oder des Schadensersatzes berechtigt« geschehen. Eine solche Klausel müßte schriftlich aufgenommen werden.

> **!** **Hinweis:**
> Sofern Sie (im Beisein von Zeugen) einen mündlichen Kaufvertrag über eine gebrauchte Ware abschließen, bleiben die gesetzlichen Gewährleistungsansprüche bestehen. Würden Sie also beispielsweise auf dem Flohmarkt eine gebrauchte Soundkarte kaufen, die sich zu Hause als fehlerhaft herausstellt, können Sie an den Verkäufer Ihre Ansprüche herantragen. Sie sollten daher auf jeden Fall die Adresse des Verkäufers notieren. Fragen Sie im Zweifel auch ruhig nach den Ausweispapieren.

Gebrauchtkauf

Es ist allerdings immer zu beachten, daß gebrauchte Waren in der Regel mit Abnutzungserscheinungen behaftet sind, die ihre Qualität und die Dauer ihrer Benutzbarkeit im Vergleich zu neuen Waren mindern. Der Käufer muß also beim Gebrauchtkauf immer vom Vorliegen wert- bzw. tauglichkeitsmindernder Abnutzung ausgehen. Haben Sie z. B. auf dem Flohmarkt ein Computergehäuse gekauft, welches diverse Kratzer und Flecken aufweist, können Sie sich später nicht auf diesen »Mangel« berufen. Stellen Sie jedoch zu Hause fest, daß ein Standard-PC-Mainboard aufgrund falscher Bohrlöcher nicht in das Gehäuse paßt, obwohl dies zwischen Käufer und Verkäufer angesprochen wurde, können Sie Gewährleistungsansprüche geltend machen.

Für das arglistige Verschweigen von Mängeln und entsprechend das arglistige Vorspiegeln von Eigenschaften oder vom Nichtvorhandensein bestimmter Mängel kann die Gewährleistung nicht ausgeschlossen werden (§§ 476, 480 I BGB). Der Verkäufer muß also ihm bekannte Mängel, die für die Kaufentscheidung als relevant angesehen werden oder die erkennbar die Kaufentscheidung des konkreten Käufers beeinflussen würden, dem Käufer offenbaren. Anderenfalls liegt arglistiges Verschweigen vor. Dies gilt nicht nur für dem Verkäufer bekannte Mängel, sondern auch für solche, mit deren Vorhandensein er rechnet. Auch Erklärungen des Verkäufers, die ins Blaue hinein abgegeben werden, begründen, wenn sie objektiv falsch sind, die Arglist.

Der im folgenden abgedruckte Kaufvertrag beinhaltet den aus Käufersicht nachteiligen Passus »unter Ausschluß jeglicher Gewährleistung«. Sofern sich der Verkäufer darauf einläßt, sollte der Vertrag ohne diesen Passus geschlossen werden.

Musterschreiben: Gebrauchtkauf

Kaufvertrag

zwischen

Stefan Käufer, Parkweg 5, 22589 Hamburg
(im folgenden *Käufer* genannt)

und

Thomas Verkäufer, Modemstraße 10, 22559 Hamburg
(im folgenden *Verkäufer* genannt)

Der Verkäufer verkauft an den Käufer [unter Ausschluß jeglicher Gewährleistung] einen gebrauchten ... (Ware/Typ/Bezeichnung) zum Preis von ... DM (Kaufpreis).
Mitgeliefert werden ... (eventuelles Zubehör: Handbuch usw.).

Hamburg ... (Ort), den ... (Datum)

_____   _____
(Unterschrift Verkäufer)   (Unterschrift Käufer)

2. Kaufen im Internet

Der Einkaufsbummel im Internet zu jeder Tages- und Nachtzeit liegt voll im Trend. Aus diesem Grunde bieten immer mehr Händler ihre Waren im Netz an. Für den interessierten Käufer stellt sich daher die Frage, welche Rechte er beim Online-Einkauf hat und wie er diese Rechte durchsetzen kann.
Im Normalfall gelangt ein Anwender über sogenannte Provider (z. B. AOL, T-Online, MSN) in das Internet. Dieser Provider stellt die Verbindung zwischen dem Rechner des Anwenders und dem Internet her. Die Rechtsbeziehung zwischen dem Provider und dem Kunden ist zum

Teil als Dienstvertrag ausgestaltet. Dies hat jedoch keinen Einfluß auf irgendwelche Geschäfte, die der Kunde mit anderen im Internet tätigt, da es sich um ein eigenständiges Geschäft handelt.

Trotz anderslautender Pressemeldungen ist das Internet als Einkaufszentrum der Zukunft keineswegs ein rechtsfreier Raum; die bisher geltenden Gesetze finden durchaus auch Anwendung beim Einkauf über den Bildschirm. Einige Besonderheiten sollen hier jedoch angesprochen werden.

- **Zustandekommen eines Kaufvertrages**

Für die Wirksamkeit eines (Online-)Kaufvertrages ist eine Unterschrift generell nicht nötig. Beim Kauf im Internet ist aber die juristische Frage zu klären, ob die Angabe von Preisen und Produkten auf der Homepage eines Unternehmens bereits ein rechtlich wirksames Angebot (siehe Seite 30) sein kann. Die Meinungen hierzu gehen – wie oft im juristischen Bereich – auseinander.

Wie Sie bereits erfahren haben, ist bei Werbung oder in werbeähnlichen Äußerungen des Händlers ein Angebot noch nicht zu sehen (siehe Seite 31). Es ist daher davon auszugehen, daß die Anbieterseiten eines Händlers als sogenannte invitatio ad offerendum, also als Aufforderung an den potentiellen Käufer, selbst ein Angebot abzugeben, aufzufassen sind. Würden Sie daher mit der Maus auf den »Hiermit können Sie bestellen«-Button (Aktionsknopf, der zur Ausführung einer Aktion dient, hier: Bestellung) klicken, ist dies ein Angebot an den Verkäufer auf Abschluß eines Kaufvertrages. Das Angebot müßte der Verkäufer annehmen, damit ein Kaufvertrag zustande kommt. Dies kann beispielsweise durch umgehende Lieferung der Ware, durch eine Auftragsbestätigung oder auch einfach durch Abfragen der Kreditkartennummer des Kunden zwecks Abbuchung geschehen.

Etwas anderes gilt aber, wenn Sie ein Geschäft vollständig am PC abwickeln und erledigen können, so z. B. durch Herunterladen (»Download«) von Computerprogrammen eines anderen Servers auf Ihren heimischen PC. Hier ist der Kaufvertrag bereits durch die erbrachte Leistung des Händlers als geschlossen anzusehen.

Mittlerweile gibt es im Internet eine kaum zu überblickende Fülle von Anbietern. Wie so oft waren die amerikanischen Anbieter hier Vorreiter. Sie sollten sich aber trotz der großen Auswahl genau überlegen, ob Sie in Amerika (oder auch sonst im Ausland) bestellen. Durch das Internet erscheint alles greifbar nah, ist jedoch im Falle von Schwierigkeiten sehr weit weg. Beachten Sie auf jeden Fall, daß die Versandkosten bei Paketen sehr hoch sind und in Deutschland sowohl Zoll als auch Einfuhrumsatzsteuer fällig werden. Ein scheinbarer Preisvorteil kann sich daher leicht als Trugschluß entpuppen. Weder Zollgebühr noch die Mehrwertsteuer fällt dagegen an, wenn Sie ein Programm über das Internet auf Ihren Rechner laden.

Sie sollten auch noch wissen, daß es bei Online-Käufen kein Widerrufsrecht gibt, da es sich nicht um ein sogenanntes Haustürgeschäft handelt.

> **!** **Mein genereller Rat:**
> Bestellen Sie nur bei großen und renommierten bzw. Ihnen bekannten Firmen. Äußerstes Mißtrauen ist im übrigen angebracht, wenn per Vorauskasse (Bar oder Scheck) bezahlt werden soll. Lassen Sie auf jeden Fall die Finger davon. Üblich ist im Internet bislang die Bezahlung per Kreditkarte.

- **Einbeziehung von AGB**

Auch bei Internet-Geschäften können die Allgemeinen Geschäftsbedingungen des Verkäufers wirksamer Bestandteil des Kaufvertrages werden. Hierzu ist es ausreichend, aber auch erforderlich, daß neben der Bestellmöglichkeit per Mausklick (»Bestell-Button«) ein deutlicher und unübersehbarer Hinweis auf die dem Geschäft zugrundeliegenden AGB des Verkäufers vorliegt. Dies kann ebenfalls durch einen anzuklickenden Button geschehen, mit dem sich der Text der AGB abrufen läßt. Das Einverständnis mit den AGB erklärt der Käufer, indem er sein Angebot (durch die »Bestellung«), das die AGB enthält, an den Verkäufer abgibt.

Kaufen im Internet

- **Gewährleistung**

Die sechsmonatige Gewährleistung mit all den dazugehörenden Rechten (siehe ausführlich Seite 62 ff.) gilt auch beim Kauf via Internet, zumindest dann, wenn der Verkäufer seinen Geschäftssitz in Deutschland hat. Problematisch ist aber in der Praxis, wenn der Anbieter – was bei Firmen im Internet oft vorkommt – seinen Sitz im Ausland hat. In einem solchen Fall gilt grundsätzlich das Recht des Heimatlandes des Anbieters. In den meisten Fällen sind die Gesetze dort nicht so verbraucherfreundlich wie in Deutschland. Erschwerend kann noch hinzukommen, daß Sie den Händler in seinem Heimatland verklagen müssen. Die Möglichkeit, zu Ihrem Recht zu kommen, wird damit zu einem Spiel ohne klaren Ausgang. Im Zweifelsfalle sollten Sie von einem Kauf absehen.

Keine Gewährleistungsrechte haben Sie, wenn Software kostenlos aus dem Internet geladen werden kann. Die möglicherweise entstandenen Telefonkosten gelten dabei nicht als Kaufpreis.

- **Kauf per Kreditkarte / Gefahren**

Die übliche Zahlungsweise im Internet ist die per Kreditkarte, wobei die Leistung des Anbieters in der Regel erst nach erfolgter Zahlung erbracht wird. Dies ist allerdings ein großes Risiko, da die abgefragte Kreditkartennummer über das Netz übermittelt und auf vielen Servern, also Rechnern im Internet, mitgespeichert wird. Die weitere Möglichkeit des Mithörens im Netz durch professionelle Hacker wird dabei sogar noch außer acht gelassen. Sogenannte Schnüfflerprogramme (»Sniffers«) durchsuchen die Datenpakete auf Zahlenfolgen, die eine Kreditkartennummer vermuten lassen. Diese Nummern werden dann ohne Wissen des Kreditkarteninhabers kopiert und später gegebenenfalls mißbraucht; für jeden Käufer also ein potentielles Risiko.

Ein neuer Datenübertragungsstandard mit dem Namen »SET«, der von den großen Kreditkartenfirmen, IBM und Microsoft entwickelt wurde, soll die sichere Übermittlung von Kreditkartennummern im Netz ermöglichen. Bislang sind allerdings noch keine genauen Erfahrungswerte mit diesem System bekannt. Wenn Sie mit Kreditkarte im Internet bezahlen wollen, achten Sie zumindest darauf, daß die Daten mit einer beidseitigen 128-Bit-Verschlüsselung übertragen werden. Ob dies beim jeweiligen Anbieter gewährleistet ist, erfahren Sie auf dessen Web-Seite bzw. in den – oftmals versteckten – AGB.

Sofern Sie als Käufer Schwierigkeiten mit der Ware haben, z. B. aufgrund eines Mangels, ist der richtige Ansprechpartner immer der Händler. Die Kreditkartenfirma wird Ihnen in diesen Fällen nicht weiterhelfen. Sie vermittelt praktisch nur die bargeldlose Bezahlung an den Händler.

- **Digitale Unterschrift unter Kaufverträgen**

Über das Internet können Sie als Käufer selbstverständlich auch einen kompletten, bereits unterschriebenen Kaufvertragstext an den Verkäufer versenden. Doch ist ihre Unterschrift überhaupt wirksam? Grundsätzlich ist seit Inkrafttreten des neuen Multimedia-Gesetzes vom 1. August 1997 die handschriftliche Unterschrift der elektronischen gleichgestellt. Ein Online übersandter, bereits unterzeichneter Kaufvertrag ist also wirksam.

Die Probleme liegen auch hier im tatsächlichen Bereich. Ein unverschlüsselt übersandter Kaufvertrag kann auf dem Weg zum Empfänger manipuliert, z. B. gefälscht, worden sein. Die Vertragsparteien haben also nicht die Sicherheit, daß tatsächlich der Vertragstext beim Empfänger ankommt, der auch verschickt wurde. Aus diesem Grunde versuchen einige Firmen, sogenannte Chip-Karten zu etablieren, mit denen die digitale Unterschrift verschlüsselt in das Netz geschickt wird. Inwieweit diese Systeme für den Anwender tauglich sind, läßt sich derzeit noch nicht abschätzen.

3. Kauf von »Bulk-Ware«

Einige Leser werden sich sicherlich fragen, was man unter **»Bulk-Ware«** überhaupt versteht. Der Begriff kommt aus dem Englischen und bedeutet »Unverpackte Ware«. Im Grunde handelt es sich hierbei um Computer-Zubehörartikel, die ausschließlich für PC-Hersteller gedacht sind, die das Produkt weiterverarbeiten, also in oder mit einem PC verarbeiten wollen. In der Praxis läuft dies so, daß der Hersteller beispielsweise 150 Soundkarten in einem Karton erhält. Dem Karton liegt dann aber z. B. nur eine Anleitung bei. Der Hersteller kann dann die Karten in die verschiedenen PCs einbauen. Technisch gesehen unterscheidet sich die Ware in der Regel nicht von einer normalen Verkaufsversion.

Die Bulk-Ware hat den Vorteil, daß sie teilweise erheblich günstiger angeboten wird als die normale Verkaufsversion für den Endverbraucher. Aber seien Sie trotz des Preisvorteils vorsichtig: Oftmals fehlen der Bulk-Version nicht nur aktuelle Treiber, sondern auch das (deutsche) Handbuch bzw. eine Einbauanleitung. Im übrigen fehlen der Bulk-Version generell irgendwelche Zusatzprogramme, beispielsweise bei Grafikkarten irgendwelche Spielprogramme. Es kann auch sein, daß sich die »Bulk-Ware« von der normalen Verkaufsware in der Garantiezeit unterscheidet.

Der Gegensatz zur »Bulk-Ware« ist die sogenannte **Retail-Ware**, die für den Einzelhandel und damit für den Endverbraucher gedacht ist und die mit Hochglanzkarton, Handbuch und neuen Treibern geliefert wird.

Der Verkäufer muß den Käufer vor dem Kauf auf die Tatsache, daß es sich um »Bulk-Ware« und nicht um die normale Verkaufsversion handelt, hinweisen. Tut er dies nicht, sollten Sie die Ware beim Händler in eine »Retail-Version« umtauschen oder Ihr Geld zurückverlangen. Sofern der Händler Sie aber auf die Unterschiede hingewiesen hat, müssen Sie mit der »Bulk-Ware« vorliebnehmen. Es gibt dann keine rechtliche Möglichkeit, auf eine normale Verkaufsversion umzusteigen.

4. Kauf von »Grauimporten«

Immer wieder gibt es Ärger beim Kauf von sogenannten Grauimporten. Ein »Grauimport« liegt vor, wenn das Modell eines Geräts auf dem deutschen Markt verkauft wird, obwohl dies nicht dafür vorgesehen ist. Ein Großhändler importiert also ein Gerät eines ausländischen Herstellers ohne dessen Zustimmung nach Deutschland. So kann es passieren, daß

Sonderfälle des Kaufs

Sie eine Grafikkarte erwerben, die nicht für den deutschen Markt gedacht ist. Sie erkennen solche Ware meist an einem entsprechenden Hinweis auf der Verpackung, beispielsweise »Die Ware ist nicht für den Verkauf in Europa bestimmt« oder »Die Ware ist nur für den Verkauf in den USA bestimmt«. Sollten Sie einen solchen Hinweis entdecken, ist äußerste Vorsicht geboten. Selbst wenn der Hersteller in Deutschland eine Niederlassung besitzt, werden Garantie- und Serviceleistungen – zu Recht – mit der Begründung abgelehnt, die Ware sei gerade nicht für den deutschen Markt bestimmt gewesen. Möglicherweise fehlen dem Grauimport auch wichtige Treiber-Programme, die der deutschen Version generell beiliegen.

Sofern Sie mit einem »Grauimport« Probleme haben, sollten Sie sich direkt an den Hersteller im Ausland wenden. Eine einfache Möglichkeit ist es, dies über das Internet zu versuchen. Fast alle größeren Hersteller haben eine Seite mit Infos und der Möglichkeit zum Download neuerer Treiber anzubieten.

Hat der Händler Sie nicht auf den Umstand hingewiesen, daß es sich um einen »Grauimport« handelt, und Sie stellen dies erst zu Hause fest, bringen Sie das Gerät umgehend zum Händler zurück und verlangen den Umtausch (gegebenenfalls mit Zuzahlung) gegen eine für den deutschen Einzelhandel bestimmte Version (»Retail-Version«, siehe Seite 171) oder lassen Sie sich den Kaufpreis gegen Rückgabe der Ware erstatten.

5. Kauf auf Messen

Es gibt in Deutschland diverse Messen und Veranstaltungen, die sich mit Themen rund um den Computer beschäftigen, so beispielsweise die CeBIT und die CeBIT Home in Hannover sowie die Hobbytronic in Dortmund. Alle Veranstaltungen dieser Art haben gemeinsam, daß auch Waren angeboten und verkauft werden. Grundsätzlich gilt auch bei Käufen auf einer Messe oder messeähnlichen Veranstaltung das zum Ladenkauf Gesagte (siehe Seite 30 ff.).

Es gibt unendlich viele seriöse Händler auf diesen Veranstaltungen, vor den schwarzen Schafen der Branche muß jedoch gewarnt werden. Diese bieten auf den Veranstaltungen teilweise gebrauchte Ware als neue oder auch unbrauchbare Ausschußware zu scheinbaren Schnäppchenpreisen an. Hier ist große Vorsicht geboten, da die Händler später bei Reklamationen beispielsweise behaupten, das Gerät sei beim Transport bzw. beim Einbau kaputtgegangen. Im Falle eines Falles wären Sie als Käufer beweispflichtig und müßten nachweisen, daß das jeweilige Gerät nicht durch Ihr Verschulden beschädigt wurde. Sofern Sie nicht zufällig Zeugen beibringen können, sieht es mit der Durchsetzung Ihrer Rechte sehr schlecht aus.

In letzter Zeit taucht auf Messen auch die Spezies der »fliegenden Händler« auf, die nach der Messe plötzlich nicht mehr erreichbar sind. Also Vorsicht! Wenn nicht unbedingt notwendig, verzichten Sie lieber auf den Kauf auf einer Messe.

6. Kaufverträge mit Kindern

In unserer Gesellschaft nehmen Kinder als Konsumenten einen großen Raum ein. Diese Tatsache macht sich in zunehmendem Maße auch die Werbung zunutze, indem sie Kinder als potentielle »Einnahmequelle« zu erschließen versucht. Im Normalfall gibt es beim Kauf von Eis, Cola oder Lutschern keine Probleme. Ganz anders kann es jedoch aussehen, wenn der Sohn oder die Tochter zum Kauf eines Computers oder von Zubehörteilen ausschwirrt und mit Sachen zurückkommt, mit denen die Eltern ganz und gar nicht einverstanden sind. Die Frage, die sich dann unweigerlich stellt, ist, ob der Kaufvertrag auch tatsächlich wirksam ist. Dies ist zunächst davon abhängig, wie alt die Kinder sind:

• **Kinder bis zur Vollendung des siebten Lebensjahres**
Kinder in diesem Alter sind geschäftsunfähig (§ 104 BGB). **Geschäftsunfähigkeit** bedeutet, daß Kinder – unabhängig von ihrer geistigen Entwicklung – bis zum Beginn ihres Geburtstages (0 Uhr), an dem sie

sieben Jahre alt werden, keine rechtlich wirksamen Kaufverträge abschließen können. Ein Kind in diesem Alter kann wegen seiner Geschäftsunfähigkeit weder ein Kaufangebot abgeben noch ein Verkaufsangebot empfangen. Für das Kind handelt sein gesetzlicher Vertreter, also im Regelfall die Eltern. Wenn diese im Namen des Kindes handeln, treffen die Rechtsfolgen das Kind selbst.

Wenn also beispielsweise Ihr sechs Jahre alter Sohn sich ein neues Nintendo-Spiel gekauft hat, das nicht Ihre Zustimmung findet, können Sie dies zum Händler zurückbringen und das Geld zurückfordern. Es würde auch nichts daran ändern, daß Ihr Kind dem Verkäufer gesagt hat, es sei bereits acht Jahre alt. Der Händler ist verpflichtet, die Ware zurückzunehmen gegen Rückgabe des Geldes.

Aber Achtung: Die Eltern haften möglicherweise nach § 832 BGB aus Gesetz – nicht aus Vertrag – auf Schadensersatz, wenn sie ihre Aufsichtspflicht verletzt haben. Sie sollten also gegen willkürliche Käufe Ihrer Kinder Vorsichtsmaßnahmen treffen! Ein Beispiel: Während sich die Eltern im Computerladen fasziniert einen neuen PC anschauen, räumt die sechsjährige Tochter – die bereits vorher mehrfach durch aggressives Verhalten aufgefallen war – ein Regal mit Computerchips aus und zertritt diese vor Freude auf dem Boden. Die Eltern hätten in diesem Fall mit Schadensersatzforderungen wegen Verletzung der Aufsichtspflicht zu rechnen.

- **Kinder zwischen dem 7. und 18. Lebensjahr**

Kinder in dieser Altersstufe sind beschränkt geschäftsfähig (§ 106 BGB). Sie werden in diesem Alter vom Gesetz als »Minderjährige« bezeichnet. Sie können selbst Rechtsgeschäfte wirksam vornehmen und damit auch Kaufverträge schließen, wenn sie dadurch »lediglich einen rechtlichen Vorteil« erlangen (§ 107 BGB). Hierbei ist also allein auf die *rechtlichen* Folgen des Geschäfts abzustellen; auf eine wirtschaftliche Betrachtung kommt es nicht an.

Hat beispielsweise Ihre Tochter ein Nintendo-Spiel für 5 DM erworben, obwohl dies normalerweise 50 DM kostet, ist das Geschäft juristisch gesehen »schwebend unwirksam«, da Ihre Tochter ja den Kaufpreis zahlen mußte und insoweit das Geschäft nicht lediglich rechtlich vorteilhaft war; darauf, daß Ihre Tochter – wirtschaftlich gesehen – ein Schnäppchen gemacht hat, kommt es nicht an. Das Kind benötigt die **Genehmigung** der Eltern, damit der Kaufvertrag wirksam wird (§ 108 BGB). Wollen Sie den Kauf ablehnen, brauchen Sie die Genehmigung nicht zu erteilen. Der Händler müßte also aufgrund Ihres Verhaltens das Spiel zurücknehmen und Ihnen den Kaufpreis ausbezahlen.

Möglich ist auch, daß die Eltern dem Kind ihre vorherige Zustimmung, die sogenannte **Einwilligung**, zu einem Geschäft erteilen. Die Eltern können ihre Einwilligung entweder gegenüber dem Kind selbst oder gegenüber dem Verkäufer erklären. Beispielsweise könnten Sie beim Händler anrufen und Bescheid sagen, daß Ihr Sohn gleich vorbeikommt und das Nintendo-Spiel kaufen darf. Der Kaufvertrag wäre dann wirksam geschlossen.

Die Regelungen des Gesetzes haben nicht die Aufgabe, die Eltern vor Geschäften der Kinder zu schützen. Denn die Kinder können ihre Eltern nicht zu irgend etwas vertraglich verpflichten. Wenn also beispielsweise die sechzehnjährige Tochter mit Einwilligung der Eltern einen Multimedia-PC beim Händler erwirbt, so ist nur sie zur Zahlung des PC verpflichtet, nicht die Eltern. Für die Zahlung des Kaufpreises würde sie nur mit ihrem eigenen Vermögen haften. Sofern die Eltern dennoch die Rechnung begleichen, geschieht dies im Interesse des Kindes, da ansonsten möglicherweise später das erste Arbeitseinkommen gepfändet werden würde bzw. aus gesellschaftlichem Ansehen. Aus diesen Gründen verlangen die Verkäufer in der Regel die Unterschrift eines Erziehungsberechtigten unter schriftliche Kaufbestellungen, damit die Einwilligung der Eltern nachgewiesen ist.

Zu beachten ist, daß diese gesetzlichen Regelungen nicht eingreifen, wenn das Kind nicht selbst einen Kaufvertrag schließen will, sondern nur für die Eltern tätig werden soll. Das Kind handelt dann lediglich als eine Art Bote. Dies gilt beispielsweise, wenn Sie Ihre Tochter zum Händler schicken, damit sie für Ihren PC eine neue Maus kauft. In so einem Fall kommt ein Kaufvertrag zwischen Ihnen und dem Verkäufer zustande.

Sonderfälle des Kaufs

Was passiert allerdings, wenn das Kind dem Händler irrtümlich eine falsche Bestellung übermittelt? Beispielsweise erklärt das Kind gegenüber dem Händler, es solle für die Eltern ein CD-ROM-Laufwerk kaufen. Die Eltern hatten jedoch von einem Diskettenlaufwerk gesprochen. Grundsätzlich wäre ein Übermittlungsfehler das Risiko der Eltern und sie müßten dafür geradestehen (§ 120 BGB). Dies bedeutet, daß die falsche Ware nicht ohne weiteres zurückgebracht werden kann. Es ist jedoch möglich, den Kaufvertrag anzufechten (siehe ausführlich Seite 42 ff.) mit der Konsequenz, daß ein möglicher Schaden des Verkäufers zu ersetzen wäre.

Von dem Grundsatz, daß Minderjährige nur mit Einwilligung ihrer Eltern Verträge wirksam schließen können, gibt es auch – wie üblich – Ausnahmen. Die wichtigste ist der sogenannte **Taschengeldparagraph** (§ 110 BGB). Danach kann der Minderjährige – ohne ausdrückliche Einwilligung der Eltern – Kaufverträge schließen, wenn die vertragsmäßige Leistung »mit Mitteln bewirkt wird, die ihm zu diesem Zwecke oder zu freier Verfügung von seinen Eltern oder mit dessen Zustimmung von einem Dritten überlassen worden sind«. Und was bedeutet dies nun? Der Minderjährige kann mit seinem von den Eltern überlassenen Taschengeld oder auch mit dem Geld Dritter (Oma läßt grüßen!) Sachen kaufen, die dann bar bezahlt werden müssen. Wenn also beispielsweise Ihre Tochter einen Taschenrechner kauft und diesen bar bezahlt, ist der Kaufvertrag wirksam. Sofern Ihr Kind von seinem Taschengeld etwas kauft, was Sie nicht billigen (z. B. Zigaretten, Alkohol), bleibt der Kaufvertrag trotzdem wirksam, da Sie im Grunde global Ihre Einwilligung »zu irgendeinem Kauf« vom Taschengeld gegeben haben.

Schwieriger ist die Rechtslage allerdings, wenn die Kinder sich ihr Taschengeld zusammensparen, um sich den ersten eigenen Computer zu kaufen. Die Gerichte sind sich nicht darüber einig, ob ein solcher Kauf durch die globale Einwilligung der Eltern noch gedeckt ist. Im Zweifelsfalle können Sie versuchen, den gekauften Gegenstand beim Händler wieder zurückzugeben. Möglicherweise wird es jedoch darüber zum Rechtsstreit kommen, da die Jugendlichen von heute teilweise sehr viel Geld zur Verfügung haben und der Verkäufer oftmals nicht wissen kann, ob der (Bar-)Kauf noch durch die Eltern gedeckt ist oder nicht.

- **Kinder ab 18 Jahren**

Ab dem 18. Lebensjahr sind die »Kinder« volljährig (§ 2 BGB) und können alle Verträge wirksam abschließen.

7. Kauf auf Raten (Abzahlungsgeschäft)

Auch im Computerhandel ist es mittlerweile üblich, daß bei größeren Anschaffungen die Kaufsumme nicht in voller Höhe bei Vertragsschluß, sondern in Raten beglichen wird. Man spricht dann – sofern mindestens zwei später fällige Raten vorliegen – von einem **Abzahlungsgeschäft**. Im Grunde wird diese Finanzierungsform von den Händlern angeboten, um Kunden zu gewinnen, die nicht auf einen Schlag soviel Geld in eine Sache investieren wollen. Es ist aber sehr wichtig, daß sich der Käufer über die zukünftige Belastung im klaren ist. Im folgenden sollen daher derartige Abzahlungsgeschäfte, die als besondere Form des Kreditvertrages dem am 1.1.1991 in Kraft getretenen **Verbraucherkreditgesetz (VerbrKrG)** unterliegen, genauer angesehen werden.

Das VerbrKrG findet allerdings *keine* Anwendung, wenn

- der auszuzahlende Kreditbetrag 400 DM nicht übersteigt (sogenannte Kleinkredite);
- der Kredit für die Aufnahme einer gewerblichen oder selbständigen beruflichen Tätigkeit bestimmt ist (Ausnahme: Existenzgründung mit Kredit bis maximal 100000 DM);
- dem Kreditnehmer nicht mindestens drei Raten eingeräumt werden.

Kaufen Sie eine Grafikkarte zum Preis von 398 DM und wollen den Kaufpreis in drei Raten à 99,50 DM begleichen, so ist das VerbrKrG nicht anwendbar. Gleiches würde auch gelten, wenn Sie einen PC zum Preis von 3000 DM erwerben und den Preis in zwei Raten à 1500 DM zahlen wollen.

Sonderfälle des Kaufs

Unterschieden werden müssen beim Kauf auf Raten im wesentlichen zwei verschiedene Konstellationen: Die eine Möglichkeit ist, daß der Händler selber Ihnen den notwendigen Kredit gewährt (siehe unten »Kreditkauf«), die andere ist, daß der Händler Ihnen einen Kredit bei seiner Hausbank verschafft, so daß Sie die Raten an die Bank zurückzahlen müssen (siehe »Finanzierter Abzahlungskauf«, Seite 186 ff.).

a) Kreditkauf

Beim Kreditkauf gewährt der Händler dem Käufer einen Kredit, ohne daß der Käufer mit einer Bank in Kontakt tritt.

Voraussetzungen
Nach § 4 des Verbraucherkreditgesetzes ist für den Kreditvertrag die Schriftform vorgeschrieben. Zusätzlich muß dem Käufer eine Kopie oder Abschrift des Vertrages übergeben werden. Der Vertrag muß zudem folgende Angaben enthalten:
- Barzahlungspreis,
- Teilzahlungspreis,
- Betrag, Zahl und Fälligkeit der einzelnen Raten,
- effektiver Jahreszins,
- Kosten einer Versicherung im Zusammenhang mit dem Vertrag,
- Vereinbarung eines Eigentumsvorbehalts.

Der *Barzahlungspreis* ist der Betrag, den der Käufer zu bezahlen hätte, wenn der Kaufpreis bei Übergabe der Ware in voller Höhe zu zahlen wäre. Die Mehrwertsteuer muß enthalten sein. Ein sonst gewährter Barzahlungsrabatt muß nicht abgezogen werden.

Der *Teilzahlungspreis* ist der Gesamtbetrag von Anzahlung und allen vom Verbraucher zu entrichtenden Teilzahlungen (Raten) einschließlich Zinsen und sonstiger Kosten (Vermittlungs- und Bearbeitungsgebühren, Spesen, Provisionen). Es ist die Summe mit Mehrwertsteuer anzugeben, sofern der Kreditgeber dazu in der Lage ist. Der Teilzahlungspreis muß

berechnet sein; es ist also nicht ausreichend, wenn er berechenbar ist.
Als Anzahlung wird der erste, vor Übergabe der Sache fällige, auf den Preis anzurechnende Geldbetrag bezeichnet.
Der *Betrag* der einzelnen Raten ist genau in DM und nicht in Bruchteilen des Teilzahlungspreises anzugeben. Die *Zahl* der Raten ist im Zweifel ohne eine Anzahlung anzugeben. Die *Fälligkeit* der einzelnen Raten muß sich auf einen nach dem Kalender oder nach ihm bestimmbaren Tag beziehen.
Der *effektive Jahreszins* ist der tatsächliche Zins, den der Käufer zu entrichten hat. Aus seiner Höhe kann der Käufer ersehen, ob er nicht mit einem Kredit von seiner Bank oder Sparkasse hinsichtlich der Zinsbelastung besser fährt.
Als *Versicherungskosten* können die Kosten für eine Restschuldversicherung anfallen. Wenn der Käufer also seine Raten nicht mehr bezahlen kann, tritt die Versicherung ein und zahlt den Restbetrag.
Einen sogenannten *Eigentumsvorbehalt* kennen Sie alle: Der Verkäufer schreibt z. B.: »Ich behalte mir das Eigentum an der Ware bis zur Zahlung des Kaufpreises ausdrücklich vor.« Dies bedeutet: Selbst wenn der Verkäufer dem Käufer die Ware bereits übergeben hat, erwirbt der Käufer erst mit Zahlung des Kaufpreises auch das Eigentum an der Sache.

! Hinweis:

Der Rummel um den Effektivzins verleitet dazu, daß bei gleichem Auszahlungsbetrag vielfach nur dieser Zinssatz und die monatliche Ratenhöhe genau betrachtet werden. Doch genau hier ist Vorsicht geboten: Wenn der Effektivzins bei zwei Angeboten gleich ist, wird das Angebot mit der längeren Laufzeit zum Teil erheblich teurer, da der Zinssatz länger zu bezahlen ist.

Sofern die oben genannten vorgeschriebenen Mindestangaben fehlen oder die Schriftform nicht eingehalten wurde, ist der Kreditvertrag nichtig. Er wird aber, wenn dem Käufer die gekaufte Sache übergeben worden ist und damit der Kredit in Anspruch genommen wurde, voll wirksam. In diesem Fall schuldet der Käufer aber höchstens einen Preis, der sich bei Verzinsung des Barzahlungspreises mit dem gesetzlichen Zinssatz von 4 % (§ 246 BGB) ergibt, und er behält die Befugnis, den reduzierten Preis, wie vereinbart, in Raten zu bezahlen. Wurde vom Verkäufer der Barzahlungspreis nicht genannt, gilt im Zweifel der Marktpreis für die Sache (§ 453 BGB).

Berechnung des Effektivzinses
Wie berechnet man nun den Effektivzins für einen Ratenkredit und die insgesamt zu zahlenden Gesamtkosten des Kredits? Dazu bietet sich folgender Lösungsweg an:

1. Berechnung
   a) der einzelnen **Kreditrate**, also

   $$\text{Kreditrate} = \frac{\text{Kreditbetrag}}{\text{Laufzeit}}$$

   b) des **durchschnittlichen Kreditbetrages**, also

   $$\text{durchschnittlicher Kreditbetrag} = \frac{\text{Kreditbetrag} + \text{letzte Kreditrate}}{2}$$

2. Berechnung der **jährlichen Kreditkosten**, wobei Zinsen und Bearbeitungsgebühr auf Jahresbasis umzurechnen sind.

3. Berechnung des **effektiven Jahreszinssatzes**, also

   $$\text{effektiver Zinssatz} = \frac{\text{Jahreskreditkosten} \cdot 100}{\text{durchschnittlicher Kreditbetrag}}$$

4. Berechnung der Gesamtrückzahlung, also
Gesamtrückzahlung = Kreditsumme + Zinsen je Monat vom Anfangskredit + Bearbeitungsgebühr

Konkret anhand eines Beispiels sieht die Berechnung des Effektivzinses wie folgt aus:

 Beispiel: Berechnung des Effektivzinses

Kaufpreis für PC : 3500 DM
Anzahlungssumme : 500 DM
Zinsen pro Monat : 0,5 %
Bearbeitungsgebühr : 2 % vom Kreditbetrag
Laufzeit : 15 Monate

1. Berechnung
   a) der Kreditrate:

   $$\frac{\text{Kreditbetrag}}{\text{Laufzeit}} = \frac{3500 \text{ DM} - 500 \text{ DM}}{15} = \underline{\underline{200 \text{ DM}}}$$

   b) des durchschnittlichen Kreditbetrages:

   $$\frac{3000 \text{ DM} + 200 \text{ DM}}{2} = \underline{\underline{1600 \text{ DM}}}$$

2. Berechnung der jährlichen Kreditkosten:
   a) Zinsen je Jahr:
   0,5 % für 12 Monate, also 0,5 % · 12 = 6 %
   6 % von 3000 DM = $\underline{\underline{180 \text{ DM}}}$

   b) Bearbeitungsgebühr je Jahr:
   2 % von 3000 DM für 15 Monate,
   also für 12 Monate = $\frac{60 \text{ DM} \cdot 12}{15} = \underline{\underline{48 \text{ DM}}}$

c) Jahreskreditkosten:
   Jahreszinsen (180 DM) +
   Bearbeitungskosten (48 DM) = <u>228 DM</u>

3. Berechnung des effektiven Jahreszinssatzes:

$$\frac{\text{Jahreskreditkosten} \cdot 100}{\text{durchschnittl. Kreditbetrag}} = \frac{228 \text{ DM} \cdot 100}{1600 \text{ DM}} = \underline{14{,}25\,\%}$$

4. Berechnung der Gesamtrückzahlung:

Kreditsumme:	(3500 DM – 500 DM) =	3000 DM
Zinsen je Monat vom Anfangskredit:	0,5 % für 15 Monate = 0,5 % · 15 = 7,5 %; 7,5 % von 3000 DM =	225 DM
Bearbeitungsgebühr:	2 % von 3000 DM für 15 Monate = $\dfrac{3000 \text{ DM} \cdot 2\,\%}{100}$ =	60 DM
Gesamtrückzahlung:		<u>3285 DM</u>

Sie hätten also insgesamt (incl. Anzahlung) einen Betrag von 3785 DM aufwenden müssen, um den PC auf Raten anstelle des Barkaufs zu 3500 DM zu erwerben.

Widerrufsrecht

In das Verbraucherkreditgesetz wurde glücklicherweise eine Regelung aufgenommen, nach der Ratenkäufe innerhalb einer Woche ohne Angabe irgendwelcher Gründe schriftlich widerrufen werden können (§ 7 VerbrKrG). Dieses Schreiben sollte aus Beweisgründen per Einschreiben/Rückschein geschickt werden.

Kauf auf Raten (Abzahlungsgeschäft)

 Musterschreiben: Widerruf des Käufers (Kreditkauf)

Sven Jungmann
Witts Allee 2
22587 Hamburg

Einschreiben/Rückschein

Thomas Verkäufer
Modemstraße 10
22559 Hamburg

Hamburg ... (Ort), den ... (Datum)

Rechnungs-Nr.:   Auftrags-Nr.:   Kunden-Nr.:
(sofern vorhanden)   (sofern vorhanden)   (sofern vorhanden)

Sehr geehrter Herr Verkäufer,

ich habe am ... (Datum) bei Ihnen einen Monitor ... (Ware/Typ) bestellt. Hiermit widerrufe ich meine Bestellung gemäß § 7 des Verbraucherkreditgesetzes.

Mit freundlichen Grüßen

(Unterschrift)

Sinn des Widerrufsrechts ist es, daß dem Käufer Gelegenheit gegeben wird, sich innerhalb einer Woche nochmals gründlich zu überlegen, ob er am Ratenkauf festhalten will. Damit hat jeder Ratenkäufer die Möglichkeit, sich die Sache noch einmal gründlich zu überlegen. Dies gilt auch dann, wenn die Ware zwischenzeitlich zerstört, beschädigt oder nicht mehr funktionsfähig ist. Zur Wahrung der Frist genügt die rechtzeitige Absendung des Widerrufs vor Ablauf der Frist. Entscheidend ist hierbei das Absendedatum; wann das Schreiben dem Empfänger zugeht, also bei ihm ankommt, ist unerheblich. Die Frist beginnt außerdem erst zu laufen, wenn der Käufer im Vertrag ausdrücklich auf sein Widerrufsrecht hingewiesen wurde und er diesen Hinweis gesondert unterschrieben hat. Zudem muß dieser Hinweis in leicht lesbarem Druck erfolgen und Namen und Anschrift des Verkäufers enthalten. Eine ordnungsgemäße Widerrufsbelehrung hat in etwa folgenden Text:

 Muster: Ordnungsgemäße Widerrufsbelehrung
Diese Bestellung können Sie innerhalb von einer Woche schriftlich widerrufen. Zur Wahrung der Frist genügt die rechtzeitige Absendung des Schreibens. Der Widerruf ist zu richten an ... (Name des Verkäufers und vollständige Adresse).
Ich bestätige durch meine Unterschrift, daß ich von dem Widerrufsrecht Kenntnis genommen habe.

(Ort, Datum) (Unterschrift des Käufers)

 Hinweis:
Beachten Sie bitte, daß unseriöse Händler mit allerlei Tricks versuchen, das Widerrufsrecht zu unterlaufen. Dies geschieht beispielsweise dadurch, daß das Vertragsdatum »vergessen« wird oder es wird ein längst überholtes Datum eingesetzt, um später einen Widerruf mit dem Hinweis zurückzuweisen, daß die Widerrufsfrist bereits abgelaufen sei. Achten Sie also unbedingt beim Ratenkauf nicht nur auf Preis und Zinsbelastung, sondern auch darauf, daß die Voraussetzungen für das Widerrufsrecht (richtiges Datum) vorliegen!

Generell sollte der Käufer bei einem Abzahlungsgeschäft wissen:
- Falls die Raten nicht pünktlich gezahlt werden, kann der Verkäufer nach Rückstand von zwei aufeinanderfolgenden Raten (mindestens zehn Prozent des Teilzahlungspreises) sowie erfolgter Setzung einer zweiwöchigen Nachfrist zur Zahlung des rückständigen Betrages die ihm noch gehörende Ware zurückholen. Dies ergibt sich daraus, daß der Verkäufer bis zur vollständigen Bezahlung Eigentümer der Ware bleibt.

Kauf auf Raten (Abzahlungsgeschäft)

- In einem solchen Fall braucht der Käufer aber keine weiteren Raten mehr zu leisten (Vertragsrücktritt).
- Der Verkäufer kann dann allerdings den Ersatz seiner Aufwendungen (§ 13 VerbrKrG) verlangen. Hierzu zählen zunächst (tatsächlich angefallene) Kosten für Verpackung, Fracht, Porto, Mahnkosten und Provision. Aber auch Geldersatz bei Beschädigungen der Ware oder eine Nutzungsentschädigung wegen der Wertminderung durch den Gebrauch der Ware sind vom Käufer zu zahlen. Der Käufer sollte also daran denken, daß ein möglicher Rücktritt des Verkäufers von einem Abzahlungsgeschäft teuer werden kann, denn gerade die zu Beginn übliche hohe Wertminderung geht voll zu Lasten des Kunden.
- Sofern die auf Raten gekaufte Ware nicht einwandfrei ist, also einen Mangel aufweist, kann der Käufer genauso die Ware reklamieren wie beim Barzahlungskauf. Sollte der Verkäufer auf die berechtigten Reklamationsforderungen nicht eingehen, ist es ein wirksames Mittel, die Ratenzahlungen so lange einzustellen.
- Sofern der effektive Jahreszins zwar angegeben, aber zu niedrig ist, vermindert sich der Teilzahlungspreis um den Prozentsatz, um den der effektive Jahreszins zu niedrig angegeben ist (§ 6 Abs. 4 VerbrKrG).
- Der Verkäufer kann seine Ansprüche gegen den Käufer nur am Gericht des Käuferwohnsitzes geltend machen. Wohnen Sie also in Hamburg und der Verkäufer hat seinen Sitz in München, müßte er Sie vor dem Gericht in Hamburg und nicht in München verklagen.

Besonderheiten bei Versandhäusern

Bei Versandhäusern gibt es wegen der besonderen Bestellform einige Besonderheiten zu beachten (§ 8 VerbrKrG). So ist auch der telefonische Abschluß eines Abzahlungsgeschäfts möglich. Beim Ratenkauf per Katalog ist dem Gesetz Genüge getan, wenn sich aus dem Katalog der Barzahlungs- und der Teilzahlungspreis, die Anzahl und Fälligkeit der Raten sowie der effektive Jahreszins ergeben. Diese Daten müssen vom Käufer mühelos zu erkennen und lesbar gestaltet sein, eine drucktechnische Hervorhebung (z. B. durch Farbdruck) ist nicht notwendig.

Das Widerrufsrecht des Käufers kann im Katalogversandhandel durch ein uneingeschränktes Rückgaberecht binnen einer Woche nach Erhalt der Ware ersetzt werden. Hierüber muß der Katalog, das Bestellformular oder die Rechnung eine Belehrung enthalten. Die renommierten Versandhäuser gewähren in der Regel allerdings ohnehin ein Rückgaberecht von 14 Tagen. Wenn der Käufer von diesem Recht Gebrauch machen will, ist es ausreichend, die Ware spätestens binnen zwei Wochen nach Erhalt bei der Post auf Kosten des Versandhauses (also unfrei!) aufzugeben. Sofern die Ware für ein Postpaket zu schwer ist (über 20 kg), genügt es, innerhalb der zwei Wochen vom Versandhaus schriftlich die Rücknahme zu verlangen.

> [!] **Wichtig:**
> Für Unternehmen, die gar keine Bargeschäfte, sondern ausschließlich Kreditverkäufe tätigen (z. B. Versandhandel mit ausschließlicher Kreditfinanzierung), enthält § 4 VerbrKrG eine Ausnahmeregelung: Diese Unternehmen brauchen weder den effektiven Jahreszins noch den Barzahlungspreis anzugeben.

b) Finanzierter Abzahlungskauf

Es kommt häufiger vor, daß der Käufer mit dem Verkäufer Ratenzahlung vereinbaren möchte, der Verkäufer dies jedoch unter Hinweis auf seine laufende Geschäftsbeziehung zu seiner Bank ablehnt und statt dessen einen Kredit über seine Bank »vermittelt«. Der Kaufpreis wird also über die Bank des Verkäufers finanziert. In der Praxis zahlt die Bank daraufhin die Darlehenssumme an den Verkäufer als Kaufpreis aus und der Käufer tilgt gegenüber der Bank in mehreren Raten das Darlehen. Hierbei handelt es sich nicht um einen Kreditkauf (siehe Seite 178 ff.), sondern um einen sogenannten **finanzierten Abzahlungskauf**. Bei dieser Art des Kaufs hat es der Käufer mit zwei Vertragspartnern zu tun, dem Verkäufer und der Bank als Kreditgeber. Da der Verbraucher nicht

schlechter gestellt werden soll, als wenn ihm nur ein einziger Vertragspartner (der Verkäufer) gegenüberstünde, hat das VerbrKrG auch hierfür Regelungen getroffen (§ 9 VerbrKrG):
Grundsätzlich bilden nach diesem Gesetz der Kaufvertrag und der Kreditvertrag eine rechtliche Einheit. Dies ist insbesondere dann wichtig, wenn die finanzierte Ware nicht geliefert wurde oder mangelhaft ist. Denn normalerweise müßte der Käufer trotzdem die Darlehensraten an die Bank (anders als bei Ratenzahlungen an den Verkäufer) zahlen. Wenn die finanzierte Ware nicht geliefert wird und der Kaufpreis 400 DM überschreitet, kann der Käufer also gegenüber der Bank die Zahlung der Kreditraten verweigern. Wenn die gelieferte Ware mangelhaft – und wie üblich – im Vertrag Nachbesserung oder Ersatzlieferung vereinbart worden ist, muß sich der Käufer mit seiner Reklamation zunächst an den Lieferanten halten. Sofern dies jedoch nicht zum Erfolg führt, kann der Käufer die Rückzahlung der Darlehensraten gegenüber der Bank verweigern. Er kann jedoch nicht bereits geleistete Raten zurückfordern!
Stellen Sie sich beispielsweise vor, Sie haben zur Finanzierung eines Super-Multimedia-PC einen Kredit aufgenommen, der durch die Mitwirkung des Verkäufers zustande gekommen ist. Fünf Tage, nachdem Sie den Kaufvertrag unterschrieben und Ihre finanzielle Situation überdacht haben, möchten Sie das Geschäft widerrufen. Problematisch ist insoweit, daß Ihnen nunmehr zwei Vertragspartner, also Verkäufer und Kreditgeber, gegenüberstehen. Die Lösung des (in diesem Fall verbraucherfreundlichen) Gesetzgebers liegt darin, die Gültigkeit des Kaufvertrages von einem möglichen Widerruf des Kreditvertrages abhängig zu machen. Dies bedeutet, daß der Kaufvertrag erst dann wirksam wird, wenn Sie das Kreditgeschäft nicht fristgerecht (also binnen einer Woche) schriftlich widerrufen haben. Im Falle eines Widerrufs kommt ein Kaufvertrag also gar nicht erst zustande (§§ 9, 7 VerbrKrG).
Der Verkäufer bzw. der Kreditgeber (Bank) muß Sie auch hier ordnungsgemäß über das Widerrufsrecht und zusätzlich über die Tatsache, daß im Falle des Widerrufs auch der verbundene Kaufvertrag nicht zustande kommt, belehrt haben. Tut er dies nicht, verlängert sich die Widerrufsfrist auf maximal ein Jahr. Anhand der Widerrufsbelehrung können Sie

auch sehen, an wen Sie das Widerrufsschreiben richten müssen. Dies kann sowohl der Verkäufer als auch der Kreditgeber (Bank) sein. Eine ordnungsgemäße Widerrufsbelehrung kann etwa wie folgt aussehen:

 Muster: Ordnungsgemäße Widerrufsbelehrung
Diese Bestellung können Sie innerhalb von einer Woche schriftlich widerrufen. Zur Wahrung der Frist genügt die rechtzeitige Absendung. Im Falle des rechtzeitigen Widerrufs des Kreditgeschäfts haben sowohl der Kreditvertrag als auch der verbundene Kaufvertrag keine Gültigkeit. Der Widerruf ist zu richten an ... (Name des Verkäufers oder des Kreditgebers und vollständige Adresse).
Ich bestätige durch meine Unterschrift, daß ich von dem Widerrufsrecht Kenntnis genommen habe.

(Ort, Datum) (Unterschrift des Käufers)

Der Widerruf des Geschäfts ist aber nicht mehr möglich, wenn die letzte Kreditrate bezahlt ist *oder* seit Vertragsschluß ein Jahr vergangen ist.

Im Falle des Widerrufs und der damit verbundenen Unwirksamkeit des Kredit- und des Kaufvertrages hat der Käufer das eventuell schon ausgezahlte Darlehen nicht an den Kreditgeber (Bank) zurückzuzahlen, da das Darlehen von der Bank direkt an den Verkäufer zur Finanzierung des Darlehens ausgezahlt wurde. Im Hinblick auf die Folgen des Widerrufs ist jetzt von Bedeutung, ob die Bank das Darlehen bereits an den Verkäufer ausgezahlt hat oder nicht:

• *Darlehen ist noch nicht ausgezahlt:*
Der Käufer hat die Ware an den Verkäufer zurückzugeben und für den Gebrauch und die Nutzung der Ware eine Vergütung zu bezahlen. Eine geleistete Anzahlung ist vom Verkäufer zurückzuzahlen.

Kauf auf Raten (Abzahlungsgeschäft)

- *Darlehen ist bereits ausgezahlt:*

Der Käufer hat die Ware an den Verkäufer zurückzugeben und für den Gebrauch und die Nutzung der Ware eine Vergütung zu bezahlen. Das Darlehen, das die Bank an den Verkäufer ausbezahlt hat, ist selbstverständlich nicht vom Käufer zurückzuzahlen. Um die »interne Abwicklung« zwischen Verkäufer und Kreditgeber (Bank) braucht sich der Käufer nicht zu kümmern.

Der Käufer kann außerdem alle Rechte, die ihm gegen den Verkäufer zustehen, gegenüber der Bank geltend machen. Sie könnten also beispielsweise eine an den Verkäufer geleistete Anzahlung von der Bank zurückverlangen, ohne daß der Verkäufer daran beteiligt ist. Mit dem Verkäufer haben Sie in diesem Fall nichts mehr zu tun.

**Musterschreiben:
Widerruf des Käufers (finanzierter Abzahlungskauf)**

Einschreiben / Rückschein

Sven Jungmann
Witts Allee 2
22587 Hamburg

Einschreiben / Rückschein

An die   An
Reich Bank AG   oder   Thomas Verkäufer
Palaststraße 100 A   Modemstraße 10
22588 Hamburg   22559 Hamburg

Hamburg ... (Ort), den ... (Datum)

Kredit-Nr.:   Sachbearbeiter:
(sofern vorhanden)   (sofern vorhanden)

Sehr geehrte Damen und Herren,

hiermit widerrufe ich den am ... (Datum) unterzeichneten Kreditvertrag fristgemäß nach §§ 9, 7 des Verbraucherkreditgesetzes. Der Kreditvertrag und damit der Kaufvertrag sollen nicht wirksam werden.

Mit freundlichen Grüßen

(Unterschrift)

Hinweis:
Kein »finanzierter Abzahlungskauf« liegt vor, wenn sich der Käufer selbst – ohne Mitwirkung des Verkäufers – um einen Kredit bei einer Bank zur Finanzierung des Kaufpreises bemüht.

c) Checkliste zum Abzahlungsgeschäft

Die Finanzierung privater Wünsche und Bedürfnisse durch Kredite ist inzwischen selbstverständlich geworden. Dabei hat die Zahl der Kreditangebote in den vergangenen Jahren stetig zugenommen. Angesichts der großen Bandbreite an Kreditangeboten und Arten mit einer Vielfalt unterschiedlicher Konditionen fällt es oft schwer, die »richtige« Kreditentscheidung zu treffen. Die folgende Checkliste soll Sie daher bei der Kreditauswahl unterstützen.

An erster Stelle sollten Sie prüfen, ob Sie sich den benötigten Kredit überhaupt leisten können. Grundlage hierfür ist die Aufstellung eines sogenannten **Haushaltsplanes**, der auch Bestandteil jeder guten Kreditberatung sein sollte.

Anschließend sollten Sie verschiedene Angebote bei Kreditinstituten oder Händlern einholen – die Preisunterschiede bei Konsumentenkrediten können sogar bei Filialen innerhalb der gleichen Stadt erheblich sein. Denken Sie auch daran, daß es schnell zu hohen monatlichen Belastungen kommen kann, wenn mehrere Kredite aus unterschiedlichen Finanzierungsanlässen nebeneinander bestehen.

Kauf auf Raten (Abzahlungsgeschäft)

 Beispiel für einen Haushaltsplan:

Nettolohn/-gehalt	4000 DM
+ sonstige regelmäßige Einkünfte	500 DM
= monatliches Einkommen	4500 DM
./. Miete/Belastungen für eigenes Objekt inkl. Nebenkosten	1400 DM
./. Fahrzeugkosten	600 DM
./. Kreditbelastungen/Leasingraten	0 DM
./. Beiträge (Versicherungen, Sparraten usw.)	200 DM
./. sonstige regelmäßige Verpflichtungen (Unterhaltszahlungen usw.)	0 DM
./. Lebenshaltungskosten	1300 DM
frei verfügbares Einkommen = maximale Monatsrate eines neuen Kredits	1000 DM

 Checkliste:

- Mehrere Angebote einholen.
- Erforderliche Kredithöhe ermitteln (lassen).
- Haushaltsplan aufstellen (lassen).
- Kurzfristige Überziehung des Dispokredits als Alternative prüfen.
- Effektivzins als Vergleichsgröße ermitteln (lassen).

VI. Besonderheiten bei Software

1. Softwarekauf

a) Standardsoftware

Grundsätzlich schließen Sie beim Kauf von Standardsoftware, die also nicht für einen speziellen Käufer/Auftraggeber hergestellt wurde, einen gewöhnlichen Kaufvertrag nach § 433 BGB (siehe ausführlich Seite 30 ff.). Ist die Ware mangelhaft, stehen dem Käufer daher während der sechsmonatigen Gewährleistungsfrist auch alle gesetzlichen Gewährleistungsrechte wie Wandelung, Minderung und Schadensersatz zu. Zur Erinnerung: Nach § 459 BGB haftet der Verkäufer dem Käufer dafür, daß die Sache nicht fehlerhaft ist (siehe dazu Seite 63 f.) oder tatsächlich die vom Verkäufer zugesicherten Eigenschaften aufweist (siehe dazu Seite 64). Der Begriff »Sachmangel« ist also der Oberbegriff für »Fehler« und für »Fehlen einer vom Verkäufer zugesicherten Eigenschaft«. Ein »Fehler« liegt vor, wenn der tatsächliche Zustand der Kaufsache von dem Zustand abweicht, den die Vertragsparteien bei Abschluß des Kaufvertrages gemeinsam vorausgesetzt haben und diese Abweichung den Wert der Kaufsache oder ihre Eignung zum vertraglich vorausgesetzten Gebrauch »erheblich« herabsetzt oder beseitigt. Was »erheblich« ist, kann nur im Einzelfall beantwortet werden und muß gegebenenfalls vom Gericht entschieden werden. »Unerheblich« ist ein Fehler u. a. dann, wenn er mit nur ganz geringem Aufwand selbst schnell beseitigt werden kann oder er kaum auffällt. Die Schwierigkeiten bei der Durchsetzung der (scheinbar klaren) Rechte des Käufers liegen beim Softwarekauf im tatsächlichen Bereich. Bei Software wird oftmals argumentiert (bzw. in den AGB verankert), daß diese niemals 100 % fehlerfrei sein kann. Aus technischer Sicht ist dies zwar nicht ganz richtig, es wäre jedoch tatsächlich mit einem unverhältnismäßig hohen personellen und finanziellen Aufwand verbunden, eine Software so lange zu testen, bis alle Fehler bereinigt sind. Dies bedeutet, daß der Kunde kleinere Fehler auf jeden Fall hinnehmen muß, solange nicht die Funktionsfähigkeit der Software wesentlich beeinträchtig wird. Wenn also beispielsweise bei einem Textverarbeitungsprogramm eine äußerst selten genutzte Tastenkombination zu einem Absturz des PC führt, ist darin noch kein Fehler zu sehen. Die Rechtsprechung (OLG Köln vom 16. 10. 1992 – 19 U 92/91, CR 1993, 208) geht sogar so weit festzustellen, daß es eine absolute Kompatibilität mangels perfekter Software gar nicht geben kann. Etwas anderes gilt jedoch, wenn die Kompatibilität (hier: IBM-kompatibel) ausdrücklich vom Händler zugesagt wurde. Sofern die Software dann trotzdem streikt, liegt ein wesentlicher Mangel vor (AG Ulm vom 29. 4. 1994 – 4 C 2823/93, CR 1995, 407).

Obwohl beim Softwarekauf in der Lieferung einer ausschließlich englischsprachigen Installationsanleitung eine nicht vollständige Erfüllung des Kaufvertrages zu erblicken ist, ist ein Rücktrittsrecht trotz Fristsetzung und Ablehnungsandrohung dann nicht gegeben, wenn der Käufer die englischsprachige Installationsanweisung entgegengenommen und quittiert hat, ohne das Fehlen der deutschsprachigen Anleitung zu rügen (OLG Köln vom 20. 1. 1995 – 19 U 115/93, NJW-RR 1996, 44).

Im übrigen ist darauf hinzuweisen, daß nach der Rechtsprechung die Übergabe der als Bedienungsanleitung dienenden Handbücher beim Kauf von Standardsoftware (ohne Hardware) den Anforderungen an die Einweisungpflichten des Verkäufers genügt. Mehr muß der Verkäufer also nicht tun. Zudem ist beim Kauf von Standardsoftware (ohne Hardware) hinsichtlich der für den Beginn der Verjährung maßgeblichen Ablieferung auf die tatsächliche Ablieferung und nicht auf den Zeitpunkt eines erfolgreichen Probebetriebes abzustellen (LG Gießen vom 3. 5. 1995 – 1 S 676/94, NJW-RR 1996, 44; siehe aber auch Seite 94 unter Hinweis auf das Urteil des OLG Hamburg).

Die AGB-Klausel eines Software-Lieferanten, nach der der Käufer bei Mängeln auf die Möglichkeit des Updates oder auf Hinweise zur Beseitigung eines Fehlers verwiesen wird, ohne daß dem Käufer für das Fehlschlagen solcher Versuche ein Recht auf Wandelung oder Minderung eingeräumt wird, ist unwirksam (§§ 9, 11 Nr. 10 AGBG).

Besonderheiten bei Software

Gerade in letzter Zeit häufen sich die Beschwerden von Käufern, die aufgrund einer »aufgepeppten« Verpackung ein bereits einige Jahre altes Programm käuflich erworben haben. Diese Programme müssen nicht schlecht sein und können für manchen Käufer genau das zum billigen Preis sein, was er wollte. Besondere Vorsicht ist allerdings bei »alten« Spielen geboten, die keinesfalls mehr dem technischen Stand zum Kaufzeitpunkt entsprechen. Beispielsweise wird teilweise noch eine sehr grobe Grafik geboten. Wer nun aber glaubt, er könne das Programm umtauschen, irrt sich gewaltig. Grundsätzlich können Sie bei Software nicht verlangen, daß ein Produkt auf dem neuesten technischen Stand ist. Lassen Sie sich also nicht von irreführenden Umverpackungen dazu verleiten, uralte Programme zu erwerben. Sie hätten dann kein Recht, diese zurückzugeben.

Es kommt immer wieder vor, daß Software-Firmen unzulässigerweise versuchen, den eigentlichen Kaufvertrag in einen sogenannten Lizenzvertrag ohne Ansprüche auf Gewährleistung umzudeuten. Einen Lizenzvertrag erkennen Sie in der Regel daran, daß dem Lizenznehmer (Käufer) nur die Verwertung oder Nutzung der Software gestattet wird; weitere Rechte an der Software – z. B. kostenlose Weitergabe an und Nutzung von anderen Personen – stehen dem Käufer jedoch nicht zu.

> **!** **Wichtig:**
> Die Herstellung von **Individualsoftware**, d.h. Sie beauftragen einen oder mehrere Programmierer mit der Erstellung eines bestimmten Programms, unterliegt Werkvertrags- und nicht Kaufrecht. Dieser Bereich wird daher hier nicht weiter behandelt.

b) OEM-Versionen

Der Begriff »OEM« stammt aus dem Englischen und ist die Abkürzung für »Original Equipment Manufacturer«. Hierunter versteht man einen Hersteller, der Produkte oder Komponenten anderer Hersteller einkauft und diese unmodifiziert (also im Original) zu einem verbilligten Preis unter seinem Namen weiterverkauft oder in eigene Produkte integriert. Bei sogenannter OEM-Software liegen die Unterschiede zwischen OEM- und Originalprogramm nicht im Leistungsumfang, sondern sind im wesentlichen im Lizenzrecht begründet. Eine OEM-Software darf nämlich nur mit dem Gerät verwendet werden, mit dem es auch gekauft wurde. Selbstverständlich können Sie an dem PC Aufrüstungen usw. vornehmen, ohne daß die Nutzungslizenz erlischt.

In der Praxis bieten viele Verkäufer Software dieser Art als Zugabe bzw. als sogenanntes Bundle, also wie ein Paket aus Hard- *und* Software, zum Kauf an.

Wichtig ist, daß Sie OEM-Software nicht einzeln weiterverkaufen dürfen. Dies ist nur in Verbindung mit dem im Paket erworbenen PC rechtlich zulässig. Dies führt auch dazu, daß Sie auf einem neuen PC das Programm offiziell nicht nutzen dürfen. Ein weiterer wesentlicher Unterschied ist, daß sich OEM-Käufer bei Problemen mit der Software nicht an den Hersteller, sondern an den Verkäufer des Gerätes (z. B. PC-Händler) wenden müssen.

Auch wenn der Käufer an ein »Update«, also eine überarbeitete Version der Software gelangen möchte, kann es zu Problemen kommen. Viele Firmen, gerade auch die ganz großen, verweigern den Käufern von OEM-Software die Möglichkeit, ein Update zu erwerben.

Sollten Sie auf zum Kauf angebotene OEM-Software stoßen, die ohne Hardware angepriesen wird, sollten Sie die Finger davonlassen. Sie dürfen rechtlich gesehen diese Software weder installieren noch anderweitig nutzen! Sofern Sie erst kürzlich ein solches Programm (ohne Hardware) erworben haben, sollten Sie das Programm von der Festplatte löschen und sich an den Verkäufer halten. Ihm gegenüber können Sie Schadensersatzansprüche geltend machen. Holen Sie hierzu den Rat eines erfahrenen Rechtsanwalts ein.

c) Beta-Versionen

Die Beta-Version eines Software-Programms ist in der Entwicklung noch nicht voll abgeschlossen und befindet sich in einer Testphase; es handelt sich also um ein noch nicht fertiges Produkt. In der Lieferung der Beta-Version eines Programms ist keine ordnungsgemäße Erfüllung des Kaufvertrages zu erblicken (LG München I vom 28. 3. 1996 – 7 O 6397/93, NJW-CoR 1997, 306). Der Käufer kann also nach wie vor die Erfüllung des Kaufvertrages vom Händler verlangen – die Kaufpreiszahlung kann der Käufer solange verweigern.

d) Freeware/Shareware/Public-Domain

Software-Programme, für die Sie nichts bezahlen müssen, sind – aus verständlichen Gründen – sehr selten geworden. Diese Programme, auch **Freeware** (engl.) genannt, dürfen Sie in der Regel kostenlos erwerben und an dritte Personen weitergeben. Der Käufer muß bei solchen Programmen davon ausgehen, daß ihm keinerlei Gewährleistungsansprüche zustehen. Die Programmierer, also die Hersteller der Software, stellen ihre Produkte teilweise aus Idealismus zur Verfügung, teils aber auch, um den Markt mit einer Vorversion eines regulären Programms zu testen. Es erscheint insoweit auch nicht angemessen, hier irgendwelche Rechte geltend machen zu wollen, immer nach dem Motto: »Einem geschenkten Gaul schaut man nicht ins Maul.«

Bei sogenannten **Shareware-** (oder teils als fälschlicherweise »Public-Domain« bezeichneten) Programmen erwirbt der Käufer gegen einen relativ geringen Obolus in der Regel ein Programm, das er eine gewisse Zeitlang ausgiebig testen kann, um sich dann endgültig für das Programm zu entscheiden oder auch nicht. Falls nicht, ist das Programm von der Festplatte zu löschen. Sofern man sich zur weiteren Nutzung entschließt, zahlt man dann den vollständigen Kaufpreis. Bei dieser Software-Form hat der Käufer nach Bezahlung des vollständigen Kaufpreises wiederum alle herkömmlichen Rechte (Wandelung usw.).

Bei **Public-Domain-**Programmen verzichtet der jeweilige Autor auf eigene Urheberrechtsansprüche, so daß diese (i. d. R. kostenlosen) Programme bedenkenlos kopiert und weitergegeben werden können (OLG Stuttgart vom 22. 12. 1993 – 4 U 223/93, CR 1994, 743).

2. Softwareverleih

Grundsätzlich muß der Käufer davon ausgehen, daß er beim Kauf von Software lediglich ein Nutzungsrecht erwirbt und nicht das uneingeschränkte Eigentum daran. Der Käufer kann also nicht alles mit der Software machen, was ihm beliebt. Computer-Programme unterstehen zudem seit geraumer Zeit dem Urheberrecht, so daß der Urheber (Programmierer oder dessen Arbeitgeber) gegenüber einem Käufer derartige Vorgaben machen kann, was der Käufer mit der Software tun darf und was nicht. Diese Vorgaben werden normalerweise bei der Installation des Programms oder auf einem extra Zettel kenntlich gemacht und dem Käufer so zum Einverständnis vorgelegt. Sofern der Käufer mit diesen Bedingungen nicht einverstanden ist, muß er die Installation des Programms abbrechen und die Ware zum Händler zurückbringen. In der Praxis sieht es allerdings so aus, daß kaum ein Käufer diese Bedingungen jemals (vollständig) gelesen hat.

Als Käufer von Software dürfen Sie für sich selbst eine Sicherungskopie (auf Diskette, CD-ROM o. ä.) des Programms anlegen. Diese Kopie ist für den Fall gedacht, daß die Originaldatenträger, beispielsweise durch darübergelaufenen heißen Kaffee, unbrauchbar geworden sind. Es ist allerdings nicht erlaubt, die Originalprogramme oder davon erstellte Kopien an dritte Personen (Freunde, Bekannte) weiterzugeben. Auch zu Test- bzw. Übungszwecken ist dies nicht erlaubt! Sollten Sie dies trotzdem tun, kann es zu zivilrechtlichen (Schadensersatz) und strafrechtlichen (Verstoß gegen das Urheberrecht) Konsequenzen kommen (BGH vom 13. 12. 1990 – I ZR 21/89, CR 1991, 404). Strenggenommen ist sogar das Überspielen einer Software vom eigenen PC auf das eigene Notebook ein Verstoß gegen das Urheberrecht, doch erlauben einige Hersteller dies ausdrücklich.

3. Kopierschutz

Manche Fragen werden immer wieder von Computerbesitzern gestellt. Die folgende gehört auf jeden Fall dazu: Darf sich der Käufer eines Computer-Programms, das mit einem Kopierschutz versehen ist, trotzdem eine Sicherungskopie des Programms anlegen? Die Antwort hierzu lautet eindeutig: Ja. Auch wenn der Käufer ein spezielles Hilfsprogramm benötigt, um sich eine Kopie zu erstellen, ist dies für den eigenen privaten (Notfall-)Gebrauch zulässig. Der Käufer braucht also nicht mit zivil- oder strafrechtlichen Konsequenzen zu rechnen. Im Grunde geht es den Software-Firmen auch weniger darum, den legalen Besitzer zu ärgern, als vielmehr darum, die illegale Weitergabe zu verhindern oder zumindest zu erschweren.

4. Selbstgebrannte CD-ROMs bzw. DVD-Laufwerke

Die neuen Medien im Computerbereich, wie einmal- und mehrfachbeschreibbare CD-ROMs oder die neuen DVD-Laufwerke, führen dazu, daß spezielle juristische Fragen aufgeworfen werden.
Grundsätzlich ist festzustellen, daß Sie mit dem Kauf eines solchen Gerätes nicht gleichzeitig das Recht erwerben, irgendwelche Software oder auch Audio-CDs zu duplizieren. Diese Produkte stehen alle unter dem Schutz des Urheberrechts. Im folgenden sind zwei unterschiedliche Fälle näher zu betrachten:
- Der Käufer hat das Nutzungsrecht an diverser Software käuflich erworben und möchte diese von verschiedenen Medien (CD-ROM, DVD o. ä.) auf ein gemeinsames Medium bringen.
 In diesem Fall gilt zunächst, daß der Käufer auch hier eine Art »Sicherungskopie« der gekauften Programme anlegen kann. Dies gilt auch, obwohl ein neues Medium (CD-ROM, DVD o. ä.) mit verschiedenen Programmen zusammen erschaffen wird, das ja so vorher nicht existierte. Die Weitergabe an Dritte – unentgeltlich oder entgeltlich – ist aber nicht erlaubt! Bei Audio-CDs ist Entsprechendes anzunehmen.

- Der Käufer hat das Nutzungsrecht an einer Software käuflich erworben und hat eine andere Software von einer dritten Person erhalten und möchte diese auf ein Medium zusammenbringen.

Auch hier kann der Käufer von seiner Software eine Kopie anlegen. Vermischt er diese jedoch mit dem Programm der anderen Person, z. B. des Freundes, kann er zivil- und strafrechtlich belangt werden. Selbstverständlich darf ein solcher Datenträger für den Hausgebrauch weder an andere Personen verliehen noch verkauft werden.

VII. Service- und Reparaturverträge / Kundendienst

1. Abschluß und Kosten

Solange ein PC nebst Zubehör einwandfrei funktioniert, denken die meisten Käufer nicht an den Abschluß von sogenannten Service- bzw. Reparaturverträgen. Interessant wird es dann jedoch, wenn der PC während einer wichtigen Arbeit streikt oder beispielsweise der Monitor plötzlich dunkel bleibt. So mancher Käufer wünscht sich dann, er hätte zusammen mit dem PC-Kauf einen von vielen Firmen angebotenen »Vor-Ort-Service binnen 24 oder 48 Stunden für drei Jahre« mitbestellt. Dies bedeutet, daß während der ersten drei Jahre nach dem Rechnerkauf ein Service-Techniker in das Haus des Kunden kommen und den Rechner vor Ort, ohne zusätzliche Kosten wie Anfahrt oder Ersatzteile zu berechnen, reparieren soll. Die Kosten hierfür liegen etwa zwischen 150 und 200 Mark.

Wichtig ist, daß sich der Käufer vor Abschluß eines solchen Vertrages unbedingt die angebotenen Leistungen genau ansieht. Es kommt durchaus vor, daß einige Anbieter beispielsweise die Ersatzteile vom Angebot ausnehmen. Achten Sie auch darauf, ob ein Ersatzgerät gestellt wird, falls eine Reparatur nicht möglich sein sollte. Für die meisten Anwender lohnt sich der Abschluß eines solchen Service-Vertrages nicht. Die Entscheidung, ob man zugreift oder nicht, muß daher jedem selbst überlassen bleiben. Jedoch kann es gerade auch für Geschäftsleute von Vorteil sein, wenn der defekte PC innerhalb kürzester Zeit wieder instand gesetzt wird.

Als Alternative zum Abschluß eines Service- oder Reparaturvertrages tummeln sich mittlerweile diverse »PC-Notdienste« auf dem Markt, die schnelle Hilfe bei Problemen versprechen. Auch hier ist wie üblich bei einigen Anbietern Vorsicht geboten. Denn es kann durchaus passieren, daß der eigentliche Fehler vom Mitarbeiter längst lokalisiert ist, die Arbeit sich jedoch schlecht in bare Münze umwandeln läßt. Ein Beispiel hierfür ist, wenn auf dem Monitor kein Bild erscheint, weil lediglich der Stecker nicht richtig am Anschluß der Grafikkarte sitzt. Hier wird dann aus Imagegründen kurz noch einmal das PC-Gehäuse oder gar das Monitor-Gehäuse aufgeschraubt, um dann einige Zeit später zum »wahren Fehler« vorzudringen. Sollten Sie einen Freund mit guten PC-Kenntnissen haben, ist es oft billiger, zunächst diesen um Hilfe zu bitten. Vergessen Sie aber nicht: Auch ein Freund ist einer (kleinen) Aufmerksamkeit sicherlich nicht abgeneigt.

2. Beliebte Tricks der Computerhändler

Aber auch während der gesetzlichen Gewährleistungszeit (6 Monate ab Ablieferung der Ware) versuchen einige »schwarze Schafe« unter den Händlern, sich um ihre Leistung zu drücken und die eigentlich kostenlose Reparatur doch vom Kunden zahlen zu lassen. Hierzu gibt es eine Vielzahl von Tricks, um den Kunden das Geld aus der Tasche zu ziehen. Einige der Möglichkeiten sollen im folgenden besprochen werden, damit der Käufer sich entsprechend vorbereiten kann.

• Trick 1: »Ungerechtfertigte Reparatur«

Ein sehr beliebter Trick ist die »ungerechtfertigte Reklamation«. Der Händler gibt dabei gegenüber dem Kunden an, daß das zur Reparatur gebrachte Gerät tatsächlich gar nicht defekt ist. Im Anschluß an die Überprüfung durch den Händler wird dem Kunden eine Aufwandspauschale für die angeblich überflüssige Reparatur in Rechnung gestellt. Sie fragen sich nun, wie der Händler daran verdient? Ganz einfach: Der tatsächlich vorliegende Defekt des Gerätes wird in der Werkstatt des Händlers einfach behoben (z. B. Austausch eines defekten Speicherchips) und dann dem Kunden mitgeteilt, das Gerät sei nicht kaputt gewesen und der Kunde sei zur Aufwandsentschädigung verpflichtet. Wie können Sie sich davor schützen? Aus rechtlicher Sicht ist dies ein Betrug, den Sie im Zweifel jedoch nicht beweisen können. Sie sollten daher, bevor das defekte Gerät dem Händler übergeben wird, alle Seriennummern der

Service- und Reparaturverträge / Kundendienst

Teile im PC (sofern nicht schon beim Kauf geschehen, siehe Seite 158 f.) notieren und dem Händler zusammen mit Ihrer Fehlerbeschreibung übergeben. Dies hindert den Händler daran, ohne Ihr Wissen irgendwelche Komponenten auszutauschen.

- **Trick 2: »Prozessor top – Speicher hopp«**

Einige Händler bedienen sich eines hinterlistigen Tricks, damit sie auch in Zukunft an dem Kunden verdienen können – sie verkaufen dem Kunden im Hinblick auf die immer mehr zunehmenden Anforderungen der Software – vernünftigerweise – einen möglichst schnellen Prozessor (CPU). Gleichzeitig wird jedoch im Hinblick auf das knappe Budget des Kunden für heutige Programme nur unzureichend Speicher (RAM) in den Rechner eingebaut, so daß der Händler sicher sein kann, den Kunden über kurz oder lang zum Kauf neuer RAM-Bausteine wiederzusehen.

- **Trick 3: »Ware niemals erhalten«**

Eine andere Möglichkeit, den Kunden zur Kasse zu bitten, ist gerade im Bereich des Versandhandels von Bedeutung: Der Händler täuscht vor, die eingeschickte Ware des Kunden niemals erhalten zu haben. In so einem Fall ist es von besonderer Bedeutung, die Ware per Einschreiben / Rückschein oder als Wertsendung zu schicken. Nur so können Sie beweisen, daß Sie die Ware tatsächlich abgeschickt haben. In diesem Zusammenhang soll jedoch nicht unerwähnt bleiben, daß die Ware durchaus manchmal tatsächlich auf dem Postwege – ohne Zutun des Händlers – verlorengeht. Sie erhalten in einem solchen Fall von der Post zumindest einen gewissen Wertersatz. Sie können natürlich beim Händler vor Ort die zu reklamierende Ware auch persönlich – möglichst im Beisein von Zeugen – abgeben.

- **Trick 4: »Schäden durch den Händler«**

In der Praxis gibt es noch mehr Tricks, um dem Kunden das Leben schwer zu machen. So wird dem Kunden in einem Schreiben mitgeteilt, daß er den Schaden am eingeschickten Gerät selbst durch äußere Einwirkung verursacht haben soll und daher die Gewährleistung abgelehnt wird. Das Gerät wird daraufhin unrepariert postwendend zurückgeschickt, so daß sich der Kunde den Schaden staunend selbst genau betrachten kann. Sie fragen sich, woher der Schaden kommt? Auch die Lösung hier ist ganz einfach: Der Händler hat das defekte Teil einfach auf den Fußboden fallen lassen! Die empfindlichen Computerteile mögen eine solche Behandlung natürlich gar nicht und sehen anschließend entsprechend aus. Alternativ bieten besonders dreiste Händler an, das Gerät freundlicherweise gegen eine geringe Pauschale doch zu reparieren.

- **Trick 5: »Keine Installations-CDs«**

Beim Kauf eines neuen PC wird oftmals sogenannte OEM-Software (siehe Seite 194f.) kostenlos mitgeliefert. Diese Software darf nur im Paket zusammen mit der Hardware verkauft werden. Einige große Ladenketten sind dazu übergegangen, diese Software »vorzuinstallieren«, d. h. die entsprechende Software befindet sich bereits – mehr oder weniger komplett – auf der Festplatte des neu gekauften Rechners. So weit – so gut. Aus Kostengründen erhält der Käufer aber keine eigenen Installations-CDs, um beispielsweise nicht installierte Teile der Software nachzuinstallieren. Bestehen Sie also darauf, Installations-CDs zu den mitgelieferten Programmen zu erhalten. Nur so haben Sie später die Möglichkeit – beispielsweise nach einem Festplatten-Crash (defekte Festplatte) –, die Software auf einen neuen Datenträger zu überspielen. Kann oder will der Händler keine Installations-CDs liefern, kaufen Sie woanders.

- **Trick 6: »Computer-Virus an Bord«**

Eine weitere Möglichkeit, den unerfahrenen Kunden »abzuzocken«, ist der Einsatz eines Computer-Virus. Wie Sie sicherlich wissen, handelt es sich hierbei um ein kleines Programm, das in irgendeiner Form versucht, Schaden am PC anzurichten, beispielsweise indem die Daten Ihrer Festplatte gelöscht werden oder der Rechner einfach nur zum Absturz gebracht wird. Sehr praktisch ist so ein Virus, wenn der Computer beispielsweise durch defekte RAM-Chips oder bei auftretenden Wärme-

Service- und Reparaturverträge / Kundendienst

fehlern ständig abstürzt. Der Händler repariert dann auch tatsächlich den defekten PC, der Kunde erfährt hiervon jedoch nichts. Vielmehr wird als »kostenlose Zugabe« der PC mit einem Virus verseucht und der Kunde nach eindrucksvoller Demonstration mit einem Anti-Viren-Programm darauf hingewiesen, daß der Fehler einzig und allein an einem Virus gelegen habe. Und dieser kann natürlich nur vom Kunden selbst eingeschleppt worden sein. Für diese Unachtsamkeit des Kunden ist dann eben zur Strafe eine Reparaturpauschale zu zahlen. Doch wie kann man sich hiergegen wehren? Am besten, indem Sie vor der Reparatur, sofern dies mit dem Rechner noch möglich ist, einen Virencheck mit einem entsprechenden Programm durchführen und sich das Ergebnis ausdrucken lassen. Diesen Ausdruck können Sie der Fehlerliste, die dem Händler übergeben wird, beilegen.

- **Trick 7: »Austausch funktionierender Teile«**

Was bei dubiosen Autowerkstätten gang und gäbe ist, hält auch im PC-Bereich Einzug. Die Werkstatt repariert bzw. tauscht mehr Teile aus, als notwendig ist. Ein Bauteil in einem PC zu beschädigen ist eine Leichtigkeit. Hier ein bißchen Überspannung, dort ein Beinchen abbrechen und schon ist ein zusätzliches Teil kaputt. Für den Anbieter bringt dies Extra-Reparaturstunden und zusätzlich verkaufte Ersatzteile. Im Grunde kann sich der Kunde hiergegen praktisch nicht wehren, außer er hat ohnehin gute Kenntnis der Arbeitsweise eines PC und kann manches als ausgeschlossen entlarven. Noch ein Tip: Lassen Sie sich das defekte Teil mitgeben. Nur so können Sie sicher sein, daß damit nicht auch noch Geld verdient wird.

> **!** **Wohlgemerkt:**
> Alle die beschriebenen Verfahrensweisen gelten nur für eine kleine Minderheit von unseriösen Händlern. Da der Kunde aber vorher nicht weiß, auf wen er sich einläßt, sollten die oben vorgeschlagenen »Vorsichtsmaßnahmen« ruhig generell beherzigt werden. Ob der Abschluß einer Reparaturkostenversicherung lohnend ist, erfahren Sie ausführlich auf Seite 209.

VIII. Versicherungen für Computer

Für Computerbesitzer kann es im Falle von Schäden durch Einbruchdiebstahl, Blitzschlag oder Datenverlust reichlich unangenehm und zudem teuer werden. Hiergegen sollen Versicherungen ausreichend Schutz bieten. Ob sie dies tatsächlich tun, soll das folgende Kapitel beleuchten. Im übrigen sei der allgemeine, aber wichtige Hinweis erlaubt, grundsätzlich vor Abschluß eines Versicherungsvertrages Preise und Leistungen – unabhängig von einem Versicherungsvertreter – zu vergleichen. Lassen Sie sich hierzu von den Versicherungsgesellschaften unverbindlich Informationsmaterial zusenden oder sehen Sie sich die teilweise bereits vorhandenen Internet-Seiten der Versicherer an.

1. Diebstahl

Hausratversicherung
Bei Schäden, die an einer Computeranlage durch einen sogenannten Einbruchdiebstahl verursacht worden sind, ist die Hausratversicherung Ansprechpartner erster Wahl, da die meisten Haushalte ohnehin eine solche Versicherung besitzen. Nach den **Allgemeinen Hausratversicherungsbedingungen (VHB 92)**, die die Richtlinien der Versicherungsgesellschaften darstellen, ist der Einbruchdiebstahl bzw. der Raub nach § 5 VHB 92 mitversichert. Wenn also beispielsweise ein Dieb Ihren kompletten PC nebst Zubehör aus der Wohnung schafft, sollten Sie dies unverzüglich der Hausratversicherung melden. Aber Vorsicht: Nach § 10 VHB 92 ersetzt die Hausratversicherung kein Computerzubehör, das sich in ausschließlich beruflich oder gewerblich genutzten Räumen befindet!

Wichtig für Notebook-Besitzer ist, daß Hausratgegenstände generell auch außerhalb der Wohnung weltweit versichert sind – aber nur bis zu 10 % der Versicherungssumme (höchstens 20 000 DM) und nur in Gebäuden. Dies bedeutet, daß der Hausrat auch auf Reisen, im Hotel, bei Verwandten, in einer Zweitwohnung oder im Ferienhaus versichert ist (§ 12 VHB 92).

Elektronikversicherung
Eine weitere Alternative für den Computerbesitzer ist der Abschluß einer (nicht billigen) »Elektronikversicherung« auf der Grundlage der **ABE 1995 (Allgemeine Bedingungen für die Elektronik-Versicherung)**. Diese bietet wesentlich mehr Schutz als eine Hausratversicherung, ist dafür aber auch extra zu bezahlen. Der Abschluß einer solchen Versicherung lohnt sich vor allem für Gewerbetreibende oder Personen, die eine sehr teure Computeranlage ihr Eigen nennen (etwa ab 6000 DM aufwärts). Wesentlicher Vorteil dieser Versicherungsart ist die sogenannte Allgefahrendeckung, die auch Schäden durch Bedienungsfehler und Kurzschluß umfaßt. Notebook-Besitzer sollten darauf achten, daß die Elektronikversicherung nur innerhalb des Betriebsgrundstücks gilt. Verlassen Sie also beispielsweise mit dem Gerät Ihr Büro, ist kein Versicherungsschutz gegeben. Für ein speziell benanntes Gerät können Sie jedoch – gegen Prämienaufschlag versteht sich – auch das »Bewegungsrisiko« versichern lassen.

Da die Preise für die Versicherungen immer in Bewegung sind, wird von Prämienangaben einzelner Versicherer abgesehen. Holen Sie sich hierzu die aktuellen Preise ein.
Damit die generellen Unterschiede im Leistungsumfang deutlich werden, gibt die Tabelle 3 auf Seite 207 einen Überblick über die versicherten Risiken bei Hausrat- und Elektronikversicherung im Vergleich:
• = ja, x = je nach Versicherungsgesellschaft

Tabelle 3:

Versichertes Risiko	Hausrat-versicherung	Elektronik-versicherung
Einbruchdiebstahl	•	•
Raub	•	•
Vandalismus	•	•
Brand	•	•
Explosion	•	•
Leitungswasser	•	•
Sturm ab Windstärke 8	•	•
Erdbeben	•	•
Hagel	•	•
direkter Blitzschlag	•	•
Überspannung	x	•
Bedienungsfehler		•
Fahrlässigkeit		•
Ungeschicklichkeit		•
Plünderung		•
Induktion, Kurzschluß		•
Implosion		•
Konstruktions-, Material- und Ausführungsfehler		•
Feuchtigkeit		•
Überschwemmung		•
höhere Gewalt		•
Vorsatz Dritter		•

2. Datenverlust

Durch eine Elektronikversicherung (siehe Seite 206) allein ist nicht der Verlust von Daten oder Programmen auf Datenträgern (Diskette, Festplatte usw.) versichert. Hierfür werden sogenannte **Daten- und Datenträgerversicherungen** als Zusatz zur Elektronikversicherung angeboten. Diese Versicherung tritt ein, wenn Daten oder Programme auf Datenträgern aufgrund von Schäden rekonstruiert werden müssen. Aber Vorsicht: Das versehentliche oder mutwillige Löschen von Daten ist nicht versichert!

Die Versicherungssumme ergibt sich aus dem Materialwert und den Wiederbeschaffungskosten, den Kosten für eine erneute Eingabe oder aus den Lizenzgebühren für Programme. Bei Individualsoftware muß gegebenenfalls ein Sachverständiger eingeschaltet werden. Der Versicherungsnehmer hat hier zudem generell 5 % Selbstbeteiligung zu leisten. Insoweit muß jeder für sich entscheiden, ob eine derartige Versicherung notwendig ist. Für Privatpersonen ist eine ordnungsgemäße Datensicherung durch Sicherungskopien, die sowieso bei dieser Versicherung vorliegen müssen, billiger und eher zu empfehlen. Die Kosten für eine solche Versicherung liegen bei etwa 7 bis 8 % der Versicherungssumme.

3. Überspannung

Jeder Computerbesitzer kennt die Warnung: »Bei Gewitter unbedingt den Stecker aus der Steckdose ziehen.« Oftmals wird diese Vorsichtsmaßnahme jedoch nicht befolgt. Wenn dann der Blitz eingeschlagen hat und die Geräte dabei beschädigt wurden, hofft man, daß die Hausratversicherung einspringt. In vielen Fällen ist dies jedoch nicht so. Bis auf einige Ausnahmen verweigern die Versicherungsgesellschaften unter Berufung auf § 9 Nr. 2 b VHB 92 ihre Eintrittspflicht. Nach einem Urteil des Landgerichts Gießen vom 24. 8. 1994 (NJW-RR 1995, 989) ist eine solche Klausel wegen Verstoßes gegen das AGB-Gesetz allerdings unwirksam. Die Richter sind davon ausgegangen, daß ein durchschnittlicher

Versicherungsnehmer zu Recht erwarten dürfe, daß sein gesamter Hausrat auch gegen Beschädigungen durch Blitzschlag versichert sei, wie dies in den Versicherungsbedingungen ausdrücklich geregelt ist (§§ 3, 4 VHB 92). Wenn an anderer Stelle der Versicherungsbedingungen (für einen durchschnittlichen Versicherungskunden und technischen Laien schwer erkennbar) Kurzschluß- und Überspannungsschäden ausgeschlossen werden (§ 9 Nr. 2 b VHB 92), sei dies nicht zulässig. Denn aufgrund der Tatsache, daß etwa 90 % aller Schäden durch Blitz auf galvanische, also über das Stromnetz eingespeiste Überspannung zurückzuführen seien, würde so der in den Versicherungsbedingungen eigentlich eingeräumte »Versicherungsschutz gegen Blitzschlag« weitgehend entwertet.

! Noch ein Tip:
Oftmals ist es billiger, sich durch Überspannungsstecker, die zwischen Stromnetz und Computer geschaltet werden, vor Überspannungsschäden und deren Folgen zu schützen.

4. Reparaturkosten

Einige Versicherungsgesellschaften bieten im Vertrieb über die Computerhändler sogenannte **Reparaturkostenversicherungen** an. Generell ist vom Abschluß einer solchen Versicherung aus zweierlei Gründen abzuraten: Zum einen decken die Policen die wichtigsten Schadensursachen wie Kurzschluß- und Überspannungsschäden nicht ab. Zum anderen werden oftmals nicht unerhebliche Selbstbehalte vereinbart, so daß der Computerbesitzer gerade auch bei kleinen Schäden selbst in die Tasche greifen muß. Also, Finger weg!

5. Fremdschäden

Bei sogenannten **Fremdschäden** hat eine dritte Person an Ihrer Computeranlage einen Schaden verursacht. Beispielsweise hat ein Bekannter nach einem intensiven Computerspiel versehentlich den Monitor vor Begeisterung vom Schreibtisch gerissen. In so einem Fall müßte der Bekannte den entstandenen Schaden selbst ersetzen oder wenn er eine Privathaftpflichtversicherung besitzt, diese den Schaden begleichen.
Denken Sie aber daran: Schäden, die Sie gegenüber Angehörigen verursachen, sind zwar grundsätzlich versichert. Dies gilt aber dann nicht, wenn Sie mit dem geschädigten Angehörigen »in häuslicher Gemeinschaft auf Dauer zusammenleben«. Als »Angehörige« gelten dabei Ehegatte, Kinder, Eltern, Adoptiveltern oder -kinder, Schwiegereltern oder Schwiegerkinder, Stiefeltern oder Stiefkinder, Großeltern oder Enkel, Geschwister oder Pflegekinder. Wenn Sie also beispielsweise Ihre Großeltern besuchen und dort den nagelneuen Multimedia-PC herunterfallen lassen, muß Ihre Haftpflicht einspringen. Wohnen die Großeltern jedoch in der gleichen Wohnung wie Sie, müßte die Versicherung nicht zahlen. Außerdem sind Schäden gegenüber Angehörigen nicht versichert, wenn diese in der Privathaftpflicht des gleichen Unternehmens mitversichert sind. Wenn also beispielsweise die getrennt lebende Ehefrau mitversichert ist, würde die Versicherung im Schadensfalle nicht eintreten.

> [!] **Wichtig:**
> Wenn Sie einen Schaden anrichten, während Sie einer beruflichen oder betrieblichen Tätigkeit nachgehen, tritt die Privathaftpflicht nicht ein, da Sie nur in Ihrer Eigenschaft als Privatperson versichert sind. Die Privathaftpflichtversicherung tritt auch nicht ein, wenn Sie Schäden an fremden Sachen verursachen, die von Ihnen gemietet, gepachtet oder geliehen wurden.

IX. Steuerliche Aspekte des Computerkaufs

1. Werbungskosten

Aufwendungen für Computer können nur dann als Werbungskosten im Sinne von § 9 EStG (Einkommensteuergesetz) geltend gemacht werden, wenn
- der Computer ein Arbeitsmittel ist,
- nahezu ausschließlich (mehr als 90 %) beruflich genutzt wird *und*
- die private Mitbenutzung nur von untergeordneter Bedeutung ist.

Der Umfang der beruflichen und privaten Nutzung ist vom Steuerpflichtigen im einzelnen darzulegen und nachzuweisen (BFH vom 22. 9. 1995 – VI R 40/95, NJW-CoR 1996, 254). In der Praxis sollte man also dem Finanzamt mitteilen (in der Anlage N, Zeile 41 – Aufwendungen für Arbeitsmittel –), daß der Computer nur am Arbeitsplatz (Bescheinigung des Arbeitgebers vorlegen) oder im (bereits vom Finanzamt anerkannten) häuslichen Arbeitszimmer steht und daß mit dem PC nur unmittelbar für den Beruf gearbeitet wird. Alternativ kann man dem Finanzamt mitteilen (sofern dies auch tatsächlich zutrifft), daß für die private Nutzung ein zweiter Computer zur Verfügung steht (hierzu reicht auch ein »alter« PC aus).

Problematisch wird es, wenn Sie sich einen sogenannten Multimedia-PC zulegen. Dieser beinhaltet beispielsweise eine Soundkarte nebst Boxen oder eine Radio- und/oder TV-Karte. Das Finanzamt vermutet dann unweigerlich eine private Nutzung. Wenn dies bei Ihnen jedoch tatsächlich nicht der Fall ist, sollten Sie als Beleg für die Steuererklärung eine Rechnung des Händlers über einen »Personalcomputer xy nebst Zubehör« vorlegen. Unter Zubehör fällt beispielsweise auch die gängige Maus. Auf eine detaillierte Rechnung à la »Super Multimedia-PC-Ausstattung« sollten Sie dann lieber verzichten. Im übrigen ist fraglich, ob die Finanzämter angesichts der fortschreitenden technischen Entwick-

lung noch lange diesen eingeschlagenen Weg gehen können. Denn bereits jetzt gibt es Grafikkarten, die gleichzeitig einen Fernseh- und Radioanschluß zulassen. Die Grafikkarte ist aber nun einmal (noch) notwendige Grundausstattung eines PC. Man wird sich also neue Definitionen und Richtlinien einfallen lassen müssen, um dem Rechnung zu tragen.
Interessanterweise geht das Finanzamt bei tragbaren Computern (sogenannten Laptops bzw. Notebooks) davon aus, daß sie aufgrund ihrer technischen Ausstattung regelmäßig nur für eine berufliche Nutzung gedacht und für eine private Nutzung, besonders für Spiele, nicht geeignet sind. Der Erwerb eines solchen Computers wird also ohne weiteres als Werbungskosten anerkannt. Soweit also die Theorie. Im übrigen spricht die Arbeit mit gekauften, berufsspezifischen Programmen für die Anerkennung als Arbeitsmittel.

> **!** **Wichtig:**
> Sowohl die mit dem PC erstellte Steuererklärung als auch Schreiben an das Finanzamt zählen zur privaten Nutzung des PC. Verzichten Sie also aus Glaubwürdigkeitsgründen auf die Angabe einer 100%igen geschäftlichen Nutzung.

Für die Zukunft ist geplant, daß die Finanzbeamten einen Ausdruck der auf Ihrer Festplatte enthaltenen Programme mit einem Musterschreiben anfordern können. Die Beamten haben dann die Möglichkeit zu prüfen, ob sich überwiegend »rein privat« genutzte Programme auf der Platte befinden. Eine Liste mit diversen Programmen (von Access bis Works for Windows) soll den Beamten die Einordnung der verwendeten Programme erleichtern. Lassen Sie sich jedoch nicht davon abschrecken. Wenn Sie tatsächlich ein Programm ständig beruflich nutzen (z.B. die D-Info-Telefonnummern-CD-ROM), sollten Sie zunächst das persönliche Gespräch mit dem Finanzbeamten suchen, gegebenenfalls müßten Sie sich auf eine gerichtliche Klärung vor dem Finanzgericht einlassen. Denn die Einordnung mancher Programme nach Art der Nutzung entspricht nicht immer den tatsächlichen Gegebenheiten.

2. Abschreibung

- Wer dem Finanzamt glaubhaft versichert, daß er seinen Computer fast ausschließlich beruflich nutzt, kann die Kosten absetzen: für Hard- und Software bis 800 DM inklusive Mehrwertsteuer auf einen Schlag, höhere Kaufpreise über 3 Jahre hinweg (BFH – XI R 40/95).
- Aufrüstungskosten für mehr Speicherplatz können nur mit den Anschaffungskosten des PCs abgesetzt werden. Eine Speicherkarte hingegen ist ein eigenständiges Wirtschaftsgut und getrennt abschreibbar (FG Rheinland-Pfalz – 2 K 639/95).
- Ein PC-Tisch ist ein selbständiges Wirtschaftsgut im Sinne des § 6 Abs. 2 EStG mit der Folge, daß für dessen Erwerb bei Geringwertigkeit eine Investitionszulage nicht zu gewähren ist (FG Leipzig vom 18.7.1995 – 1 K 39/95, CR 1996, 542)

X. Gerichtliche Durchsetzung

Für jeden Käufer ist es wichtig zu wissen, wie er zu seinem Recht kommen kann. Hierzu ist die Inanspruchnahme der Gerichte und damit der Klageweg die beste Möglichkeit. Als Alternative gibt es zwar noch das sogenannte Mahnverfahren. Dieses bringt aber in der Praxis selten etwas. Das kommt daher, daß ein Händler, der auf ein außergerichtliches Schreiben des Käufers nicht reagiert, sich auch nicht vom Mahnbescheidsverfahren beeindrucken läßt. Insofern ist die gerichtliche Klage dann der bessere Weg.

Denken Sie auch immer daran, daß viele Händler darauf spekulieren, daß die Käufer wegen »geringer Beträge« nichts unternehmen, insbesondere nicht zum Rechtsanwalt gehen und schon gar nicht eine Klage anstrengen werden. Sie sollten diese Meinung jedoch nicht unterstützen und auf jeden Fall Ihre Ansprüche bei berechtigten Beanstandungen geltend machen.

1. Musterschreiben: Klage auf Erfüllung

Der Käufer kann vom Verkäufer verlangen, daß die gekaufte Ware zum vereinbarten Zeitpunkt übergeben wird und er Eigentum an der Ware erlangt. Wenn der Verkäufer diesen Verpflichtungen nicht nachkommt, hat der Käufer einen Anspruch auf Erfüllung des Kaufvertrages. Dieser Anspruch ist bei einem Streitwert (z. B. Wert des PC) bis zu 10 000 DM vor dem Amtsgericht auszutragen. Der Käufer kann sich vor dem Amtsgericht durch einen Rechtsanwalt vertreten lassen; zwingend ist dies allerdings nicht. Sofern der Verkäufer die Ware nicht liefert, kann der Käufer ihn auf Erfüllung verklagen. Es ist also beim Gericht schriftlich oder zu Protokoll der zuständigen Geschäftsstelle des Gerichts zu beantragen, den Verkäufer zu verurteilen, Ihnen die gekaufte Ware zu übergeben und zu übereignen. Eine Klage auf Lieferung der gekauften Sache könnte wie folgt aussehen:

Musterschreiben: Klage auf Erfüllung

An das
Amtsgericht ... (Name und Anschrift des Gerichts)

Hamburg ... (Ort), den ... (Datum)

<u>Klage</u>

des ... (Name und Anschrift des Klägers)

g e g e n

den ... (Name und Anschrift des Beklagten)

wegen: Übergabe und Eigentumsverschaffung

Vorläufiger Streitwert: ... DM (Wert der Sache)

Hiermit erhebe ich Klage und werde beantragen:

1. Der Beklagte wird verurteilt, an den Kläger den Monitor der Marke xy ... (Kaufsache Typ, Seriennummer) gegen Zahlung von ... (Kaufpreis) zu übergeben und zu übereignen.

2. Die Übergabe kann nur binnen zwei Wochen nach Rechtskraft des Urteils erfolgen.

Sofern das Gericht das schriftliche Vorverfahren anordnet, wird für den Fall der Fristversäumnis oder des Anerkenntnisses beantragt,

den Beklagten durch Versäumnisurteil oder Anerkenntnisurteil ohne mündliche Verhandlung zu verurteilen.

Begründung: –Beispielsweise–
Am ... (Datum) kaufte ich bei der Beklagten einen PC ... (Kaufsache) zum Preis von ... (Kaufpreis). Zum Beweis dafür lege ich die Rechnung vor (Anlage 1).
Das Gerät sollte am ... (Lieferdatum) geliefert werden. Bis heute ist jedoch keine Lieferung erfolgt. Insoweit ist Klage geboten.
Sollte mein Klagvortrag der Ergänzung bedürfen, bitte ich um richterlichen Hinweis.

(Unterschrift des Klägers)

Gerichtliche Durchsetzung

2. Verjährung

Den Satz »Das ist doch längst verjährt« hat fast jeder Verbraucher schon einmal gehört. Aber was hat es eigentlich auf sich mit der sogenannten Verjährung? Nehmen wir einmal an, ein Käufer hat ein Modem beim Händler um die Ecke vor 6 Monaten und 12 Tagen erworben. Der Händler lehnt die kostenlose Reparatur mit dem Hinweis ab, daß die Gewährleistungsfrist bereits abgelaufen und damit der Anspruch verjährt sei.

- **Was bedeutet »Verjährung«?**

Verjährung heißt also, daß der Käufer oder der Verkäufer sich nach Ablauf eines bestimmten Zeitraums der geltend gemachten Forderung widersetzen kann. Die Verjährung soll den Schuldner davor schützen, durch Zeitablauf in eine schlechte Beweisposition zu geraten oder Regreßmöglichkeiten zu verlieren. Gleichzeitig wird der Gläubiger aufgefordert, seine Ansprüche so bald wie möglich geltend zu machen. Die Verjährung bedeutet allerdings nicht, daß der jeweilige Anspruch erlischt; sie gibt dem Verkäufer lediglich ein Leistungsverweigerungsrecht. Das bedeutet beispielsweise, wenn sich der Verkäufer auf die Verjährung beruft, kann der Käufer sein Gewährleistungsrecht nicht mehr durchsetzen. Sofern er sich nicht auf die Verjährung beruft, bleibt er zur Erfüllung seiner Gewährleistung verpflichtet. In einem Gerichtsverfahren müßte der Verkäufer sich also ausdrücklich darauf berufen, daß der Anspruch verjährt ist.

- **Länge der Verjährungsfrist?**

Die regelmäßige Verjährungsfrist beträgt 30 Jahre. Dies bedeutet, daß ein durch ein rechtskräftiges Urteil festgestellter Anspruch (z. B. Kaufpreiszahlung durch den Käufer oder Gewährleistung durch den Verkäufer) erst in 30 Jahren verjährt, auch wenn er an sich einer kürzeren Verjährung unterliegt. Beim Kaufvertrag über Waren beträgt die *Verjährungsfrist wegen Mängeln* aber nur **6 Monate**. Diese kurze Gewährleistungsfrist gilt auch, wenn der Mangel erst nach Ablauf der Frist zu erkennen war (sogenannter versteckter Mangel). Beim arglistigen Verschweigen des Mangels (siehe Seite 75) gilt aber eine 30jährige Verjährungsfrist.

- **Beginn der Verjährung?**

Die Verjährung beginnt grundsätzlich mit der Ablieferung der Sache. Wenn Sie also beispielsweise beim Computerhändler um die Ecke Ihren gekauften PC gleich mitnehmen, ist die Sache übergeben und damit rechtlich gesehen »abgeliefert«. Von nun an beginnt die Verjährung zu laufen. Sofern im EDV-Bereich auch eine Einweisung vereinbart wurde, beginnt die Verjährung nicht vor deren Beendigung.

Die Verjährungsfrist für Gewährleistungsansprüche des Käufers beginnt bei Teillieferungen des Verkäufers nicht vor der letzten Teillieferung (OLG Köln vom 3. 1. 1995 – 19 U 72/95, NJW-CoR 1996, 330). Hat also der Verkäufer einer kompletten Computeranlage zunächst den Monitor, dann den Drucker und erst zum Schluß den PC geliefert, beginnt erst mit dessen Lieferung die 6-Monats-Frist zu laufen. Bei Standardsoftware genügt in der Regel die Übergabe des Programms nebst Bedienungsanleitung, damit die Frist zu laufen beginnt.

Bei einer Falschlieferung (falsche Sache, Art oder Menge, siehe Seite 113) beginnt die Verjährung nicht zu laufen, da der Verkäufer seine Lieferverpflichtung noch gar nicht erfüllt hat.

Im übrigen können die gesetzlichen Verjährungsfristen weder durch besonderen Vertrag oder Abmachung noch durch Allgemeine Geschäftsbedingungen des Verkäufers verkürzt werden; sie können jedoch verlängert werden.

> [!] **Wichtig:**
> Die Verjährung des Kaufpreisanspruches, also der Anspruch des Verkäufers gegen den Käufer auf Zahlung des Kaufpreises, beginnt bereits mit Vertragsschluß und nicht erst mit Ablieferung der Sache.

Gerichtliche Durchsetzung

- **Unterbrechung der Verjährung?**

Für einen Käufer kann es sehr wichtig sein, den Lauf der Verjährungsfrist zu unterbrechen. Nehmen wir einmal an, der Käufer entdeckt zwei Wochen vor Ablauf der sechsmonatigen Gewährleistungsfrist (vgl. Seite 93) einen Mangel an seinem Monitor. Würde der Käufer jetzt ein Schreiben an den Verkäufer schicken, ihm den Mangel schildern und um Beseitigung bitten, ist die Verjährung dadurch nicht unterbrochen; gleiches gilt auch für eine Mahnung! Es besteht nämlich die Gefahr, daß der Verkäufer vier Wochen lang nicht reagiert und dann schreibt: »Ihre Gewährleistungsansprüche sind leider verjährt. Eine Reparatur des Monitors ist nunmehr kostenpflichtig.« Um es nicht soweit kommen zu lassen, muß der Käufer die Verjährung *unterbrechen*. Hierfür gibt es drei (gerichtliche) Möglichkeiten:
- Klageerhebung des Käufers vor Gericht,
- selbständiges gerichtliches Beweisverfahren,
- Zustellung eines Mahnbescheids im Mahnverfahren.

Die beiden erstgenannten Fälle sollten Sie im Zweifel in die Hände eines Rechtsanwaltes geben oder sich Hilfe bei einer Verbraucherberatung holen. Ein Musterschreiben für eine Klage finden Sie auf Seite 215. Ein Mahnbescheidsverfahren können Sie auch selber durchführen. Hierzu können Sie sich im Schreibwarenhandel einen Formularsatz holen, der alle nötigen Schritte beinhaltet und mit einer kurzen Ausfüllanleitung versehen ist. Diesen Formularsatz müssen Sie dann bei Gericht nebst Einzahlung einer Gebühr einreichen. Alles weitere geschieht von Amts wegen. Sollte der Antragsgegner Widerspruch gegen den Mahnbescheid einlegen, kommt es ohnehin zu einem Gerichtsverfahren, sofern Sie die weiteren Gerichtskosten verauslagen.

Es gibt noch einen (außergerichtlichen) Fall, der auch zu einer Unterbrechung der Verjährungsfrist führt: wenn der Verkäufer dem Käufer gegenüber den geltend gemachten Anspruch anerkennt. Ein solches Anerkenntnis liegt beispielsweise dann vor, wenn der Verkäufer dem Käufer Nachbesserungsarbeiten zusagt oder bereits Nachbesserungsarbeiten vornimmt. Da die Hemmung der Verjährung hinsichtlich der Gewährleistungsansprüche des Käufers nur im Hinblick auf solche Mängel eintritt, die Gegenstand der Nachbesserungsvereinbarung zwischen den Kaufvertragsparteien sind, sollten Sie sich vom Händler bei Abgabe der zu reparierenden Ware den Reparaturumfang (Fehlerbeschreibung) und die Reparaturdauer (Beginn und Ende) schriftlich bestätigen lassen. Die Verjährung kommt dann mit der Einigung der Parteien über die durchzuführende Nachbesserung zum Stillstand (BGH vom 20. 11. 1996 – VIII ZR 184/95, NJW 1997, 727) und läuft nach Abschluß der Reparatur weiter.

3. Beweislast

Viele Gerichtsprozesse gehen verloren, weil der Kläger seine geltend gemachten Ansprüche nicht beweisen kann. Insoweit ist die Aussage »Recht hat, wer Recht bekommt« oftmals leider zutreffend. Grundsätzlich gilt, daß jeder die Tatsachen zu beweisen hat, aus denen er seine Rechte herleiten will. Für den Käufer kann es zwar von Vorteil sein, daß das Gericht die Beweise »frei würdigen« kann, sich also eine eigene Überzeugung von der Wahrheit bilden kann. Es ist aber besser, die Beweise dem Gericht so vorlegen zu können, daß es nur noch für Sie entscheiden kann. Damit Sie einen Anhaltspunkt erhalten, was von wem im Kaufrecht zu beweisen ist, nachfolgend eine Übersicht:

- Vom *Käufer* zu beweisen:
  - Abschluß des Kaufvertrages;
  - Vorliegen eines Mangels nach Annahme der Sache;
  - Verjährungshemmung oder Verjährungsunterbrechung;
  - Zusagen bzw. besondere Vereinbarungen (mündlich/schriftlich) des Verkäufers;
  - Voraussetzungen für Verzug des Verkäufers;
  - beim Versendungskauf: ab der Übergabe an den Beförderer Vorliegen eines Mangels.

- Vom *Verkäufer* zu beweisen:
  - Eintritt der Verjährung;
  - wirksame Vereinbarung von Allgemeinen Geschäftsbedingungen (AGB);
  - besondere Vereinbarungen zugunsten des Verkäufers.

Gerichtliche Durchsetzung

> **Hinweis:**
> Die AGB der Verkäufer sehen oftmals eine kurze »Rügefrist« bei Vorliegen eines Mangels vor. Beispielsweise steht in den AGB, daß ein Mangel dem Verkäufer innerhalb von zwei Wochen angezeigt werden muß. Solche Klauseln sind nach dem AGBG erlaubt (§ 11 Nr. 10 e AGBG), dürfen sich aber nur auf »offensichtliche« Mängel beziehen.

4. Zuständiges Gericht

Haben Sie beim Computerhändler um die Ecke etwas gekauft, ist im Falle von Reklamationen das Amtsgericht (bis Streitwert 10 000 DM) an Ihrem Wohnsitz für eine Klage oder auch für ein Mahnverfahren zuständig. Sofern Sie beim Versandhandel gekauft haben, ist die Sache schon komplizierter. Grundsätzlich müssen Sie den Schuldner an seinem Wohn- oder Geschäftssitz verklagen. Dies bedeutet beispielsweise, daß Sie als Hamburger Bürger einen Händler aus München auch dort vor dem zuständigen Gericht verklagen müssen.

Was ist aber zu tun, wenn eine große Filialkette mit Hauptsitz in Frankfurt in vielen großen Städten Verkaufsniederlassungen unterhält? Sie können dann den Händler der Niederlassung verklagen, sofern Sie das defekte Gerät dort erworben haben. Beispielsweise hat eine Firma mit Hauptsitz in München eine Niederlassung in Flensburg, bei der Sie die Ware gekauft haben. Eine entsprechende Klage würde zum Amtsgericht Flensburg gehen.

> **Wichtig:**
> Vereinbarungen des Verkäufers in den AGB, um den Gerichtsstand, d. h. dort, wo ein Prozeß geführt werden müßte, verlegen zu lassen, sind für Nichtkaufleute unzulässig.

5. Kosten

Vor einer gerichtlichen Auseinandersetzung ist es nicht unwesentlich zu erfahren, welche Gebühren auf Sie zukommen können. Dies sind neben Gerichts- und Anwaltskosten auch Kosten für eventuelle Zeugen und Sachverständige. In einem Prozeß müssen Sie als Kläger diese Kosten zunächst verauslagen, d. h. Sie selbst schulden dem Gericht und Ihrem eigenen Anwalt die Kosten. Alles weitere hängt vom Ausgang des Gerichtsverfahrens ab:

- **Sie gewinnen den Prozeß:**

In diesem Fall sind Sie (fast) aus dem Schneider. Der Beklagte wird unter diesen Umständen auch die Kosten des gesamten Rechtsstreits tragen müssen. Dies bedeutet für Sie, daß Ihr Gegner sowohl die Gerichts- als auch Ihre Anwaltskosten tragen muß. Problematisch ist dies nur dann, wenn Ihr Gegner nicht genügend Geld hat, um die Kosten zu erstatten. Dann bleiben Sie leider auf Ihren Kosten sitzen!

- **Sie verlieren den Prozeß:**

In diesem Fall müssen Sie alle Kosten des Rechtsstreits, also Gerichts- und Anwaltskosten (auch die des Gegners), tragen. Sollten Sie mit dem Urteil nicht einverstanden sein, ist ein *Berufungsverfahren*, d. h. ein Verfahren in der zweiten Instanz (i. d. R. beim Landgericht), nur möglich, wenn der Streitwert mindestens 1501 DM beträgt. Also selbst bei einem Streitwert von 1499 DM bleibt Ihnen der Weg in die nächste Instanz versperrt. Es bliebe dann bei dem amtsgerichtlichen Urteil.

a) Gerichtskosten

Die Gerichtskosten setzen sich aus den **Gebühren** und **Auslagen** für das Gericht zusammen. Grundlage für die Berechnung ist das Gerichtskostengesetz (GKG). Die Höhe der Gerichtskosten richtet sich in erster Linie nach dem Streitwert und der vom Gericht vorzunehmenden Tätig-

Gerichtliche Durchsetzung

keit. Streitwert ist bei Geldansprüchen – vereinfacht ausgedrückt – der Betrag, um den gestritten wird.

 Beispiele: Berechnung des Streitwertes
1. Der von Ihnen gekaufte Monitor im Wert von 800 DM ist defekt. Streitwert wäre in diesem Fall 800 DM.
2. Ihr neuer PC für 3000 DM enthält eine defekte Festplatte im Wert von 250 DM und eine defekte Netzwerkkarte im Wert von 100 DM. Wollen Sie nur Ersatz für die defekte Festplatte, ist der Streitwert hier 250 DM. Wenn um Austausch der Festplatte und der Netzwerkkarte gestritten wird, ist Streitwert 350 DM. Möchten Sie den kompletten PC zurückgeben, wäre der Streitwert 3000 DM.

Damit Sie die entstehenden Gerichtskosten für die erste Instanz vor dem Amtsgericht selbst abschätzen können, enthält die Tabelle 4 eine Übersicht der am häufigsten im Computerbereich auftretenden Streitwerte mit den dazugehörigen (maximalen) Gerichtskosten (gerundet).

Tabelle 4:

Streitwert (DM):	Gerichtskosten (DM):
1 – 600	150
601 – 1200	210
1201 – 1800	270
1801 – 2400	330
2401 – 3000	390
3001 – 4000	435
4001 – 5000	480
5001 – 6000	525
6001 – 7000	570

Beispiel: Ermittlung der Gerichtskosten
Bei einem Streitwert von 1450 DM müßten Sie zunächst Gerichtskosten in Höhe von 270 DM verauslagen und somit an das Gericht zahlen.

b) Zeugen und Sachverständige

Sofern in einem Gerichtsverfahren zur Aufklärung des Sachverhalts Zeugen vernommen werden müssen oder ein Sachverständigengutachten erstellt werden muß (sogenannte *Beweisaufnahme*), entstehen weitere Kosten. Die Höhe bemißt sich nach dem Gesetz über die Entschädigung von Zeugen und Sachverständigen (ZSEG).
Ein **Zeuge** erhält seine Fahrtkosten und gegebenenfalls auch seinen Verdienstausfall ersetzt. Die Entschädigung beträgt dabei für jede versäumte Arbeitszeit-Stunde 4 bis 25 DM, je nach Bruttoverdienst.
Ein **Sachverständiger** erhält eine bestimmte Stundenvergütung. Diese beträgt – je nach Fachkenntnisse und Schwierigkeit der Leistung – für jede angefangene Stunde 50 bis 100 DM. Sollte der Sachverständige bestimmte Aufwendungen gemacht haben (z. B. Fotos), bekommt er auch diese ersetzt.

c) Anwaltskosten

Auch die Anwaltskosten in einem Gerichtsverfahren hängen insbesondere vom Streitwert ab. Grundlage für die Berechnung der Anwaltsgebühren ist die Bundesgebührenordnung für Rechtsanwälte (BRAGO). Im Regelfall erhält der Rechtsanwalt in einem gerichtlichen Verfahren drei Gebühren, sofern es zu einer Beweisaufnahme kommt, und Ersatz seiner Auslagen. Hierbei handelt es sich um
• die Prozeßgebühr (Fertigen der Schriftsätze im Prozeß),

Gerichtliche Durchsetzung

- die Verhandlungsgebühr (Teilnahme an den Gerichtsterminen),
- die Beweisgebühr (Teilnahme an der Beweisaufnahme mit Zeugen).

Dies bedeutet, daß Sie Ihrem eigenen Anwalt schulden würden:

Tabelle 5:

Streitwert (DM):	Anwaltskosten (DM):
1 – 600	200
601 – 1200	360
1201 – 1800	495
1801 – 2400	630
2401 – 3000	770
3001 – 4000	960
4001 – 5000	1150
5001 – 6000	1340
6001 – 7000	1530

 Beispiel:

Sie streiten vor Gericht um einen defekten Drucker im Wert von 1200,95 DM. Bei diesem Streitwert würden, sofern auch eine Beweisaufnahme vor Gericht stattfinden müßte, an Anwaltskosten 495 DM zu zahlen sein.

 Hinweis:

Sofern Sie einen Prozeß verlieren, müßten Sie auch den Rechtsanwalt der Gegenseite (mit nochmals in etwa gleichen Kosten) bezahlen.

d) Welches Kostenrisiko gehen Sie ein?

Damit Sie abschätzen können, welche Gesamtkosten auf Sie im Falle einer Prozeßniederlage zukämen, ist in der folgenden Tabelle für die erste Instanz (hier also Amtsgericht) das Kostenrisiko aufgeführt, wenn sowohl Kläger als auch Beklagter anwaltlich vertreten sind und eine Beweisaufnahme vor Gericht stattfindet. Etwaige Kosten für Zeugen und Sachverständige sind nicht berücksichtigt.

Tabelle 6:

Streitwert (DM):	Gesamtkosten (DM):
1 – 600	550
601 – 1200	930
1201 – 1800	1260
1801 – 2400	1600
2401 – 3000	1940
3001 – 4000	2360
4001 – 5000	2790
5001 – 6000	3210
6001 – 7000	3630

6. Urteil – und dann?

Wenn Sie vor Gericht ein Urteil erstritten haben, müssen Sie anschließend für die sogenannte **Vollstreckung des Urteils** sorgen. Sofern Sie einen Rechtsanwalt beauftragt haben, wird dieser die entsprechenden Schritte nach Rücksprache mit Ihnen veranlassen. Ansonsten müssen Sie sich um die folgenden Schritte selber kümmern:

Sie erhalten vom Gericht einen vollstreckbaren Titel, das Urteil. Dieses müssen Sie auf Antrag mit einer Vollstreckungsklausel versehen lassen;

diesen Antrag können Sie bereits bei Einreichung der Klage stellen. Im Anschluß daran schicken Sie den vollstreckbaren Titel (das Urteil) an das zuständige Amtsgericht und die dortige Verteilungsstelle für Gerichtsvollzieheraufträge. Dort leitet man Ihren Vollstreckungsauftrag an den zuständigen Gerichtsvollzieher weiter. Dieser begibt sich daraufhin zum Schuldner und versucht das Urteil zu vollstrecken. Ist beispielsweise der Händler zur Zahlung von 1000 DM verurteilt worden, würde der Gerichtsvollzieher versuchen, das Geld beim Händler zu pfänden. Als weitere Alternative kommt eine spätere Kontopfändung, die gerade bei Geschäftsleuten sehr wirksam sein kann, in Betracht.

Der Gerichtsvollzieher macht seine eigenen Kosten Ihnen gegenüber mit der Rücksendung des Titels regelmäßig per Nachnahme geltend.

7. Verfahrensdauer

Über die Dauer eines Gerichtsverfahrens läßt sich nur schwer eine allgemeingültige Aussage treffen. Dies hängt insbesondere von der jeweiligen Auslastung und Terminplanung des Gerichts und des zuständigen Richters (z. B. Urlaub) ab. Im günstigsten Falle müssen Sie mit einer Verfahrensdauer von etwa 6 bis 8 Wochen rechnen. Kommt es zu einer mündlichen Verhandlung nebst Beweisaufnahme, können durchaus 3 bis 5 Monate bis zur Verkündung und Zustellung des Urteils vergehen. Erst mit Vorliegen des Urteils können Sie gegebenenfalls notwendige Vollstreckungsmaßnahmen (durch den Gerichtsvollzieher, siehe oben) einleiten. Andererseits muß man sich auch immer sagen: Besser spät zu seinem Recht kommen, als gar nicht.

8. Rechtsschutzversicherungen

Die Rechtsschutzversicherung zählt zwar nicht zu den Versicherungen, die jeder Bürger haben sollte (wie z. B. die Privathaftpflichtversicherung), sie kann jedoch im Falle eines Falles äußerst nützlich sein. Vor dem Abschluß einer Rechtsschutzversicherung ist allerdings zu bedenken, daß es einen Allround-Rechtsschutz nicht gibt. Im Rahmen dieses Ratgebers kann zwar eine bestimmte Rechtsschutzversicherung nicht empfohlen werden. Sie sollten jedoch vor Abschluß einer Versicherung die folgende Liste beachten:

 Checkliste:
- Ist es überhaupt denkbar, daß ich oder meine Familienangehörigen jemals einen Rechtsstreit führen müssen?
- Welche Kosten kommen auf mich zu?
- Welche Risiken will ich versichern?
- Nur für den privaten oder auch geschäftlichen Bereich?
- Wann muß meine Versicherung in einem konkreten Fall eintreten?
- Was muß ich tun, damit meine Versicherung im Falle eines Falles für mich eintritt?

Welcher Vertrag ist für Sie der »richtige«?
Die verschiedenen Arten von Rechtsschutzverträgen beziehen sich vor allem auf die Lebensbereiche »Privatleben«, »Beruf« und »Verkehr«. Für Sie als (zukünftigen) Computernutzer kommt in erster Linie der sogenannte Privatrechtsschutz für Nichtselbständige in Betracht (§ 25 ARB). Dieser umfaßt auch Streitigkeiten im Vertrags- und Sachenrecht und damit die Fälle, wenn der Computer streikt. Die Rechtsschutzversicherung hilft Ihnen sowohl bei der Geltendmachung eigener Ansprüche als auch bei der Abwehr gegen Sie gerichteter Ansprüche Ihres Vertragspartners. Der Ehegatte oder Lebensgefährte und nichtberufstätige, unverheiratete Kinder unter 25 Jahren sind kostenlos mitversichert.

Gerichtliche Durchsetzung

 Beispiel:
Sie kaufen sich einen teuren Multimedia-PC, der sich als defekt herausstellt. Obwohl mehrere Reparaturversuche fehlschlagen, weigert sich der Verkäufer, den PC gegen Rückerstattung des Kaufpreises zurückzunehmen. Die Privatrechtsschutz würde jetzt die Kosten eines Rechtsstreits übernehmen.

Was müssen Sie tun, wenn Sie den Rechtsschutz in Anspruch nehmen wollen?
- Unverzügliches Informieren der Rechtsschutzversicherung über den eingetretenen Schaden.
- Um schriftliche Deckungszusage bitten.
- Suchen Sie sich dann einen Anwalt Ihrer Wahl.
- Auf Wunsch nennt die Rechtsschutz einen Anwalt.

 Hinweis:
Holen Sie die Deckungszusage Ihrer Versicherung nach Möglichkeit selber ein. Ihr Rechtsanwalt kann Ihnen nämlich für diese Tätigkeit extra Gebühren in Rechnung stellen, da dies nicht zu seiner üblichen Tätigkeit gehört.

Wann zahlt die Versicherung nicht?
Die Rechtsschutzversicherer haben in ihren Allgemeinen Rechtsschutzbedingungen (ARB) viele Ausschlüsse aufgenommen, bei denen die Versicherung dann nicht zahlt. Dies gilt
- wenn der Kostenaufwand für die Versicherung in grobem Mißverhältnis zum angestrebten Erfolg steht.

Beispiel:
Ein Druckerkabel (Wert ca. 7 DM) ist möglicherweise defekt. Sie möchten Ihr Recht nunmehr vor Gericht erstreiten. Alleine die Gerichtskosten würden sich im Höchstfalle auf 150 DM belaufen. Die Versicherung würde voraussichtlich nicht eintreten.

Rechtsschutzversicherungen

- wenn der Anlaß der Streitigkeit noch vor Abschluß der Versicherungspolice lag.
  Beispiel:
  Sie haben am 1.1.1998 einen PC gekauft. Dieser ist von Anfang an defekt. Erst am 2.3.1998 schließen Sie eine Rechtsschutzversicherung ab, die Vertragsrechtsschutz umfaßt. Die Versicherung würde in diesem Fall nicht für Sie eintreten.

- wenn der Versicherer die Erfolgsaussicht verneint.
  Beispiel:
  Beim Umzug haben Sie Ihren neuen Monitor herunterfallen lassen. Hierdurch wurde die Bildröhre beschädigt. Sie möchten nun vom Händler Ersatz für den defekten Monitor haben. Die Versicherung würde eine Deckung ablehnen.

- wenn die Wartezeit noch nicht abgelaufen ist.
  Beispiel:
  Sie haben am 1.2.1998 einen PC gekauft. Dieser ist von Anfang an defekt. Zum 1.1.1998 haben Sie eine Rechtsschutzversicherung abgeschlossen, die Vertragsrechtsschutz umfaßt. Die Versicherung würde keine Deckung erteilen, denn Rechtsschutzfälle, die in den ersten drei Monaten nach Abschluß des Versicherungsvertrages liegen, sind (bis auf einige, hier nicht entscheidende Ausnahmen) nicht versichert.

Was die Versicherung zahlt:
- Kosten für den eigenen, am Ort des zuständigen Gerichts ansässigen Rechtsanwalt;
- Kosten eines Rechtsanwaltes vor Ort (Korrespondenzanwalt), sofern das zuständige Gericht mehr als 100 km Luftlinie vom Versicherten entfernt ist;
- Kosten für das Gericht;
- Kosten für eventuelle Zeugen und Sachverständige;
- Kosten für eventuelle Übersetzung von Schriftstücken;
- Kosten des Gegners, soweit der Versicherte sie erstatten müßte.

Gerichtliche Durchsetzung

Was die Versicherung nicht zahlt:
- Reisekosten des eigenen Anwalts, der nicht am Gerichtsort ansässig ist;
- Kosten eines Privatgutachters, der nicht vom Gericht bestellt worden ist;
- Kosten des eigenen Rechtsanwaltes, die die gesetzliche Gebührenhöhe übersteigen;
- Kosten für einen Korrespondenzanwalt, falls Sie unter 100 km vom Gerichtsort entfernt wohnen;
- Kosten für Streitigkeiten mit der eigenen Rechtsschutzversicherung.

Wann bekommen Sie anwaltliche Beratung?
Die Kosten für eine anwaltliche Rechts*beratung* (ohne daß der Anwalt schriftlich tätig wird) werden nicht in jedem Falle von der Versicherung übernommen. Hierzu muß
- die konkrete Leistungsart (z. B. Vertragsrechtsschutz) versichert sein,
- auch die *außer*gerichtliche Interessenwahrnehmung vom Rechtsschutz umfaßt sein,
- ein Rechtsschutzfall vorliegen, der eine Beratung »notwendig« macht.

> [!] **Hinweis:**
> Fragen Sie Ihre Rechtsschutzversicherung vor Inanspruchnahme eines Rechtsanwalts, ob die Kosten einer Beratung übernommen werden, und lassen Sie sich dies schriftlich bestätigen.

Alternativen zur Rechtsschutzversicherung?
Zumindest solange Sie sich noch nicht vor Gericht befinden, gibt es eine kostengünstige Alternative. Sie können sich an eine der zahlreichen Verbraucherzentralen im Bundesgebiet wenden. Dort kann man Ihnen einen

Rechtsschutzversicherungen

Ansprechpartner vor Ort nennen. Die Adressen erfahren Sie über die Arbeitsgemeinschaft der Verbraucherverbände e. V., Heilsbachstraße 20, 53123 Bonn, Tel. 02 28 / 6 48 90, oder Sie schauen unten in die Liste. Zur Qualität des in der jeweiligen Verbraucherzentrale erteilten Rats läßt sich nur sagen, daß diese oftmals vom beratenden Mitarbeiter abhängt. Im übrigen werden Sie telefonische Auskünfte kaum bekommen, da zu den üblichen Sprechzeiten – zumindest in Hamburg – die Telefonleitungen überlastet sind.

Verbraucherzentrale	**Ort**	**Telefonnummer**
Baden-Württemberg	Stuttgart	(07 11) 6 69 10
Bayern	München	(0 89) 53 98 70
Berlin	Berlin	(0 30) 21 48 50
Brandenburg	Potsdam	(03 31) 2 89 33 33
Bremen	Bremen	(04 21) 32 08 34
Hamburg	Hamburg	(0 40) 24 83 22 00
Hessen	Frankfurt / Main	(0 69) 9 72 01 00
Mecklenburg-Vorpommern	Rostock	(03 81) 49 39 80
Niedersachsen	Hannover	(05 11) 9 11 96 01
Nordrhein-Westfalen	Düsseldorf	(02 11) 3 80 90
Rheinland-Pfalz	Mainz	(0 61 31) 2 84 80
Saarland	Saarbrücken	(06 81) 5 20 47
Sachsen	Leipzig	(03 41) 6 89 30 41
Sachsen-Anhalt	Halle	(03 45) 5 00 83 22
Schleswig-Holstein	Kiel	(04 31) 5 12 86
Thüringen	Erfurt	(03 61) 55 51 40

Anhang

1. Einige wichtige Computer-Begriffe

Absturz → Systemabsturz

Abwärtskompatibel → Kompatibilität

Add-on
Bezeichnung für eine Erweiterung, die entweder durch Hardware (z. B. zusätzliche Steckkarte) oder Software (z. B. ergänzendes Programmteil) eine Leistungs- oder Funktionssteigerung des Computersystems herbeiführen soll.

ANSI-Code
Abkürzung für »American National Standards Institute«-Code

Arbeitsspeicher → RAM-Speicher

ASCII-Code
Abkürzung für »American Standard Code for Information Interchange«; ermöglicht die Darstellung von Zeichen in Form von binären Zahlen, Beispiel: ASCII 57 = Zahl »9«

Backup
Bedeutet die Kopie eines Datenbestandes zu Sicherungszwecken anlegen.

Benchmark
Englische Bezeichnung für »Maßstab«. Mit sogenannten Benchmark-Programmen wird die Leistungsfähigkeit eines Computers oder seiner einzelnen Komponenten bestimmt. Die Aussagekraft ist jedoch oftmals nicht objektiv.

Einige wichtige Computer-Begriffe

Beta-Version
Hiermit ist ein Anwendungsprogramm (Software) gemeint, das sich noch in der Entwicklungs- bzw. Testphase befindet, und noch nicht offiziell zum Verkauf freigegeben ist. Diese Version enthält oft noch viele Fehler (→ Bug).

Betriebssystem
Das Betriebssystem ist notwendig, um den Betrieb des Computers zu ermöglichen. Es besteht aus diversen Softwarekomponenten, die nach Anschalten des Rechners geladen und verarbeitet werden.

BIOS
Engl. Abk. für »Basic Input Output System« = Grundsätzliches Eingabe-Ausgabe-System, meist in einem EPROM des Computers gespeicherte Systemroutinen, die das Ausführen und Speichern grundlegender Funktionen ermöglichen (Beispiel: Stellen von Uhrzeit und Datum).

BIT
Engl. Kunstwort aus »BInary und digiT« = binäre Stelle, kleinste Speichereinheit in der EDV mit dem Wert 1 (wahr) oder Wert 0 (falsch) (→ BYTE).

Booten
Nach dem Einschalten eines Computers lädt dieser das Betriebssystem. Diesen Vorgang nennt man Booten.

Bug
Engl. Ausdruck für »Wanze«. Gemeint ist ein Fehler in einem Computerprogramm, der in krassen Fällen auch zum (→) Absturz des Rechners führen kann. Oft sind einzelne Funktionen eines Programms nicht oder nur über Umwege bedienbar.

Bulk-Ware
Engl. Begriff (wörtlich »unverpackte Ware«) für Computerprodukte, die der Händler vom Hersteller in größeren Mengen ohne aufwendige Verpackung erhält und die teilweise ohne Treiber, Handbücher oder son-

stiges (bei einem normalen Angebot beiliegendes) Zubehör (z. B. Spiele bei Grafikkarten) geliefert werden. Dafür meist günstiger als normale Angebote.

Bundling
Engl. Begriff (wörtlich »Schnüren eines Paketes«) für den Verkauf zweier separater Produkte in einem Paket. Beispiel: Verkauf eines PC zusammen mit einem Programm wie Microsoft Office.

BYTE
Maßeinheit für Informationseinheiten; 1 BYTE = 8 Bit, 1 KiloBYTE = 1024 BYTE, 1 GigaBYTE = 1024 MegaBYTE.

Cache
Pufferspeicher, der den Zugriff auf Prozessor oder Datenträger wie die Festplatte beschleunigen soll.

CD-A
= CD-DA = Compact Disc (Digital) Audio = Audio-CD = Musik-CD.

CD-I
= Compact Disc Interactive = interaktive CD.

CD-R
= Compact Disc Recordable = einmalig wiederbeschreibbare CD.

CD-ROM
= Compact Disc Read Only Memory, nicht wiederbeschreibbare optische Platte.

CD-RW
= Compact Disc Rewriteable = mehrmals wiederbeschreibbare CD.

Einige wichtige Computer-Begriffe

Cheat
Engl. Begriff für »schummeln«. Ein Anwender kann sich durch Tastencodes Vorteile bei einem Computerspiel verschaffen (z. B. Unverwundbarkeit).

COM 1
Erste serielle Schnittstelle. Die zweite wird mit »COM 2« bezeichnet.

CPU
Abkürzung für »Central Processing Unit«, gemeint ist der Hauptprozessor als Herz des Computers.

Dongle
Der Dongle ist ein Kopierschutzstecker in Form einer kleinen Schachtel, die auf eine der Schnittstellen des Computers gesteckt wird. Das Vorhandensein des Dongle wird dann beim Programmstart oder während des Programmbetriebs abgefragt. Das Programm wird abgebrochen, wenn der Betrieb ohne Dongle versucht wird.

E-Mail
elektronische Post

Fehler → Bug

Freeware
Engl. Kunstwort aus Free und Software. Gemeint sind damit meist kleinere Programme, die für private Zwecke unentgeltlich benutzt und auch an dritte Personen weitergegeben werden dürfen (→ Shareware).

Handbuch
Schriftliche Anleitung zur Bedienung eines Programms oder eines Gerätes.

Hardware
Engl. Begriff für »harte Ware«. Alle materiellen Komponenten eines Computersystems, die man anfassen kann, wie z. B. Computer, Drucker, Bildschirm, Peripheriekarten; Gegensatz: → Software.

Headcrash
Engl. Begriff für »Absturz des Schreib-Lese-Kopfes« einer Festplatte, der oft zum Totalverlust aller gespeicherten Daten führt.

Hilfsprogramm
= Utility, Tool (engl.). Meist ein Programm, das die Arbeit mit bestimmten Funktionen des Computers erleichtern soll, z. B. das Erstellen einer Sicherungskopie für Daten.

Hotline
Engl. Begriff »Heißer Draht« für den sog. Support, also die telefonische Dienstleistung eines Hard- oder Softwareherstellers, über die ein Kunde Hilfestellung zum gekauften Produkt erhalten kann. Oftmals kostenpflichtig.

Individualsoftware
Computerprogramme, die im Gegensatz zur (→) Standardsoftware aufgrund eines speziellen Auftrags nur für einen bestimmten Anwenderkreis geschrieben werden.

Installation
= Setup (engl.), Einrichten einer Software oder Hardware auf einem bestimmten Computersystem, beispielsweise indem die Programmdateien auf die Festplatte kopiert werden.

Internet
Engl. Abkürzung für »International Network«. Verbund aus unzähligen einzelnen Teilnehmer-Netzwerken, die technisch, organisatorisch und finanziell unabhängig voneinander sind.

Kompatibilität
Eine Eigenschaft von Hard- und/oder Software, die besagt, daß ein Computer mit seinen Peripheriegeräten (wie z. B. Grafikkarten) sowie den installierten Programmen ohne große technische Probleme zusammenarbeitet.

Einige wichtige Computer-Begriffe

Lizenzrecht
Beim Softwarekauf erwirbt der Käufer i. d. R. nicht das Eigentum am Programm, sondern lediglich eine Nutzungslizenz.

LPT 1
= PRN. Erste parallele Schnittstelle. Die zweite wird mit »LPT 2« bezeichnet.

Mailbox
Engl. für »Briefkasten«. Gemeint ist ein Kommunikationssystem per Computer, das mit Hilfe eines Modems über die Telefonleitung erreichbar ist.

Maus
Kein Nagetier, sondern ein Eingabegerät, das mit der Hand geführt wird und u. a. zum Auswählen von Befehlen und Schaltflächen in Programmen benutzt wird.

MF2-Tastatur
Abkürzung für »Multi-Function«-Tastatur. Standard-Tastatur beim PC.

Modem
Gerät zur Übertragung von Computerdaten über die Telefonleitung.

Monitor
Synonym für den Computer-Bildschirm.

Motherboard
= Mainboard, Hauptplatine des Computersystems, auf der sich die wesentlichen Bauteile des Computers befinden.

MPR II → Schwedennorm

Multimedia

Das Schlagwort der Computerbranche der 90er Jahre. Im wesentlichen ein Konzept, um Informationen aus verschiedenen Medien zusammenzubringen, z. B. Bilder, Töne, Texte verschmelzen aus verschiedenen Quellen zu einem Ganzen. Wesentliche Bestandteile eines Multimedia-PC sind dabei u. a. Intel-Prozessor, Soundkarte mit MIDI-Adapter, High-Color-Grafikkarte, CD-ROM-Laufwerk, Lautsprecherboxen, Scanner oder auch Videokamera.

OEM

Engl. Abkürzung für »Original Equipment Manufacturer« = Hersteller, der Produkte oder Komponenten anderer Hersteller einkauft und diese unmodifiziert (also original) verbilligt unter seinem Namen weiterverkauft oder in eigene Produkte integriert. Bei sog. OEM-Software liegen die Unterschiede zwischen OEM- und Originalprogramm im wesentlichen im Lizenzrecht begründet, da ein solches Programm nur mit dem Gerät verwendet werden darf, mit dem es gekauft wurde.

Patch

Engl. für »ausbessern«. Eine Art Kleinst-Programm, das in einem Anwendungsprogramm einen bereits bekannten Fehler ausbessert (»patcht«).

Plug and Play

Engl. für »Einstecken und loslegen«. Es handelt sich um eine Reihe von Spezifikationen, deren Ziel es ist, die Installation und Konfiguration von neuen Geräten (insbesondere Steckkarten) möglichst einfach zu gestalten. Da dies jedoch oftmals nicht klappt, wird der Ausdruck von Spöttern zu »Plug and pray – Einstecken und beten, daß es funktioniert« abgewandelt.

Printer

Engl. Ausdruck für Drucker.

Prozessor → CPU

Einige wichtige Computer-Begriffe

RAM

Engl. Abkürzung für »Random Access Memory« = Speicher mit wahlfreiem Zugriff. Im Grunde ist der Arbeitsspeicher des Computers (z. B. 32 MByte RAM) oder auch von Peripheriegeräten wie Druckern gemeint. Auf das RAM sind sowohl Lese- als auch Schreibzugriffe möglich. Gegenteil ist das → ROM.

Raubkopie

= Piratensoftware = Schwarzkopie. Illegale Kopie eines kommerziellen Programms ohne die Genehmigung des Urhebers bzw. Autors, siehe auch → Shareware.

Retail-Ware

Computer-Zubehörteile, die für den Verkauf im Einzelhandel gedacht sind (→ Bulk-Ware).

ROM

Engl. Abkürzung für »Read only Memory« = Nur-Lese-Speicher. Speichermedium, das die gespeicherten Daten dauerhaft behält. Nachträgliche Veränderung ist nicht möglich, da aus dem ROM nur gelesen werden kann. Gegenteil ist das → RAM.

Scanner

Engl. Begriff für »Abtasteinrichtung«. Ein Gerät, das eine gedruckte Vorlage so optisch abtastet, daß der Computer das entstehende Bild weiterverarbeiten kann.

Schwedennorm

Häufig verwendete Bezeichnung für strahlungsarme Monitore nach den schwedischen MPR- oder TCO-Normen, z. B. MPR II, TCO 92, TCO 95.

Seriennummer

Hersteller verwenden einen Zahlen- und/oder Buchstabencode zur eindeutigen Kennzeichnung ihrer Hard- und Software-Produkte, Beispiel: »12212A- Rev. A«.

Anhang

Setup → Installation

Shareware
Engl. Kunstwort aus Share und Software. Gemeint sind Programme, die für einen kurzen Zeitraum unentgeltlich genutzt und weiterverbreitet werden dürfen. Sofern man sich jedoch zu einer dauerhaften Nutzung entschließt, ist i. d. R. an den Autor eine Registrierungsgebühr zu entrichten.

SIMM / SIP-Module
Engl. Abkürzung für »Single Inline Memory Module o. Package«. Bezeichnet eine kleine Einsteckkarte mit mehreren zusammengefaßten (→) RAM-Chips.

Slot
Engl. für »Schlitz«; Steckplatz für Peripheriekarten auf dem (→) Motherboard.

Software
Engl. Begriff für »Weiche Ware«. Als Software werden generell Programme bezeichnet, die im Gegensatz zur (→) Hardware nicht greifbar sind.

Soundkarte
Steckkarte im PC zur Wiedergabe von Audio-Tönen und Klängen.

Speicherchip → RAM

Standardsoftware
Damit sind kommerzielle Computerprogramme gemeint, die für viele Anwender, und nicht für einen einzelnen (→ Individualsoftware), geschrieben werden, wie z. B. Textverarbeitungen oder Datenbankprogramme. Beim Kauf wird nur eine Nutzungslizenz (→ Lizenzrecht) erworben.

Einige wichtige Computer-Begriffe

Steckkarte
= Adapter = Einsteckkarte. Beispielsweise eine Grafikkarte, die in einen Steckplatz auf dem (→) Motherboard eingesetzt wird. Hiermit soll ein modularer Aufbau des PC erreicht werden.

Steckplatz
Einsteckschacht auf dem (→) Motherboard eines PC, in den eine (→) Steckkarte zur Erweiterung der Peripherie eingesetzt werden kann.

Strahlungsarmer Bildschirm
= Engl.: »Low-Radiation Screen«; → Schwedennorm

Support
Engl. Begriff für den Kundendienst oder Servicebereich einer Firma.
→ Hotline

Systemabsturz
auch »Crash« (engl. Zusammenstoß) genannt. Bezeichnet den Zusammenbruch des Systems aufgrund eines Hard- oder Softwarefehlers. Der Computer reagiert dann meist weder auf Tastendruck noch auf Mausbewegungen.

Taktfrequenz
Gibt die Arbeitsgeschwindigkeit des Prozessors (→ CPU) in Megahertz (MHz) an. Je höher die Taktfrequenz, um so schneller ist der Computer.

TCO 92, 95 → Schwedennorm

Tool → Hilfsprogramm

Treiber
= Gerätetreiber, engl. »device driver«. Ein Programm, das zur Ansteuerung eines Peripheriegerätes, wie z. B. Grafikkarte, Maus, Scanner, dient.

Tuning
Engl. für »Abstimmung«. Durch optimale Abstimmung von Hard- und Software soll die Leistungfähigkeit des Gesamtsystems erhöht (»getunt«) werden.

Update
= Upgrade; engl. Begriff für »Aktualisierung«. Gemeint ist eine neue, überarbeitete und fehlerbereinigte Version eines Soft- oder Hardwareprodukts. Das Update ist meist günstiger als ein neues (Voll-)Programm.

Utility → Hilfsprogramm

Virus
Ein Programm, das Computersysteme infiziert, indem es sich selbsttätig in bestehende Dateien kopiert oder auf andere Art verbreitet.

World Wide Web
= www; Teil des (→) Internets, das sich vor allem durch seine Fähigkeit, auch Grafiken und Töne darzustellen, auszeichnet.

Zoll
= Inch = 2,54 cm. In den USA und Großbritannien gebräuchliche Maßeinheit.

2. Juristische Begriffe – kurz und bündig

Abnahme
Pflicht des Käufers, die Kaufsache entgegenzunehmen.

Abzahlungskauf
Kauf einer Sache, bei dem der Kaufpreis nicht bar, sondern in Raten entrichtet werden soll.

AGB
Das sogenannte »Kleingedruckte«. Allgemeine Geschäftsbedingungen, die für ihre Wirksamkeit ausdrücklich zwischen Käufer und Verkäufer vereinbart werden müssen. Die Klauseln unterliegen der Kontrolle des AGB-Gesetzes (AGBG).

Allgemeine Geschäftsbedingungen → AGB

Angebot
Die einseitige, empfangsbedürftige Willenserklärung (z. B. des Käufers) gegenüber einem anderen (z. B. Verkäufer), mit ihm einen Vertrag abzuschließen.

Annahme
Die einseitige und in der Regel empfangsbedürftige Willenserklärung, durch die ein Angebot vorbehaltlos bejaht wird und durch die ein Vertrag zustande kommt.

Anspruch
Das Recht, von einem anderen ein Handeln, Dulden oder Unterlassen zu verlangen. Ein Anspruch kann verjährt sein und ist dann nicht mehr durchsetzbar.

Barzahlungspreis
Der Betrag, den der Käufer zu entrichten hätte, wenn der Kaufpreis bei Übergabe der Ware in voller Höhe zu zahlen wäre.

Beweislast
Jeder Anspruchsteller muß vor Gericht die für ihn wichtigen Tatsachen beweisen. So z. B. muß der Käufer beweisen, daß die gekaufte Sache einen Fehler hat.

BGB
Bürgerliches Gesetzbuch (Gesetzestext)

Effektiver Jahreszins
Der tatsächliche Zins, den der Käufer beim Ratenkauf zu entrichten hat.

Einigung
Um das Eigentum an der Kaufsache zu übertragen, sind Einigung und Übergabe zwischen Käufer und Verkäufer erforderlich. Die Parteien des Kaufvertrages müssen sich also darüber einig sein, daß das Eigentum an der Kaufsache vom Verkäufer auf den Käufer übergehen soll. In der Praxis wird diese Einigung fast nie ausdrücklich getroffen, sie ergibt sich bereits aus den äußeren Umständen. Beispiel: Käufer nimmt die vom Verkäufer auf den Tresen gelegte Computerzeitschrift nach dem Bezahlen – ohne ein Wort zu sagen – einfach mit.

Fälligkeit
Der Zeitpunkt, in dem der Schuldner eine Leistung erbringen muß.

Fehlen zugesicherter Eigenschaften
Wenn Ihnen der Händler zugesichert hat, daß das gekaufte Gerät eine bestimmte Eigenschaft aufweist, die es aber nicht hat, können Sie Schadensersatz wegen Nichterfüllung verlangen.

Fehler
Jede nachteilige Beschaffenheit der Kaufsache, die den Wert oder die Tauglichkeit für den gewöhnlichen oder vertraglich vereinbarten Verwendungszweck aufhebt oder nicht unerheblich herabsetzt.

Forderung
Das Recht aus einem Schuldverhältnis (z. B. Kaufvertrag) gegenüber einem anderen auf eine bestimmte Leistung (z. B. Kaufpreiszahlung).

Freihaltungsklausel
Hierunter versteht man Formulierungen wie »Solange der Vorrat reicht«, »Preisänderungen vorbehalten« oder »Angebot freibleibend«. Der Händler hat damit die Möglichkeit, seine Preise jederzeit anzupassen.

Frist
Ein bestimmter oder zumindest bestimmbarer Zeitraum, mit dessen Ablauf eine Rechtswirkung eintritt oder endet.

Fristsetzung mit Ablehnungsandrohung
Wenn der Händler mit der Lieferung der bestellten Ware in Verzug gerät, kann ihm der Käufer eine angemessene Frist mit der Erklärung setzen, daß er nach Ablauf dieser Frist die Lieferung ablehnt. Sofern die Lieferung nicht innerhalb der gesetzten Frist erfolgt, hat der Käufer das Recht zum Rücktritt vom Vertrag oder auf Schadensersatz wegen Nichterfüllung des Vertrages.

Garantie
Eine befristete, freiwillige, zusätzliche Leistung des Verkäufers, für ein bestimmtes Risiko zu haften. In der Gestaltung ist der Verkäufer frei. Nicht zu verwechseln mit der → gesetzlichen Gewährleistung.

Garantiesiegel
Meist Aufkleber an der Rückseite des Computergehäuses mit dem Text »Bei Öffnung des Gehäuses und Verletzung des Garantiesiegels erlischt die Garantie«.

Gesetzliche Gewährleistung → Gewährleistung

Gewährleistung
Das Recht des Käufers, falls die gekaufte Ware einen Mangel aufweist, vom Verkäufer Wandelung (Rückgängigmachung des Vertrages), Minderung (Herabsetzung des Preises) oder Nachbesserung zu verlangen. Die Nachbesserung muß auf Grund von → Allgemeinen Geschäftsbedingungen vereinbart worden sein. Die Gewährleistungsfrist beträgt mindestens 6 Monate.

Gläubiger

Derjenige, der gegen den → Schuldner einen Anspruch hat, also das Recht, von ihm ein Tun, Dulden oder Unterlassen zu fordern. Der Gläubiger einer Forderung kann zugleich auch Schuldner einer Gegenforderung sein. Beim Kaufvertrag ist der Käufer Gläubiger des Verkäufers, da er von ihm die Lieferung des Kaufgegenstandes verlangen kann, und zugleich auch Schuldner des Verkäufers, da er ihm den Kaufpreis zu zahlen hat.

Hersteller-Garantie → Garantie

Kaufvertrag

Ein gegenseitiger Vertrag, durch den sich der Verkäufer verpflichtet, dem Käufer die Kaufsache zu übergeben und das Eigentum daran zu übertragen. Der Käufer hat den vereinbarten Kaufpreis zu zahlen und die Pflicht, die Kaufsache dem Verkäufer abzunehmen.

Klage

Eine Prozeßhandlung, durch die der Kläger beim örtlich und sachlich zuständigen Gericht (Amts- oder Landgericht) um Rechtsschutz gegen den Beklagten nachsucht. Es gibt verschiedene Klagearten, je nachdem was der Kläger mit seiner Klage erreichen will.

Klausel

Der Begriff »Klausel« steht für »Vertragsklausel« und »Allgemeine Geschäftsbedingungen«. Bestimmungen eines Vertrages, die nicht vorformuliert sind (keine → AGB), werden dagegen nicht als »Klausel«, sondern als »zusätzliche Vereinbarung« oder »Nebenabrede« bezeichnet.

Lieferfrist

Der Zeitraum, in dem der Schuldner seine Leistung zu erbringen hat. Ist eine Zeit hierfür weder vertraglich festgelegt noch aus den Umständen zu entnehmen, kann der Gläubiger die Leistung sofort verlangen. Sofern ein bestimmter Termin vereinbart ist, kann der Gläubiger die Leistung nicht vor diesem Termin verlangen, der Schuldner darf die Leistung aber vorher bereits erbringen.

Lieferverzug → Verzug

Mangel
Ein Mangel liegt vor, wenn die gekaufte Sache mindestens einen Fehler hat, der die Sache wertlos macht oder den gewöhnlichen Gebrauch ganz oder teilweise aufhebt oder wenn der Sache eine zugesicherte Eigenschaft fehlt. Der Begriff wird umgangssprachlich oftmals gleichgesetzt mit »Fehler«.

Minderung
Herabsetzen des Kaufpreises aufgrund von Mängeln. Die Minderung ist erst vollzogen, wenn sich der Verkäufer mit ihr einverstanden erklärt hat oder entsprechend vom Gericht verurteilt worden ist.

Nachbesserung
Recht des Käufers, ein mangelhaftes Gerät vor Wandlung oder Minderung reparieren zu können. Das Recht muß zwischen Käufer und Verkäufer in den → Allgemeinen Geschäftsbedingungen wirksam vereinbart worden sein.

Nachfrist
Die letzte Frist, die der Käufer dem Verkäufer zur Lieferung der Kaufsache setzt, unter gleichzeitiger Androhung, daß er die Kaufsache nach Ablauf der Frist nicht mehr annehmen wird. Wenn die Lieferung dann nicht innerhalb der gesetzten Nachfrist erfolgt, kann der Käufer Schadensersatz wegen Nichterfüllung verlangen oder vom Kaufvertrag zurücktreten. Eine Nachfrist ist insbesondere dann entbehrlich, wenn der Verkäufer die Lieferung endgültig verweigert.

Nachlieferung
Wenn die Kaufsache mit einem Fehler behaftet ist oder ihm eine zugesicherte Eigenschaft fehlt, kann der Käufer eines Serienprodukts (Gattungskauf) statt Wandelung und Minderung auch Ersatzlieferung einer mangelfreien Sache verlangen.

Ratenkauf → Abzahlungskauf

Rücktritt

Ein wirksam zustande gekommener Vertrag wird durch die Erklärung des Rücktritts rückgängig gemacht. Die Vertragsparteien müssen dann die aufgrund des Vertrages bereits erhaltenen Leistungen einander zurückgewähren.

Sachmangel → Mangel

Schadensersatz

Beim Schadensersatz haben Sie Anspruch darauf, so gestellt zu werden, als ob der Händler den Vertrag ordnungsgemäß erfüllt hätte. Schadensersatz erhalten Sie nur, wenn entweder Verzug, das (→) Fehlen zugesicherter Eigenschaften oder arglistiges Verschweigen vorliegt.

Schiedsgerichtsklausel

Eine Bestimmung in den AGB des Verkäufers mit der Wirkung, daß ein Schiedsgericht an Stelle eines staatlichen Gerichts einen Rechtsstreit entscheidet. Die Schiedsgerichtsklausel führt zur Unzulässigkeit der Klage im ordentlichen Gerichtsverfahren, wenn sich der Beklagte auf den Schiedsvertrag beruft. Schiedsrichter kann jede geschäftsfähige Person sein.

Schuldner

Derjenige, der verpflichtet ist, dem → Gläubiger gegenüber eine Leistung zu erbringen. Er kann zugleich auch Gläubiger einer Gegenleistung sein. Beim Kaufvertrag ist der Käufer Schuldner des Verkäufers, da er zur Kaufpreiszahlung und Abnahme der Kaufsache verpflichtet ist. Gleichzeitig ist er Gläubiger, denn der Verkäufer schuldet ihm die Übergabe der Kaufsache.

Teilzahlungen = Raten

Teilzahlungspreis

Der Gesamtbetrag aller vom Käufer zu entrichtenden Raten incl. Zinsen, Vermittlungs-, Bearbeitungsgebühren, Provision.

Übergabe
Die Übertragung des unmittelbaren Besitzes einer beweglichen Sache vom Verkäufer auf den Käufer. Sie ist in der Regel neben der Einigung Voraussetzung zur Übertragung des Eigentums an der Kaufsache.

Urteil
Gerichtliche Entscheidung, die im Regelfall aufgrund vorausgegangener mündlicher Verhandlung schriftlich ergeht.

Verjährungsfrist
Nach Ablauf dieser sechsmonatigen Frist kann sich der Verkäufer auf Verjährung berufen und die Erfüllung von Gewährleistungsansprüchen verweigern. Die Frist beginnt in der Regel mit Übergabe des Kaufgegenstandes.

Verschulden
Das objektiv pflichtwidrige und subjektiv vorwerfbare vorsätzliche oder fahrlässige Verhalten einer Person.

Verzug
Die nicht rechtzeitige Erbringung einer Leistung aus einem Schuldverhältnis (z. B. Kaufvertrag). Ein Händler kommt in Lieferverzug, wenn Sie mit ihm einen festen Liefertermin vereinbart haben und eine Lieferung nach diesem Termin für Sie keinen Wert mehr hat. Oder Sie haben dem Händler eine Nachfrist mit Ablehnungsandrohung gesetzt, und er hat diese Frist verstreichen lassen.

Wandelung
Rückabwicklung eines Kaufvertrages aufgrund von Mängeln. Die Wandelung ist vollzogen, wenn sich der Verkäufer mit ihr einverstanden erklärt oder entsprechend vom Gericht verurteilt worden ist.

Zusicherung einer Eigenschaft
Eine Eigenschaft ist zugesichert, wenn der Verkäufer durch eine ausdrückliche oder stillschweigende Erklärung, die Vertragsinhalt geworden sein muß, dem Käufer zu erkennen gibt, daß er für den Bestand der Eigenschaft an der Kaufsache einstehen will. Allgemeine Anpreisungen reichen hierfür nicht aus. Der Verkäufer muß die Gewähr für das Vorhandensein der Eigenschaften übernehmen und deutlich machen, daß er für alle Folgen einstehen will, wenn sie fehlen.

3. Verzeichnis aller Musterschreiben:

- Kaufangebot 32
- Erstattung von Nachnahmekosten 35
- Annahme des Kaufangebotes. 37
- Anfechtung wegen Erklärungsirrtums 44
- Anfechtung wegen Übermittlungsfehler 45
- Anfechtung wegen Inhaltsirrtums 47
- Anfechtung wegen Eigenschaftsirrtums 50
- Anfechtung wegen arglistiger Täuschung 53
- Transportschaden bei Versendungskauf 56
- Rückgängigmachung des Kaufs bei mangelhafter Lieferung . . 71
- Herabsetzung des Kaufpreises bei mangelhafter Lieferung . . 72
- Ware behalten und Schadensersatz bei mangelhafter Lieferung 77
- Rückgabe der Ware und Schadensersatz bei mangelhafter Lieferung 78
- Lieferung mangelfreier Ware 81
- Fristsetzung bei Nachbesserung bei AGB 103
- Erfüllung des Vertrages bei Falschlieferung 114
- Kostenerstattung bei unvollständiger Lieferung 116
- Rückzahlung des Kaufpreises bei unverlangt zugeschickter Ware. 119
- Verzögerungsschaden bei verspäteter Lieferung 124
- Fristsetzung mit Ablehnungsandrohung bei verspäteter Lieferung (Fixgeschäft) 125
- Schadensersatz wegen Nichterfüllung bei verspäteter Lieferung 126
- Rücktritt vom Vertrag bei verspäteter Lieferung 128
- Mahnung bei verspäteter Lieferung 131
- Fristsetzung mit Ablehnungsandrohung bei verspäteter Lieferung 133
- Mahnung und Fristsetzung bei verspäteter Lieferung 135
- Schadensersatz bei unmöglicher Lieferung 138

Verzeichnis aller Musterschreiben

- Schadensersatz wegen Nichterfüllung bei unmöglicher
  Lieferung – Verschulden des Verkäufers 140
- Herausgabe der Ersatzleistung ohne Verschulden bei
  unmöglicher Lieferung 144
- Schadensersatz wegen Nichterfüllung bei unmöglicher
  Lieferung – Verschulden des Verkäufers 146
- Rücktritt vom Vertrag bei unmöglicher Lieferung 148
- Erledigterklärung bei unmöglicher Lieferung. 149
- Herausgabe der Ersatzleistung bei Verschulden durch
  unmögliche Lieferung 150
- Gebrauchtkauf 166
- Widerruf des Käufers (Kreditkauf) 183
- Widerruf des Käufers (finanzierter Abzahlungskauf). 189
- Klage auf Erfüllung 215

Stichwortverzeichnis

Ablehnungserklärung 36, 96, 117, 123, 125, 127 ff., 193
Abnahme 34, 41, 68
Abschreibung 213
Absturz des PC 232
Abzahlungskauf 177 ff.
AGB 18, 82 ff., 129 f., 147 f., 152, 157, 168
Allgemeine Geschäftsbedingungen
- unwirksame Klauseln in 85 ff.
- Voraussetzungen 82 f.
Alter 173 ff.
Änderungsvorbehalt 98
Anfänglich objektive Unmöglichkeit 136 ff.
Anfänglich subjektive Unmöglichkeit 137, 140 f.
Anfechtung des Kaufvertrages 43, 54
Anfechtungserklärung 42 f.
Anfechtungsfrist 42
Angebot
- in Katalogen 21, 30 f., 43, 46, 58 ff., 185 f.
- in Plakaten 31
- in Preislisten 31
- in Schaufenstern 31
- in Zeitungen / Zeitschriften 21, 31
Angebotene Ware ist vergriffen 20 f.
Angestellter des Verkäufers 38 f., 90
Annahme- u. Lieferfrist 87, 96
Annahme des Kaufangebots
- unter Abwesenden 33
- unter Anwesenden 33
Anpreisung der Ware 21, 31, 51, 65, 75, 94
Anwaltskosten 223 f..
Arbeitskosten bei Nachbesserung 100
Arbeitsspeicher siehe RAM-Speicher

Arglistige Täuschung 51 ff.
Aufklärungspflicht des Verkäufers 52, 76
Aufrechnungsverbot 88
Aufrüsten des Computers
- Entfernen des Garantiesiegels 153 f.
- Schäden durch Selbsteinbau 152
Ausschluß für zugesicherte Eigenschaften 94
Ausschluß von Gewährleistungsrechten 91

Barzahlungspreis 178
Bedienungsanleitung 108
Belehrung über Widerruf 182 f.
Beratungspflichten des Verkäufers 52, 76
Berechnung der Minderung 73
Beweislast 219
Bildschirm 108
Bringschuld 143
Bulk-Ware 170 f., 233
Bundling 234

CD-ROM-Laufwerke 67, 81, 110
CPU 108, 202

Datenverlust
- Versicherung gegen 208
Diebstahl
- Versicherung gegen 205
Dongle-Beseitigung 108, 154
Drucker 109
DVD-Laufwerke 110

Eigenschaft
- verkehrswesentliche 48 f.
- zugesicherte 64, 75, 94, 107
Eigenschaftsirrtum 48 f.

Stichwortverzeichnis

Eigentumsverschaffung 39 f.
Einschreiben mit Rückschein 37, 159
Einseitige Kaufpreiserhöhung 86
Einwilligung der Eltern 175
Elektronikversicherung 206
Erfüllungsort 59, 143
Erklärungsirrtum 43
Ersatzleistung 143, 145, 149 f.
Ersatzteile 100, 159

Fälligkeit
- der Lieferung 121 ff.
- der Raten 178 ff.
Fälligkeitsklauseln 40 f.
Falsche Lieferung 113
Fehlen zugesicherter Eigenschaften 64, 75, 94, 107
Fehlerhafte Ware 63 ff.
Festplatte 109
Finanzierter Abzahlungskauf 186 ff.
Fixgeschäft 121
Formerfordernisse
- besondere 95
- des Kaufvertrages 30 ff.
Freihaltungsklausel 20, 245
Fremdschäden
- Versicherung gegen 210
Frist für Anfechtung 42
Fristsetzung mit Ablehnungsandrohung 125

Garantie 104, 245
Garantiesiegel, Entfernen des 153 f.
Gattungsschuld 142 f.
Gebrauchsanweisung siehe Handbuch
Gebrauchtkauf 164 ff.
Gehäuse 109
Gehilfe des Verkäufers siehe Angestellter des Verkäufers
Geminderter Kaufpreis 72 f.
Genehmigung der Eltern 175

Geräusche 109
Gerichtsverfahren 214 ff.
Gerichtsvollzieherkosten
- Nachnahme 226
Geschäftsfähigkeit 173 ff.
Geschäftsunfähigkeit 173
Gesetzliche Gewährleistungsrechte 62 ff.
Gewährleistungsrechte des Käufers
- Verjährungshemmung im Reparaturfall 218 f.
Grauimporte, Kauf von 171 f.

Haftung bei grobem Verschulden 89 f.
Handbuch 109, 235
Hardware 235
Hausratversicherung 205 f.
Herabsetzung des Kaufpreises 72 ff.
Herausgabe der Ersatzleistung 143, 145, 149 f.
Hersteller-Garantie 104
Holschuld 143

Individualsoftware 194
Inhaltsirrtum 46 ff.
Internet, Kaufen im 166 ff.
Irreführende Werbung 25
Irrtümer
- bei der Erklärung 43
- bei der Übermittlung 44 f.
- über das Motiv 54
- über den Inhalt 46
- über verkehrswesentliche Eigenschaft 48 f.

Katalogkauf 58 ff.
Kauf
- auf Messen 172 f.
- auf Raten 177 ff.
- im Internet 166 ff.
- per Nachnahme 35, 41, 54, 118

Stichwortverzeichnis

- per Vorauskasse 57 f.
- von Beta-Software 196
- von Bulk-Ware 170
- von Freeware 196
- von gebrauchter Ware 164 f.
- von Grauimportware 171
- von OEM-Software 194 f.
- von Public-Domain-Software 196
- von Shareware 196
- von Software 192 ff.

Kaufangebot 30
Kaufpreiserhöhung 86
Kaufvertrag
- Abschluß 30 ff.
- Abwicklung 30 ff.
- Annahme des Angebots 30 ff.
- bei gebrauchten Waren 164 ff.
- im Internet 166 ff.
- mit Angestellten des Händlers 38
- mit Kindern 173 ff.

Kinder 173 ff.
Klage auf Erfüllung 214
Klageschrift 214 f.
Kompatibilität 110
Komplett-Angebote 60 f.
Kopierschutz 198
Kosten
- für Arbeitszeit 100
- für Ersatzteile 100
- für Material 100
- für Transport 100
- Wege 100

Kosten eines Gerichtsverfahrens
- Anwaltskosten 223 f.
- Gerichtskosten 221 ff.
- Zeugen und Sachverständige 223

Kostenvoranschlag 104, 158
Kreditkarte 168
Kreditkauf 178 ff.
Kundendienst 200 f.
Kurzfristige Preiserhöhung 20

Ladenkauf 30 ff.
Laufwerke 110
Leistungsverweigerungsrechte 87 f.
Lieferfrist 96
Lieferung
- gegen Nachnahme 35, 41, 54, 118
- ins Haus 54
- ohne festen Termin 130 ff.
- zu einem bestimmten Zeitpunkt 121 ff.

Lockangebote per Telefon/Fax 26
Lüfter 110

Mahnung 88, 97, 121, 131, 135, 218
Mahnverfahren 218
Mail-Order-Kauf 54 ff.
Mängel 62 ff.
Mangelhafte Lieferung 62 ff.
Mängelliste von A-Z 107 ff.
Materialkosten 100
Mehrwertsteuer 40, 86 f.
Mengenbeschränkung beim Kauf 24
Mengenfehler 115
Messen, Kauf auf 172 f.
Minderjährigkeit 173 ff.
Minderung des Kaufpreises 72 ff.
Motherboard 111
Motivirrtum 54
Musterschreiben, siehe Anhang:
  Liste aller Musterschreiben 250

Nachbesserung 99 f., 247
Nachfrist 88, 97, 247
Nachfristsetzung 88, 97, 247
Nachlieferung 80
Nachnahme
- Gerichtsvollzieherkosten 226

Nachnahmelieferung 35, 41, 54, 118
Nachträglich objektive Unmöglichkeit 141 ff.

Stichwortverzeichnis

Nachträglich subjektive Unmöglichkeit 151 ff.
Nachträgliche Preisänderung 86
Notebook 111
Nutzungsvergütung 98

OEM-Produkte 194 f.
Online-Hilfe 109
Originalverpackung 157, 160

Pauschalierung von Schadensersatz 89
Postfachadressen 58
Preisdifferenzen zum Angebot 20
Preiserhöhungen nach Vertragsschluß 86
Preisgefahr 55
Produkthaftung 105 ff.
Produzentenhaftung 105 ff.
Programmsperre 111, 154
Prospektangaben 21, 31

Quittung 19, 41, 95

RAM-Speicher 18, 111, 153, 203 f.
Ratenkauf 177 ff.
Rechnung 19, 41
Rechtsanwalt
- Inanspruchnahme von 160 ff.
- Kosten für 223 f.
Rechtsschutzversicherung 227 ff.
Reklamation, Checkliste 159 f.
Reparatur
- Hemmung der Verjährungsfrist 218 f.
Reparaturkosten
- Versicherung gegen 209
Reparaturkostenpauschalen 158
Reparaturverträge 200 f.
Retail-Ware 171, 239
Rückgabe der Ware 59

Rückgängigmachung des Kaufs 70 ff.
Rücktritt vom Kaufvertrag 127 ff., 147 f.
Rücktrittsvorbehalt 98

Sachverständige
- Kosten für 223
Scanner 112
Schadensersatz 248
Schaufensterauslage
- Angebote in 31
Schickschuld 143
Schweigen auf Kaufangebot 36
Selbsteinbau von Zubehörteilen 152 f.
Selbstgebrannte CD-ROM/DVD 198 f.
Seriennummern 151 f., 203
Serviceverträge 200 f.
Skonto 40
Software
- Fehler 112, 192 ff.
- Kauf 192 ff.
- Kopierschutz 198
- selbstgebrannte CD-ROM/DVD 198 f.
- Verleih 197
Soundkarte 112
Steuerliche Aspekte 211 ff.
- Abschreibung 214
- Werbungskosten 211 f.
Stückschuld 142 f.

Taschengeld 176
Taschenkontrolle im Geschäft 27
Täuschung, arglistige 51 ff.
Teillieferungen 115
Telefonisches Kaufangebot 26
Transportgefahr 54
Transportkosten bei Nachbesserung 100
Transportschaden 55
Treiber 112

Stichwortverzeichnis

Übereignung der Ware 39
Übergabe der Ware 39
Übermittlungsirrtum 44 f.
Überspannung
- Versicherung gegen 208
Umtausch 120
Unerheblicher Fehler 64
Unmöglichkeit der Lieferung 135 ff.
Unverlangt zugeschickte Ware 117
Unvollständige Lieferung 115
Unwirksamer Kaufvertrag 137
Update 84, 193, 242
Urteil 225

Verbindungskabel 112
Verbraucherkredit 177 ff.
Verbraucherzentralen 230 f.
Verfahrensdauer bei Klage 226
Verjährung der Gewährleistungs-
ansprüche
- Beginn 217
- Länge 217
- Unterbrechung, Hemmung 218 f.
Verkehrswesentliche Eigenschaften 49 f.
Verleih von Software 197
Verpackung 157, 160
Versandhauskauf 58 ff.
Verschulden 249
Versendungskauf 54 ff.
Versicherungen
- Elektronik 206
- gegen Datenverlust 208
- gegen Diebstahl 205
- gegen Fremdschäden 210
- gegen Reparaturkosten 209
- gegen Überspannung 208
- Hausrat 205 f.
- Rechtsschutz 227 ff.
Verspätete Lieferung 121 f.
Vertragsanbahnung
- Schäden bei 28
Vertragsstrafen 89
Verzug 249
Vorbereitung auf den Kauf 15 ff.
Vorspiegelung falscher
Tatsachen 51 ff.

Wandelung des Kaufvertrages 70 f.
Wegekosten bei Nachbesserung 100
Werbeversprechen des Verkäufers
- im Schaufenster 31
- in Prospekten 31
- irreführende 25
Werbungskosten 211 f.
Wertersatz 202
Wertminderung 89, 185
Widerrufsbelehrung 184
Widerrufsrecht 182 f.

Zeugen, Kosten für 223
Zugesicherte Eigenschaften
- Voraussetzung 64, 75, 94, 107
Zuständiges Gericht bei Klage 220
Zustimmung der Eltern 175